「教育」する共同体

ウズベキスタンにおける国民形成と地域社会教育

河野明日香

九州大学出版会

Mahalla and its Educational Role

Nation-Building and Community Education in Uzbekistan

Asuka KAWANO

2010

Kyushu University Press

凡　例

1. 用語の表記方法に関しては，以下の原則に従った。
   a) 重要な用語には，日本語にロシア語あるいはウズベク語をラテン文字に転写して併記する。
   b) 地名，人名などの現地語のカタカナ表記にあたっては，現地音に可能な限り配慮しつつ，日本で一般的に使用されている表記も考慮した形式とした。
      例：クルグズ，クルグズスタン→キルギス
      　　タシュケント→タシケント

2. ロシア語，ウズベク語の綴りおよびラテン文字表記については，以下の原則に従った。
   a) 関連文献の表記は，著者名，文献名，出版社名あるいは発行機関，発行地など，原文に従った。
   b) 引用文中の表記は，すべて原文に従った。図表においては，用語や数値等に間違いが存在する場合は，原文のまま表記し，文中あるいは脚注に断りを入れることとする。
   c) ロシア語，ウズベク語の翻字は，断りのない限り，原則として，翻字・アルファベット表（小松久男・梅村坦・宇山智彦・帯谷知可・堀川徹編『中央ユーラシアを知る事典』平凡社，2005年，592-593頁）に従った。

ウズベキスタンおよび周辺諸国地図

ウズベキスタン共和国（Republic of Uzbekistan）
首都：タシケント（Tashkent）
国土面積：44万7,400km²
人口：2,786万5,738人（2010年7月推計）

現在のウズベキスタン共和国の地方行政区分と州都

◉：首都，●：州都
①カラカルパクスタン
②ホレズム州
③ナヴォイー州
④ブハラ州
⑤サマルカンド州
⑥カシカダリヤ州
⑦ジザク州
⑧スルハンダリヤ州
⑨シルダリヤ州
⑩タシケント州
⑪ナマンガン州
⑫アンディジャン州
⑬フェルガナ州

注：①はウズベキスタン共和国に内在する自治的な共和国である。
　　また，タシケント市も州レベルの地方行政組織とされている。
出所：Tukhliev, N., Krementsova, A., "The Republic of Uzbekistan", Uzbekistan milliy entsiklopediyasi, Tashkent, 2003 および小松久男・梅村坦・宇山智彦・帯谷知可・堀川徹編『中央ユーラシアを知る事典』をもとに筆者作成。

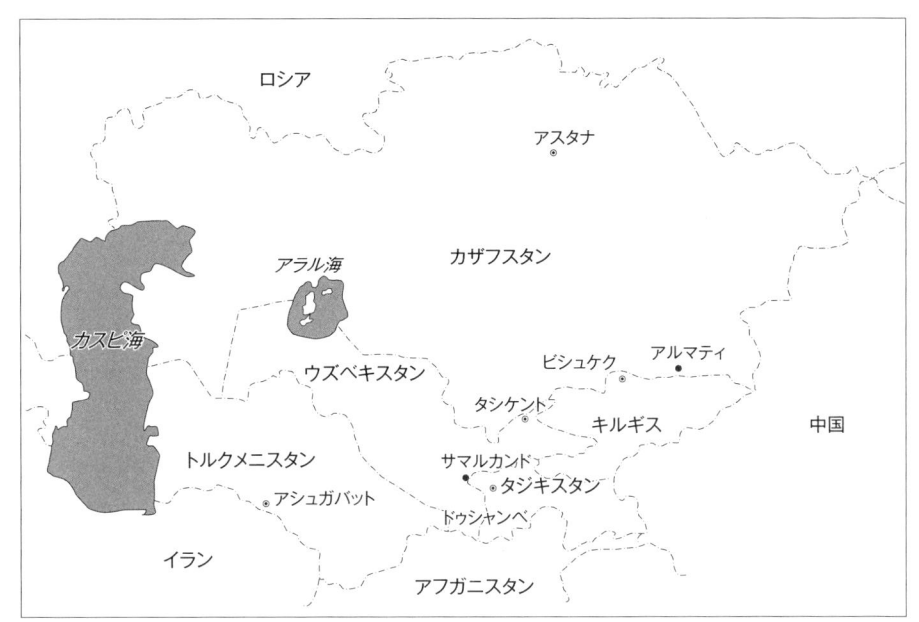

目　次

凡　例
ウズベキスタンおよび周辺諸国地図

序　章　中央アジア地域教育研究の課題 …………………………… *1*
第1節　これまでの中央アジア地域教育研究とその課題 ……………… *1*
第2節　中央アジアにおける地域社会教育研究への挑戦 ……………… *10*
　⑴　地域社会教育論とマハッラ
　⑵　開発と社会教育の接点
第3節　本研究における「マハッラ」と研究目的 ………………… *16*
　⑴　「マハッラ」とはなにか？
　⑵　研究の目的と意義
　⑶　研究の方法と本書の構成

第1章　ウズベキスタンにおけるマハッラとその教育的側面の歴史的変遷 ………………………………………………… *29*
第1節　ウズベキスタンにおけるマハッラの前史 ………………… *29*
　⑴　中央アジア，ウズベキスタンの都市構造とマハッラ
　⑵　マハッラ役職者の教育的役割と人々の生活
　⑶　都市の教育的機関とマハッラ

第2節　19世紀末から20世紀初頭のマハッラ ································ *31*
    ⑴　民族別，宗教別，職業別に構成されたマハッラ
    ⑵　マハッラの共同施設における教育的活動
  第3節　帝政ロシア期におけるマハッラとロシア帝国のマハッラ政策‥ *34*
    ⑴　マハッラ内におけるノンフォーマル・エデュケーションと
　　　　帝政ロシアによる近代教育拡充政策
    ⑵　近代学校とマハッラ
  第4節　ソ連期におけるマハッラとソ連当局のマハッラ政策 ············· *36*
    ⑴　ソビエト国家建設のためのマハッラ
    ⑵　ソ連期における学校教育の整備とマハッラ
    ⑶　ソ連期のマハッラにおける教育的活動と政治的プロパガンダ
  第5節　独立後のウズベキスタンにおけるマハッラと
　　　　　ウズベキスタン政府のマハッラ復興政策 ······························ *40*
    ⑴　政府のマハッラ復興キャンペーン —— 2003年「マハッラの年」政策
    ⑵　マハッラ関連団体の設置目的と活動実態 —— マハッラ基金の創設
  小　結 ··· *42*

第2章　独立後におけるマハッラの構造と成人の学び ············· *47*
  第1節　国家によるマハッラの制度化 ··· *48*
    ⑴　マハッラの制度化の歴史的展開
    ⑵　独立後の国家によるマハッラの法的行政的整備
    ⑶　現代のマハッラの構造と機能
　　　　—— マハッラ・家庭・学校・モスクの相互関係
  第2節　行政の末端機関としてのマハッラの諸活動 ·························· *55*
    ⑴　マハッラ運営委員会による住民管理システムと社会的弱者支援
    ⑵　住民の学習権と地域社会における社会教育活動

第3節　マハッラ住民による地域社会教育活動と女性支援…………… *61*
　(1)　マハッラにおける女性支援
　(2)　マハッラ内施設におけるスポーツ振興活動
小　結 —— マハッラにおける成人の学びをどうとらえるか —— ………… *69*

第3章　マハッラにおける子どもの社会化と文化継承 …………… *75*

第1節　ウズベキスタンのマハッラにおける子どもの生活……………… *77*
　(1)　帝政ロシア期（1865〜1917年まで）
　(2)　ソ連期（1917〜1991年）
　(3)　独立後（1991年〜）
第2節　子どもの成長儀礼とイスラーム……………………………………… *90*
　(1)　割礼の儀式
　(2)　子どもの成長儀礼とマハッラ
第3節　マハッラ内の祭礼・儀礼における社会性の習得…………………… *95*
　(1)　婚礼，葬儀とマハッラ
　(2)　ラマザンとマハッラ
　　　　—— タシケント市内の家庭におけるフィールドワークから
　(3)　宗教儀礼とマハッラ
　　　　—— 2つのハイトにおけるケリン・サロムの観察から
小　結……………………………………………………………………………… *102*

第4章　学校教育におけるマハッラ ……………………………………… *109*

第1節　ウズベキスタンの学校制度と独立後の教育改革………………… *111*
　(1)　旧11年制から12年制義務教育への転換
　(2)　「人材養成システムの国家プログラム」による教育改革
第2節　学校教育におけるマハッラ導入の政治的社会的背景………… *119*
　　　　——「強い国家から強い市民社会へ」，社会基盤としてのマハッラ ——

第3節　学校教育におけるマハッラ像と理念……………………… *120*
　　(1) ウズベキスタンの国家スタンダード
　　　　——ウズベキスタンの継続教育基準の国家システム
　　(2) 「成熟した世代育成における家族，マハッラ，学校の連携」コンセプト
　第4節　学校教育におけるマハッラ導入実態とその意義………… *123*
　　(1) 授業におけるマハッラ
　　(2) 学校行事におけるマハッラ——春の祭り「ナウルーズ」に関する行事
　　(3) ウズベキスタンにおける「学社連携・融合」
　小　結……………………………………………………………………… *138*

第5章　マハッラと学校の連携による「市民」意識の育成…… *145*
　第1節　独立後のウズベキスタンと若者の「市民」意識の育成……… *148*
　　(1) 独立後のウズベキスタンにおける「市民」
　　(2) 教育政策における「市民」の位置づけ
　第2節　ウズベキスタンの学校教育における「市民」意識の育成…… *153*
　第3節　マハッラによる「市民」意識の育成…………………………… *155*
　　(1) 「追悼の日」の学校行事におけるマハッラと学校の連携
　　(2) マハッラ内行事と「市民」意識の育成
　小　結……………………………………………………………………… *162*

第6章　諸機関の連携活動による青年教育………………………… *167*
　　　　——マハッラ・NGO・国際機関の事例から——
　第1節　ウズベキスタンにおけるNGO，青年団体の位置づけと
　　　　その活動………………………………………………………… *169*
　　(1) ウズベキスタンにおけるNGO，青年団体とその動向
　　(2) NANNOUzと他機関の連携事例

第 2 節　諸機関とマハッラの連携活動…………………………………… *175*
　　⑴　マハッラにおける青年教育
　　⑵　国際 NGO「SOS Children's Village」とマハッラの連携活動
　第 3 節　ウズベキスタンの青年の地域社会観と諸機関の活動………… *177*
　　　　── 複数大学における質問紙調査から ──
　　⑴　青年の地域への参加度と参加実態
　　⑵　青年にとっての地域社会
　小　結………………………………………………………………………… *189*
　　⑴　各機関のネットワーク化
　　⑵　活動の公開性
　　⑶　独自活動の減少と諸機関，青年との間における温度差

終　章　ウズベキスタンにおけるマハッラの教育的役割……… *195*
　第 1 節　諸機関における教育的役割の連関性…………………………… *195*
　第 2 節　「教育」する共同体……………………………………………… *202*
　結　語 ── 今後の展望と課題 ── …………………………………… *204*

あとがき……………………………………………………………………… *207*
資　　料（ウズベキスタンに関する基礎データ／年表）………………… *213*
主要参考文献………………………………………………………………… *221*
索　　引……………………………………………………………………… *235*

序　章

中央アジア地域教育研究の課題

第 1 節　これまでの中央アジア地域教育研究とその課題

　偶然・必然によらず，新国家が生み出されたとき，教育の果たす役割とはいったいいかなるものなのだろうか。政府は，どのような組織主体を用い，新国家建設のイデオロギーを国民に伝達しようとするのか。仮に，新国家となる以前の旧体制において学校教育を受けた人々と，新国家創生後の現在に学校教育を受けている人々との間に「教育格差」なるものが介在するとしたら，それはどのようにして克服できるのだろうか。本書の出発点である研究は，このようなふとした小さな問題意識から始まった。

　概して，新国家が誕生した場合，それまでないがしろにされてきた伝統文化や民族文化，民族の歴史の復興が行われ，民族のルーツが再提示・再創造される傾向が強い。あるいは，国家や現政権がどれだけ優れているか，国家の未来を睨んだ先駆的取組みをいかに推進しているか，過去に犯した過ちあるいは犯された過ち ―― 旧体制時には過ちとはされていないが ―― を改め，二度と繰り返さないために何を遂行しているかについてアピールするようなプロパガンダ的旧体制批判が繰り広げられる。教育の世界では，それは教科書の一新や教授言語の変更，教育カリキュラムの改訂，教育制度の新設などといった形に姿を変え，「新国民」に教授される。このような教育活動は，基本的に学校を中心としたフォーマル・エデュケーション[1]の場で，組織的，計画的かつ意図的に行われる。

　では，学校教育を受けていない人々に，政府はどのようにして新たな教育

を実施しようとしているのだろうか。学校教育以外の場では，どのような教育活動が展開され，組織主体はどのような役割を有しているのだろうか。いうなれば，ノンフォーマル・インフォーマル・エデュケーションの場において，組織主体はどのように人々を「教育」しようとしているのか，といった疑問が湧いてくるのである。

　本書では，このような疑問を検証する対象として，1991年に独立を果たした中央アジアの一国のウズベキスタン共和国（以下，ウズベキスタン）における伝統的地域共同体である「マハッラ（*mahalla*）」を取り上げ，その教育的役割の解明を目指した。具体的には，以下の4点の研究課題を設定し，各章において，それらの検討を行った。

(1) ソ連解体に伴う1991年の独立以降のウズベキスタンにおいて，マハッラと呼ばれる地域共同体に関する教育政策にはどのような目的があるのか
(2) マハッラ内における教育的活動にはどのようなものがあり，子どもたちや青年，成人の教育にどのような役割を果たしているのか
(3) 学校教育においてマハッラはどのように扱われ，マハッラと学校はどう協力しているのか
(4) マハッラとNGOや青年団体，国際機関の連携活動にはどのようなものがあるのか

　ウズベキスタンやその他の中央アジア諸国に関する研究成果では，歴史学，政治学，国際関係学，地域研究，文化人類学，開発経済学の分野で多くの蓄積がなされており，そのなかで，マハッラに代表される中央アジア地域における地域社会研究は，歴史学，都市学，政治学，地域研究の領域で行われてきた。これに対し，中央アジアを対象とした教育学の研究においては顕著な業績が極めて少なく，他領域と比較しても未だ萌芽的な領域であるといえる。

　近年では，中央アジアやコーカサスの旧ソ連圏に的を絞り，現地の教育事象について扱った論考もいくつか刊行されているが，複数の著者が自身の立

場から中央アジア全体もしくは特定の国について論じた論集の形式が多く，中央アジアのある一国に焦点化し，そこでの教育実相を体系的・実証的に検討した本格的な研究書はいまだみられないのである。ましてや，これらの先行研究では，中央アジアの初等・中等・高等教育が中心的な題材とされており，学校外の教育，すなわち，現代中央アジアの社会教育や成人教育，生涯学習，ノンフォーマル・エデュケーション，インフォーマル・エデュケーションを取り上げた研究書はほぼ皆無といっていい状況にある[2]。

　そこで，本書では冒頭に掲げた4つの研究課題を中核に置きつつ，同時に，中央アジア地域教育研究の課題も可能な範囲で，浮き彫りにしていくことを目指す。そのためには，まず，これまでなされてきた中央アジア地域教育研究の諸研究を丹念に整理し，そこにどういった傾向が見られるか，先行研究で解明されていない点は何かを把握し，明示することが必要である。

　では，これまで，ウズベキスタンや中央アジア地域の教育はどのような文脈で語られてきたのであろうか。これまで，この地における教育は，例えば，あるときは人々の生活史や歴史事象の一部として語られ，またあるときは国際援助機関の報告書や「行動枠組み（フレームワーク）」，NGOの実践分析などの視点から論じられてきた。換言すれば，諸般の立場から中央アジアやウズベキスタンの教育は描かれてきたのであり，そこにはどのような観点が介在するのかについても明らかにすることが求められるのである。そこで，本章では，中央アジアやウズベキスタンに関する教育研究を，教育学全般における研究と，国際教育開発分野におけるウズベキスタン・中央アジア教育研究，その他のディシプリンの先行研究におけるウズベキスタン・中央アジア教育研究の3つに大別し，それがどのような見地から述べられたものなのかを明確にしていく。

　まず，教育学全般におけるウズベキスタン・中央アジア研究で最初に取り上げるのは，帝政ロシア期の地域社会における教育や近代教育制度の拡充について述べたベンドリコフの『トルキスタンにおける国民教育史概要』（1960）である。

　ベンドリコフによると，帝政ロシアによる教育制度が拡充されるまで，主に男児に対してはモスクに付属したマクタブ（*maktab*，学校）やマドラサ

（*madrasa*，メドレセ，神学校）で，女児には主に教師の家で，宗教を中心とした伝統的な教育が行われていた。また，男児が通う初等教育を行うマクタブでは子どもたちが読み書きを習い，そこではイスラーム信仰の精神を基盤とした躾が行われていた。19世紀後半に始まった帝政ロシアの中央アジア進出以前のサマルカンドでは，マハッラやグザル（*guzar*）などの各地域共同体にマクタブが存在しており，なかには女児のためのマクタブもあったという。マクタブの教師は，たいてい最寄りのモスクのイマーム（*imam*，イスラーム僧，コーランにおいて「規範」，「指導者」の意）[3]がその役を担っていた。

　この時期のマハッラは，上記のようなノンフォーマルな学習が恒常的に行われる場であり，マハッラはそのような学習を支える役割を有していた。ベンドリコフの研究は，トルキスタン[4]における近代教育の拡充を帝政ロシア政府や近代学校の視点からのみならず，地域社会やマクタブ，マドラサでの教育活動の観点からも詳細に叙述している点で，貴重な研究であるといえる。

　しかし，この当時の調査研究が，トルキスタンにおける地域社会の非文明的な部分や現地住民の生活がいかに遅れているか，帝政ロシアの近代学校が現地住民の近代化にどれだけ貢献したか，といった支配者側からの視点によって進められた点も払拭できない。ベンドリコフの研究において，あくまでマハッラやマハッラ住民は，帝政ロシアが推進する近代化政策の受け手であり，そこでは地域社会の人々の自発的教育活動や地域共同体の持つ教育的役割については言及されていない。言い換えれば，人々の地域社会における豊かな学びまでは描かれておらず，そこが本先行研究の内容の厚みを損なう一因となっているのである。

　中央アジアに特化した研究ではないが，帝政ロシアの教育政策の展開をピョートル1世治世下の17世紀末からアレクサンドル1世の治世の終わりまでの19世紀初頭にわたって考察したものに，海老原遙『帝政ロシア教育政策史研究』（1997）がある。同書では，ピョートル1世治下の海軍学校や守備隊学校，鉱山工場学校，モスクワ大学の創設とその発展，エカチェリーナ2世期における「ロシア帝国国民学校規定」，アレクサンドル1世治下で

の国民教育体制の整備などの具体的事例が列挙されつつ，このような教育政策が果たしてどのような意図をもって推進されたものであったのかが検討されている。中央アジア南部に侵攻した帝政ロシア軍がタシケントを占領したのが1865年のことであるので，同研究が対象としている時期と本書が扱う時期とが重なるということはない。しかし，同研究が論じている帝政ロシア前半における教育政策とその展開が，その後の帝政ロシアや中央アジアにおける近代教育拡充政策を形作ったことは間違いなく，その意味でもさまざまな視点や史料を提供してくれる研究であるといえよう。

　ソビエト期におけるウズベキスタンや中央アジア地域の教育についても，それらに特化したものはあまり見られず，その大半がソビエト教育や全ソ連の教育政策について述べたものである。ソ連における国民教育について扱った文献は数多くあるが，なかでもロシア革命後から1967年までの国民教育を扱った，プロコフィエヴァ他編著の『ソビエト連邦における国民教育1917-1967』(1967) では，ソ連を構成する15共和国すべての教育が取り上げられ，ソ連期前半のウズベク・ソビエト社会主義共和国における教育政策の推進や識字率の向上などが，具体的数字でもって明示されている。決して，ソ連期のウズベキスタンに焦点をあてて論じられた文献ではないが，当時の教育状況を把握する上での貴重な資料であることは疑いない。この他，トミアクの著書を邦訳した，トミアク『ソビエトの学校』(1976) も，例えば，当時のタシケントでは，生後2，3ヵ月から7歳までの子どもたちの50％から80％を収容するだけの就学前教育施設が整備されていた[5]など，当時の教育状況が初等・中等教育だけでなく，就学前教育から高等教育まで具体的に紹介されるなど，豊富なデータを提供する文献となっている。また，トミアクの同著では，学校教育以外のアクチャブリャータ (*Oktyabryata*,「十月の子」) やピオネール，コムソモールなどの青少年組織，成人教育についても詳述されており，ソ連期とポスト・ソビエト期のウズベキスタンや中央アジアにおける社会教育・生涯学習について考察するための重要な文献となっている。

　しかし，これらの研究も，帝政ロシア期に行われた研究同様，「ソビエト教育の力と成功の真の基礎」[6]を全世界に広く訴えることに主眼を置いたも

のであったり，当時は検閲や自主規制が厳格に働いていた状況から，自由な立場や論点でもって当時の教育事象を議論することは困難であったということに留意するべきである。このような資料からは，旧ソ連の教育の概略は把握できるものの，それらの陰に隠された人々のローカルでミクロな学びを読み取ることは容易なことではなく，その意味からも現地における資料収集やフィールドワークの必要性が痛感されるのである。

　邦著では，ソビエトの教育を現在にいたるまで歴史的に，また体系的に考察してきた，川野辺敏らの研究を欠くことはできない。川野辺敏監修『ロシアの教育・過去と未来』（1996），川野辺敏編著『ソビエトの教育改革』(1985)，『各年史／ソ連―戦後教育の展開』(1991) などでウズベキスタンや中央アジアに触れた部分は多いとはいえないが，現在のウズベキスタンにおける教育の原型とも根幹ともなっているソ連の教育の概要の理解に欠かせない資料である。その他，ピオネールの活動について，著者自身が約1ヵ月間実際にピオネール・キャンプに参加した体験をもとに綴った，村山士郎『夏休み生活学校――ピオネール・キャンプの1カ月』(1979) も，日本人の視点からの観察によるピオネール像を描き出している点で，非常に興味深い文献であるといえる。

　ソ連解体に伴う独立後は，それまで困難であった現地でのフィールドワークが可能となったこと，また多様な国際援助機関やNGOなどが現地で支援活動を開始したことから，現地の実態に根差した教育研究が飛躍的に増加した。また，現地語を習得し，現地の教育機関や関係者に張りつき，その教育事象を解明しようとする者も現れた。

　近年の関連文献のなかでは，ヘイネマン，デヨン編『中央アジアにおける教育の課題』(2004) が，中央アジアの教育の社会的・政治的・経済的背景や初等・中等教育など，現地の教育の基本的な要素を網羅している。論文執筆者の多くは現地研究者だけではなく，アジア開発銀行（ADB）やジョージ・ソロスが設立したオープン・ソサイエティ・インスティテュート（OSI）などの国際協力機関やNGO関係者から構成されていることもその特徴である。しかし，高等教育（Higher education, University education）が初等・中等教育領域に取り込まれて記述されているなど，教育学的見地からはいささ

か疑問が残る点も内在されている。

　また，同書では具体的にウズベキスタンにおける教育に主題を絞っている論文はなく，隣国カザフスタンやキルギスの高等教育や教育改革，中央アジアにおける教育課題全般について述べたものが目立つ。言うまでもなく，社会教育や成人教育に触れている論考はまったく見られず，中央アジアの教育が直面している現況の断片あるいは大まかな全体像は把握できるものの，その実態やローカルでミクロな立場に立った人々の学びまではつかみ切れてはいない。

　日本における教育学の分野では，中央アジアやウズベキスタンの教育に関する研究として，澤野由紀子「『市民社会』への移行を促す生涯学習体系の構築 —— ウズベキスタン共和国の教育改革 ——」(1998) や関啓子「ウズベキスタンにおける民族・宗教・教育 —— 人間形成の視点からの考察」(2000)，水谷邦子「ウズベキスタン職業教育拡充政策の理念と現状」(2000)，水谷邦子「ウズベキスタン —— 高校レベルの教育改革を中心に —— 脱ロシアのための人材育成」(2001)，関啓子『多民族社会を生きる —— 転換期ロシアの人間形成 ——』(2002) がある。これらの研究では，独立直後の教育改革や教育行政，教育機関の再編成について詳しく述べられており，日本における中央アジア地域教育研究の先駆け的な研究といえる。「人材養成システムの国家プログラム」に代表される教育改革について，実際に現地を訪問して調査を実施している点もこれらの研究の画期的な点として挙げられる。しかし，学校教育や教育制度上の分析に止まった研究であり，地域社会における教育的活動について論じてはおらず，マハッラ住民の教育観やマハッラの教育的役割，学校と地域社会の連携の具体性とその意義について明らかにする研究とはなっていない。また，これらの研究に関するデータの古さも目立つため，現在の中央アジアにおける教育像を明確に表すにはさらなる最新データの収集や現地調査が必要である。

　以上のことから，これまでの教育学におけるウズベキスタン・中央アジア研究は概して学校教育に偏重しており，学校外の場における人々の学びについての研究の蓄積はあまりなされていないことが理解できる。これは，今後のウズベキスタン教育研究や中央アジア地域教育研究において，これまで注

目されることの少なかった社会教育や成人教育の研究を体系的に行う必要があることを示唆している。

　では，国際教育開発の分野ではウズベキスタン・中央アジア教育研究はどのように行われてきたのであろうか。近年における研究のひとつである，シロヴァ他編『NGO はどう反応するか：コーカサス，中央アジアとモンゴルにおけるグローバリゼーションと教育改革』(2008) は，前出の『中央アジアにおける教育の課題』と類似するものであり，OSI の活動家たちの中央アジア各国における実践を論集の形式にまとめたものである。独立後の中央アジア各国では，NGO や NPO といったさまざまな非政府・非営利団体が教育や保健衛生，環境問題など，多岐にわたる分野で活動を展開している。同書は，独立後間もない中央アジア各国における OSI を中心とした NGO の活動意義が主題とされ，NGO の実践に基づき，実証的に中央アジアの教育が論じられている。

　しかし，例えば，ウズベキスタンを題材として取り上げた論文「クォーター（割り当て）のためのクォーター：ウズベキスタンにおけるオープン・ソサイエティの価値の主流化」のように，OSI による活動実践に偏重して，中央アジアの教育が語られる傾向が強い。中央アジアやウズベキスタンには，「これは NGO といえるのか？」というような「政府型」NGO が存在することも事実である（第 6 章参照）。ある特定の NGO 活動に的を絞りすぎ，NGO を通した教育の全体像が霞んだものになってしまっているのは残念なことである。換言すれば，今後はよりバラエティに富む多様な NGO の取組みを丹念に追っていくことが求められると言えよう。

　この他，ユニセフやユネスコ，UNDP などの国際機関における多種多様な報告書も現在のウズベキスタンにおける教育の現状について知るための重要な資料である。例えば，12 年に一度，ユネスコ主催のもと開催されるユネスコ・国際成人教育会議（CONFINTEA）に関連するナショナルレポートでは，各国の成人教育や生涯学習の現況とこれからのプランが報告されているが，ウズベキスタンのナショナルレポートでは，成人教育や成人教育政策におけるマハッラの重要性や 2003 年にタシケントで開催された中央アジア地域の成人教育会議で提言された，"Tashkent Call to Action" の概要が説明

されており，ウズベキスタンや中央アジアの成人教育について網羅的に把握することが可能である[7]。

　教育学領域の文献ではないが，ムミノフ編集の『サマルカンドの歴史』(1969) では，学校やマハッラがソビエトのイデオロギー注入やソ連国民形成の一大拠点であった様子が，アジテーター[8]や教員の具体的数字の列挙とともに，詳細に記録されている。しかし，同書はソビエト政権下で行われた農業や都市産業，文化活動，国民教育，ウズベキスタンのマルクス・レーニン主義プロパガンダにおけるサマルカンドの学者の活動などが，いかに，ウズベキスタンの近代化に貢献しているかを主張したものであり，当時の共産党の方針やイデオロギーを反映したものでもあった。このような著作は，当時の政権の政策的プロパガンダの一翼を担っていたといえるが，その一方で，ソビエト初期から 1960 年代までのサマルカンドにおける国民教育政策実施の実態や実際の生徒数，学校数，マハッラでの宣伝活動などが詳述されている点は，当時の学校教育やマハッラの実態を知る有益な手掛かりとなり得るものであり，現代との比較の可能性にもつながるといえる。

　このようなムミノフの文献から，マハッラは住民を「ソビエト国民」へと形成するための役割を担っており，その伝統的な枠組みを利用し，行われた教育内容もソビエト政府のイデオロギーを踏襲した住民の近代化，ソビエト化を狙ったものであったことが読み取れる。

　以上，これまで教育学全般，国際教育開発分野，そして教育学以外の分野におけるウズベキスタンと中央アジアにおける教育についての先行研究を検討した。そこから浮かびあがってきたものは，社会教育や成人教育へのまなざしの決定的な欠落であった。

　現在のウズベキスタンでソ連期の教育制度を一新する教育改革が遂行されていることは既述の通りであるが，これによりソ連期に学校教育を受けた世代と現在の子どもたちの間に「教育格差」が生じることが予測される。だからこそ，あらゆる世代を対象とした社会教育や地域社会で何が行われようとしているのかを探ることは，ウズベキスタンの教育の重要な側面を探ることにもつながるといえるのである。そこで，次節では中央アジアにおける地域社会教育について検討することとする。

第2節　中央アジアにおける地域社会教育研究への挑戦

(1) 地域社会教育論とマハッラ

　ウズベキスタンや中央アジア地域の教育研究に対し，本書の主題である地域共同体の教育的役割や地域共同体における教育活動については，社会教育学や教育社会学の分野を中心に研究がなされてきた。ここでは，これまでの先行研究を検討した上で，教育学，特に社会教育学や教育社会学における本書の位置づけを明確にする。

　日本における地域社会教育に関しては，これまで社会教育学や教育社会学を中心として多様な議論や実践報告がなされてきた。しかし，全般的にみて特定地域を対象とした地域社会教育の実践報告に止まっており，地域社会教育とは何か，地域と教育の相関はどのようなものであるか，といった本質的な議論はこれまであまりなされていない。

　この点に関して久富は，「問題は，多くの調査研究において，とりあえずその類型の一事例としての調査という姿勢が前に出て，ことがらを理論化・一般化しようという志向がしりぞいている」[9]と述べている。その点を踏まえ，久富は日本における教育社会学研究領域で，「地域と教育」に関連するテーマ領域を「地域における人格形成〔テーマ領域A〕」，「地域にとっての学校〔テーマ領域B〕」，「学校にとっての地域〔テーマ領域C〕」[10]の3つに分類し，また戦後を次の3期に分け，「地域と教育」研究がどのように変遷してきたのかについての議論を展開している。

　　第Ⅰ期（〜昭和34年ごろまで）：教育の地方分権制と，コミュニティ・スクールの流れもあって，農山村・漁村などの調査研究が主流となり，それが学会全体の主流でもあった時期。
　　第Ⅱ期（昭和35年〜48年頃まで）：高度成長の本格化の下で，教育も中央集権，進学準備教育，地域・生活離れが進む。その中で，地域を対象とした地道な事例研究が衰退した時期。
　　第Ⅲ期（昭和50年以降）：石油ショックで昭和元禄の夢潰え，社会的矛盾

が噴出。進学準備教育への反省，「地域主義」思想の登場。教育において改めて，地域・コミュニティづくりが見直される時期[11]。

久富は，教育社会学の「地域と教育」研究に範囲を絞り，考察を行っているが，結論として，「学校制度とその内に形成された教育社会（教員文化）とが，学校がその成立基盤としている地域社会（住民・父母・子どもたち）とどうしても齟齬・乖離してしまうという問題」が未だ解決されず，取り残されていると主張している。そして，このような問題を克服するためには，教育社会学の分野で盛んに取り組まれている「学校化」「学校制度」や「教員社会・教員文化」を理論的・歴史的・実態的に深めていく必要があると結論づけている。また，地域についても，「学校制度・教員社会の性格とのかみ合わせで研究される必要がある」[12]ということを強調している。

これまでの研究において久富は，主として学校と地域との関わりについて議論しているが，地域社会における教育力の形成についてはあまり論じておらず，またコミュニティを核とした愛郷心や帰属意識が政府主導による画一的な国民統合や国家への帰属に結びつく危険性についても指摘していない。

これに対し，社会教育学の分野において，社会教育におけるコミュニティ的価値の再検討を行ったものに松田の研究がある。そこでは，コミュニティにおいて社会教育が果たす役割について，以下のように述べられている。

「社会教育は，社会，特に地域社会＝コミュニティに根ざした教育世界であり，住民・市民の自由な自己教育の活動を通して，彼らの自己実現と成長を促し，新たな能力を開発するとともに，コミュニティにおける『共通善』(common goods)の共有と自治の創造に寄与し，コミュニティの再建と建設，活性化のための教育実践を開拓してきた」[13]。

このような松田が指摘する社会教育の視点は，「地域と教育」についての前述の久富の議論を補完するものであるといえる。松田は，地域社会教育を社会関係資本の形成との関連から論じているが，この視点はウズベキスタンのマハッラに対しても適用することが可能である。

松田は，社会関係資本に関して，「社会関係資本における規範や価値は，コミュニティにおける個人の自由を制約し，不寛容性を促進する要因にもなりうるものである。これらの規範に基づく個人のコミュニティへの帰属は，『公共の精神』や『我が国と郷土を愛する』態度の育成にもつながり，国家への画一的な帰属を要求することに接続する可能性がないわけではない」という危険性を提起している。

　コミュニティへの帰属意識，愛郷心から国家への帰属意識と愛国心へのすり替えは，新興国家の地域行政や教育政策に顕著にみられる動向である。国家という，住民にとってバーチャルな存在への忠誠心を有する人材を育成するためには，まず目に見える範囲における，よりリアリティのある身近なコミュニティへの忠誠心を育てることが近道であり，容易である。自身の居住するコミュニティへの帰属やコミュニティ活動への参加を促し，コミュニティに対する忠誠心を育成し，ひいては国民意識の高揚へとつなげるための政策は，独立直後の新興国家でよく見られる傾向である。

　以上のような松田の指摘は，本書の結論で提起する，現ウズベキスタンにおける「マハッラを核とした愛郷心からウズベキスタン国家を核とした愛国心へのすり替え」に係る課題の基盤となるものである。類似の課題を日本もウズベキスタンもともに抱えているという点からも，日本の社会教育学研究の視点からウズベキスタンのマハッラが包含する現代的課題を検討する意義があると考えられる。

　一方，近年の日本国内における地域社会教育に関する事例研究では，沖縄の字（集落）をはじめとする地域共同体を基盤とした教育に関する研究が挙げられよう[14]。

　様々な論考が，なぜ沖縄では集落公民館の数が増加し，活発な地域社会教育活動が展開されているのかの解明を試みている。小林は，「戦争や占領や基地等をめぐる歴史体験をもち，さらに現代的に生起するさまざまな課題を契機として，同じ地域・集落でともに生きていくために，集落の自治と文化を再生し社会協同（ユイマール）の関係を新しく蘇生させていこうとする営みが重ねられてきている」[15]ことを指摘する。

　小林の指摘にウズベキスタンのマハッラを当てはめて検討すると，「マ

ハッラという特定地域における取組みであるが故に成立する要素」、「マハッラ運営委員会委員やマハッラ活動家など取組みの担い手，それぞれの人生上の課題を乗り越えさせる力の創出が，マハッラでの活動への関与や社会協同によって促されている」、「実践がマハッラ運営委員会委員やマハッラ活動家，地域住民の自立と人生を再考する契機となっている」、「ソ連期にマハッラや地域文化，宗教儀礼などが虐げられたという共通の記憶や歴史体験を有し，現在のマハッラ復興活動の原動力となっている」点など，多くの共通点が見受けられる。

　沖縄における字実践とウズベキスタンのマハッラにおける取組みとの大きな相違は，新国家建設の基盤にマハッラが位置づけられ，コミュニティの独自性を育むための活動が推奨されながらも，実はウズベキスタン国民の形成にマハッラが関与させられているのではないかという疑問が内在する点であろう。マハッラにおける多民族的側面とマハッラを基盤とした社会統合もそれに関連する点として挙げられる。一方，沖縄の字での実践や字が持つ共同体としての自治機能は必ずしも国民形成や国家統合につながるものでなく，あくまで地域自治や街づくり，地域の活性化，地域文化の再生に重点が置かれたものとなっている。

　山城はこの点について，沖縄の読谷村の村づくりと「字別構想」の事例を挙げ，住民の創造的・主体的自治の在り方について，「それは『村づくりへのエネルギーは，字を中心に存在する人々の共同体の中から生まれてくる』ことを信念とした読谷村の『地域民主主義』の実践でもある」[16]とする。そして，各集落の住民による共同自治としての組織活動を展開するなかで，自然に個性的で多様な集落が生み出され，それによって「字民性」といういわば住民の地域社会を核とした地域アイデンティティや住民自身の自己アイデンティティも構築されると述べる。そして，これらを通じて小社会が形成され，その集合体が読谷村としての個性を発現させていると主張するのである[17]。

　このように，日本の社会教育学の分野ではこれまでも共同体の自治機能に関連する事例として沖縄の字が取り上げられてきた。そのなかで小林の字に関するこの指摘は，地域コミュニティが持つ社会教育的基盤や社会教育的機

能，コミュニティの自治機能に直結するものであり，字を介して地域コミュニティにおける教育の重要性が改めて強調されたものであるといえる。地域共同体の自治機能は，沖縄の字にもウズベキスタンのマハッラにも共通するものであり，ここに日本の社会教育学における地域社会教育論を踏まえてウズベキスタンのマハッラを議論することの意義が見出せるといえよう。さらに，アジア地域における地域社会教育の研究には，中国の社区教育や韓国の平生教育に関連する研究がある[18]。

その他，日本国内における学校教育と社会教育の協働について論じたものに，大橋の研究がある[19]。大橋は，大阪府豊中市の泉丘公民分館の活動を取り上げ，協働が図られてきた経緯とその課題を協働の間接的効果の観点から検討し，学校教育と社会教育との新たな協働のあり方を考察している。

そのなかでは，両者が協働することによって生み出される効果として，「社会教育の領域が教師との連携を図りながら学校の授業内容をフォローすることによって子どもの学力が向上するといったことや，子どもの教育に熱心でない親や保護者以外の地域の大人たちが教育活動に関わりを持つようになる」という「直接的で短期的な効果」が１点目に挙げられている。次に２点目として，「相互交流の伴う教育活動を通じて子どもと大人がつながりを持ったり，教師と地域の大人とのつながりによって家庭崩壊や地域犯罪を防ぐ」という「間接的で長期的な効果」が提示されている[20]。

大橋は論考の最後に，学校側から公民分館への積極的なアプローチの不足，学校と分館との橋渡しを行うキーパーソンの不足，公民分館側の経験や力量形成，活動場所の確保の課題を挙げている[21]。

大橋の挙げる２つの効果は，ウズベキスタンの独立後に国民教育省が中心となって推進してきた，「成熟した世代育成における家族，マハッラ，学校の連携」コンセプトによる諸活動でもしばしば見受けられるものであり，現在のウズベキスタンにおける学校とマハッラの連携活動の目標ともされている[22]。

以上，これまでの社会教育学や教育社会学における主だった先行研究を概観してきた。それを踏まえて，教育学，とりわけ社会教育学における本書の意義としては以下の点が考えられる。

⑴ 学校教育のみならず，社会教育の文脈で現ウズベキスタンにおけるマハッラの教育的役割や教育活動を論じた点（社会教育の視点によるマハッラの教育的役割の検討）
⑵ 国家による統制が顕著であるマハッラにおいて，多様な民族のマハッラ観を包含しながらマハッラでの教育実践について検討した点（国家と地域社会の視点によるマハッラの教育的役割の検討）
⑶ 日本国内における社会教育学の蓄積から，ウズベキスタンのマハッラ研究への示唆を明示した点（日本における研究蓄積の視点によるマハッラの教育的役割の検討）
⑷ これまでの研究でなされてこなかったイスラーム的要素を有する共同体（マハッラ）における地域社会教育研究である点（地域社会と宗教の観点からのマハッラの教育的役割の検討）

　⑴に関しては，前述の沖縄の字の研究を参考に，特に第2章において独立後のマハッラの構造と教育的活動の実態についての論及を行っている。具体的事例としては，住民の慰安旅行や行事における社会的弱者支援，スポーツ振興活動などを取り上げた。
　次に，⑵については，第3章と第4章，第5章で民族によるマハッラ観や，国家と地域社会の視点の根幹となる学校教育とマハッラとの連関について，主に教育政策の観点から検討を行った。
　⑶に関連しては，沖縄の字や松田の指摘するような，「個人のコミュニティへの帰属は，『公共の精神』や『我が国と郷土を愛する』態度の育成にもつながり，国家への画一的な帰属を要求することに接続する可能性がないわけではない」という視点に基づくマハッラの現代的課題を，各章で議論している。
　最後に⑷については，特に第3章の宗教的儀礼に基づく子どもの社会化を例に挙げ，これまでの研究でなされてこなかったイスラーム的要素を有する共同体（マハッラ）における，地域社会と宗教の観点からのマハッラの教育的役割の検討を試みている。

(2) 開発と社会教育の接点

これまで、中央アジアの地域教育研究の蓄積や、中央アジアにおける地域社会教育研究の課題について検討を行ってきた。地域に根差した学びでは、地域住民は積極的に、また持続的に自身の住む地域社会に関わろうとする。多様な世代間における交流や活動実践を通して、子どもだけでなく大人たちも学び、成長していく。このような地域づくりの取組みは、やがては国づくりや社会開発に直結していくものであると考えられる。

社会教育の分野では、地域づくりや地域に根差した学びは地域活性化の一手段として、特に地域社会教育の領域で議論されてきた[23]。しかし、そこに「開発」の視点が介在することは少なく、また開発論の視点からの地域社会教育についての議論もあまりなされていない。中央アジア地域のような、いわゆる開発途上国における地域社会教育を議論する場合、例えば地域での学びや職業トレーニングのコース、女性教育などはおのずと地域の開発や社会全体の開発へとつながっていく。

前節で詳しく触れた、ウズベキスタンが2008年に発表した、第6回国際成人教育会議にかかるナショナルレポートでは、マハッラの名が挙げられ、地域開発や地域の人々の学びを支えるものとしての位置づけが強調されていた[24]。本書では、以降の章を通して、開発と社会教育の接点や接合可能性についても考察していく。

第3節　本研究における「マハッラ」と研究目的

(1) 「マハッラ」とはなにか？

本節では、まず、本研究で対象としている「マハッラ」という言葉について、定義したい。マハッラとは、アラビア語源の言葉であり、これまでの先行研究においては様々な定義がなされている。ある論考では、マハッラとは「近所コミュニティ」[25]であり、他の見解においては、「『イスラム都市』の街区」（ムスリム都市民の基本的な生活空間）[26]や「都市全体の社会・経済を支えるいわば細胞」[27]とするもの、「ウズベキスタンの伝統的な地域共同体」[28]とされるなど、実に多様な定義づけが行われてきた。一方、ウズベキスタン

政府はマハッラを「居住地における国家自治の独特のモデルであり，昔からの伝統，習慣，儀礼を支える重要な教育組織の機能となっているもの」[29]としている。

本書では，「マハッラ」を，中央アジアなどのムスリム社会に存在する，生活に密着し，住民の生活を支える街路から形成される地域社会の一単位と定義している。現ウズベキスタンでは，マハッラは単に街路や街区，地区のみを指す場合もあれば，マハッラ運営委員会という地域の執行機関，あるいはその事務所などを指す場合がある。本書では，「マハッラ」を人々の相互関係からなる地域社会の一単位（地域コミュニティ）と定義し，マハッラ運営委員会やマハッラの事務所を指す場合はその旨表記することとする。

また，本書では，主な対象時期を1991年のウズベキスタン共和国独立後から現在までとしている。しかし，マハッラ自体は古くからウズベキスタンに存在し，その活動内容を変えながらも，脈々と現在まで存続している地域共同体である。そのため，マハッラ成立期から帝政ロシア期，ソ連期におけるマハッラとその教育的側面についても，その前史として扱うこととする。

以下では，マハッラに関連する先行研究を，帝政ロシア期，ソ連期，独立後の3期に大別し，ウズベキスタン国内外の研究成果を挙げながら検討を行う。

かつて，中央アジアでは人々は都市や農村で，職業や宗教宗派，民族等にまとまって，小さなコミュニティを形成し居住していた。例えば，20世紀初頭のブハラでは，金属関係の職業を持つ者や死体洗浄人はそれぞれの区域に集まって居住しており，このような区域は居住の場であると同時に人々の仕事場でもあった。

ソ連期の地域社会に関連した研究では，スーハレワのブハラについての研究が著名である。特に，『19世紀から20世紀初頭のブハラ』(1966)，『地区史の関連におけるポスト封建主義のブハラの地区共同体』(1976)は，当時の都市ブハラが，民族や職業などによって構成されたマハッラによって区分されていた点について詳述しており，マハッラの構成や成立過程の考察を行う上で，貴重な情報を提供している。

一方，ソビエト政府はそれまでのマハッラの伝統的な仕組みや機能を使

い，住民の考え方を「ソビエト的」で社会主義的なものへと変え，「ソビエト国民」を形成しようとした。具体的な政策には，住民の交流の場であり，結婚式や伝統的な祭礼の準備を行う場所であった，「チャイハネ (choykhona)」の例が挙げられる。ソビエト政府はこのチャイハネを「赤いチャイハネ」へと変え，その場をソビエト政府への理解を深めるために利用しようとしたことが知られている。

独立後のウズベキスタンでは，政府が新国家建設の基盤として，マハッラ重視政策を推進したことと重なり，ウズベキスタン国内でマハッラに関する様々な書籍が出版された。

タシケントのマハッラについての研究については，アリフハノワの『タシケントの伝統的なマハッラの現代的な生活』(2000) と，同じくアリフハノワ編著の『タシケントのマハッラ —— 伝統と現代化』(2002) がある。また，2005 年には彼女をはじめとした数人の研究者によって，『タシケントのマハッラにおける今日の民族文化的な変容』と題された論集が出版され，そこではタシケントのマハッラにおける住民の日常が，主に文化人類学的な観点から論じられている。

さらに，ソ連解体を受け，ウズベキスタン国内でのマハッラ調査が実施しやすくなったことや，関連の文献にアクセスしやすくなったことを受け，ウズベキスタン国外におけるマハッラ研究も飛躍的に増加した。

日本国内におけるマハッラ研究には，小松久男の「ブハラのマハッラに関するノート —— O. A. スーハレワのフィールド・ノートから」(1978) や樋渡雅人『慣習経済と市場・開発 —— ウズベキスタンの共同体にみる機能と構造』(2008) があるが，代表的なものでは，ティムール・ダダバエフの『マハッラの実像 —— 中央アジア社会の伝統と変容』(2006) が挙げられる。ダダバエフは，ウズベキスタン国内のマハッラを中心に，現在のマハッラには「公式なマハッラ」と「伝統的なマハッラ」の2つが存在するとし，住民のマハッラ観やマハッラ代表像を明確に描くなど，実証的な研究を行った。その他，コードウェルらによる「移行経済における社会援助の対象：ウズベキスタンにおけるマハッラ」(1998) や，マシカードとトレヴィサニの「ウズベクマハッラ」(2003)，シエベルスによる「ウズベキスタンのマハッラ：

ソビエトから専制的住民コミュニティ団体へ」(2002),カンプの「国家と女性の挟間：ウズベキスタンにおけるマハッラ委員会と社会福祉」(2004) がある。

(2) 研究の目的と意義

本書の冒頭（2頁）で設定した4つの研究課題に答えるために，まず，第1の課題として，マハッラとその教育的側面の歴史的変遷を明らかにする。

ウズベキスタンにおけるマハッラの起源には諸説があり，正確には明らかにされていない。しかし，マハッラの成立にはその当時の都市構造と密接な関連があると考えられている。そのような都市において，民族別，宗教別，職業別に構成されたマハッラでは，マハッラ役職者が多様な教育的役割を果たしていた。この時期に対し，帝政ロシア期は，ノンフォーマル・エデュケーションから近代教育への転換が行われ，マハッラの教育的役割が大きく変化した時代であった。ソ連期になると，ソビエト国家建設のためにマハッラの役割が注目され，政治的プロパガンダを伴う教育的活動がマハッラ内で盛んに実施された。そして，ウズベキスタン共和国独立以降の現在は，政府のマハッラ復興政策とともに，マハッラに対し様々な教育的活動が移管されるようになった。第1の課題では，マハッラとその教育的側面の変遷は，政局の転換に伴う政策の変化と密接な関連があるとの立場に立って，検討を進めていきたい（**研究課題(1)**）。

次に，第2の課題として，独立後におけるマハッラの構造と教育的活動の実態を，社会教育学における地域教育活動の観点から解明する。

ウズベキスタン共和国独立以前も，ロシア帝国やソ連政府によってマハッラの制度化が推進されてきた。そして，現在はソ連の旧体制からの脱却を目的として，ウズベキスタン政府によるマハッラの制度化が行われている。それらは特に，行政の末端機関としてのマハッラの諸活動である，(1)マハッラ運営委員会による住民管理システムと家庭支援，(2)ポスボン隊（マハッラ内自警団）の自警活動と青年に対する指導，(3)女性委員会による地域社会教育活動と女性支援の具体的事例に見ることができる。これら政府主導の制度化に対し，マハッラ住民の自発的・主体的活動の1例として，(1)マ

ハッラ内住民の慰安旅行, (2)マハッラ内行事による社会的弱者支援, (3)マハッラ内施設におけるスポーツ振興活動などが行われている。

　それらの活動の場では, マハッラ住民に対するさまざまな支援を行いながら, 自身の住むマハッラが有する地域課題や自己の生活課題を見つけ, それを乗り越えようとするマハッラ運営委員会委員やマハッラ活動家の姿が見られた。第2の課題については, マハッラにおける地域社会教育の実践を取り上げ, さらに, 政府と住民両者の視点を踏まえながら, 現ウズベキスタンのマハッラにおいて, 国家「統合」と地域住民「自治」の両立はあり得るのかといった議論を展開していく**(研究課題(2))**。

　続いて, 第3の課題として, マハッラでの子どもの社会化と文化継承について明らかにする。

　ウズベキスタンにおける割礼や誕生の儀礼などの多様な伝統儀礼では, マハッラの支援が欠かせないものとなっている。例えば, 割礼の祝いにおいて, マハッラ運営委員会は貧しい家庭には祝いを開催するために金銭的支援や労働の提供などを行う。一方, 裕福な家庭の祝いに対しては, 祝いが豪奢なものにならないよう, 制限をかける。このような面において, マハッラは「支援者」であり「介入者」であるといえる。第3の課題では, 帝政ロシア期, ソ連期, そして独立後の現在のマハッラにおける子どもの生活や成長儀礼とイスラームについて踏まえながら, イスラームに関連するラマザン (*ramazan*, ラマダン), ケリン・サロム (*kelin salom*, 花嫁挨拶の儀礼), ケリン・コルディ (*kelin kordi*, 花嫁見学) における2つのフィールドワーク事例を挙げながら, 子どもの社会化と文化継承におけるマハッラの関与について, 明らかにする**(研究課題(2))**。

　第4の課題としては, 学校教育におけるマハッラに関する教育を解明する。

　現在のウズベキスタンの学校教育において, マハッラは「伝統的空間」,「国民統合の基礎的空間」,「相互扶助の空間」として教科書や授業, 学校行事を介し, 学校教育に導入されている。その背景には, 脱ソ連化や国内の中央アジア諸民族の統合, 新国家体制の拡充という政府の企図があった。マハッラの学校教育への導入には, マハッラの伝統的側面と独立後の行政的側

面を生徒たちに浸透させ，政府の企図を実現させる目的があったといえる。第4の課題に関しては，ウズベキスタンの継続教育基準の国家システムと国民教育省による「成熟した世代育成における家族，マハッラ，学校の連携」コンセプト，そして授業や学校行事での参与観察結果を用い，その解明を試みる。また，「道徳の基礎」，「憲法初歩」，「礼儀」科目の教科書，「追悼の日」の学校行事を例示し，マハッラと学校の連携による「市民」意識の育成についても明らかにする（**研究課題(3)**）。

第5の課題として，諸機関の連携活動による青年教育の実態とその意義について解明する。

現在，マハッラは青年団体や国内・国際 NGO，国際機関など，様々な団体と連携し，教育的活動を計画・実施している。ここでは，(1)青年社会運動中央評議会「カモロット」，(2)青年イニシアチブセンター「未来の声」，(3)NANNOUz (Natsional'noi assotsiatsii negosudarstvennykh nekommercheskikh organizatsii Uzbekistana，ウズベキスタン非国家非営利機関)，(4)国際機関——ユニセフ（国連児童基金），UNDP，UNAIDS を取り上げ，各機関とマハッラの連携活動事例について検討する。それに加え，複数大学における質問紙調査の量的分析から，ウズベキスタンの青年の地域社会観と諸機関の活動について明らかにする（**研究課題(4)**）。

(3) 研究の方法と本書の構成

現在のウズベキスタンにおける新国家建設やその過程での教育改革とマハッラ政策，そしてそれらの政治的社会的背景についての考察は，歴史学，政治学，国際関係学，地域研究，社会学，文化人類学，開発学，国際協力，そして教育学といった多様な領域で議論され始めている。

従って，本書で採用した研究方法は，地域研究や政治学の領域を中心に行われているウズベキスタンのマハッラ研究，主に比較教育学の分野で進められつつある独立後のウズベキスタンにおける学校教育に関する研究，そして日本国内外の社会教育学における地域社会教育に関する研究で採用された研究方法を参考にする。

具体的には，マハッラと学校教育の連携については，比較教育学と社会教

育学，教育社会学の領域におけるこれまでの研究に基づいた考察を，学校行事や授業での参与観察と学校関係者やマハッラ運営委員会関係者へのインタビューをもとに行う。マハッラ内における子どもの社会化や文化継承に関しては，タシケント市内の複数家庭におけるラマザンやケリン・サロムでの参与観察記録を取り上げ，社会学や文化人類学の知見を参考に分析する。さらに，マハッラと諸機関の連携の考察については，社会教育学，行政学，開発学分野での先行研究とタシケント市内の大学生を対象に実施した質問紙調査を採用する。

本書において，主に対象とする教育段階は，就学前教育の段階から初等教育・中等教育段階，中等後教育，高等教育，そして，学校外の教育である社会教育，成人教育も含むものとする。これは，マハッラの持つ教育的役割を単なる一教育段階のみによる分析に偏ることなく，多面的に検討することに配慮したためである。

本書は，ウズベキスタンを中心とした中央アジアにおける実地調査で得られた調査結果やデータをはじめとする，以下の研究成果によって構成されている。

1) 2004年7月23日から8月30日にわたって行った，タシケント市の教育機関，市教育局，国連開発計画（UNDP），NGO，複数家庭に関する調査（参与観察，インタビュー調査）
2) 2006年3月9日から6月5日にかけて実施した，タシケント市，ウルゲンチ市，カラカルパクスタン共和国首都ヌクス市，アングレン市の各都市における，教育機関，行政機関，NGO，マハッラ，医療機関，国際機関，複数家庭を対象とした調査（参与観察，インタビュー調査）
3) 「地域社会における教育・文化政策と住民の受容に関する研究——ウズベキスタンのマハッラを中心に——」のテーマに基づき，文部科学省「大学教育の国際化推進プログラム（長期海外留学支援）」（2006年9月～2008年8月）の助成を受けて行われた，ウズベキスタン国内における調査（参与観察，インタビュー調査，質問紙調査）
4) ㈶アジア女性交流・研究フォーラム客員研究（代表：大谷順子准教授，

大阪大学，2007～2008年度）の助成を受けて行われた，「中央アジア諸国におけるコミュニティ研究——ジェンダーの視点から——」に関連する，ウズベキスタン，カザフスタン，キルギス，タジキスタンの地域社会と女性のコミュニティ活動についての調査（参与観察，インタビュー調査）

5）ユニセフ・タジキスタン事務所でのインターンシップ（2008年4月～5月）に基づく，タジキスタンの首都ドゥシャンベ市，ソグド州ホジェント市，ソグド州イスファラ市のマハッラ，ジャモアト（*jamoat*，タジキスタンに存在する地域共同体）における地域社会と医療機関，国際機関の連携活動についての調査（参与観察，インタビュー調査）

6）日本学術振興会科学研究費補助金（特別研究員奨励費）（2009）による「中央アジア諸国における社会開発と地域コミュニティ：コミュニティ観と域内教育協力の検討」に関するウズベキスタン国内におけるマハッラを対象とした調査（参与観察，インタビュー調査）

実地調査を開始するにあたって，まず筆者は，首都タシケント中心部のUマハッラと，タシケントから車で2時間ほどの炭鉱の町タシケント州アングレン市のZマハッラにおけるマハッラ運営委員会関係者へのインタビューによる予備調査を行った（タシケント市における調査は2006年3月，アングレン市における調査は2006年5月）。本研究を開始した当初は，タシケント市における複数マハッラの市内比較や，ウズベキスタン国内に内在する共和国であるカラカルパクスタンを含む13州全州の州間比較，都市部のマハッラと農村部のマハッラ間の都市・農村間比較の3つの比較枠組みを想定していた。しかし，2都市におけるパイロット調査結果や，その他の都市においてマハッラに関する聞取りを進めるなかで，マハッラが伝統的に存在したタシケントやサマルカンド，ブハラ，フェルガナなどと，独立後の新国家建設の過程で人工的にマハッラが設置されたカラカルパクスタンなどでは，マハッラの性質や様相，人々のマハッラ観に大きな相違がみられることが判明した。また，多民族によって形成される都市の集合アパートのマハッラと伝統的な家屋が建ち並ぶ農村のマハッラとでは，人々の近隣関係やマ

表1 調査対象となったマハッラ

タシケント市
Gマハッラ（ミルザ・ウルグベク地区）　Fマハッラ（セルゲリ地区） Aマハッラ（ミルザ・ウルグベク地区）　Uマハッラ（ミラバード地区） Oマハッラ（ミラバード地区）　Oマハッラ（シャイハンタフル地区） Cマハッラ（シャイハンタフル地区）　Sマハッラ（シャイハンタフル地区）
タシケント州
Uマハッラ（タシケント州キブライ） Zマハッラ（タシケント州アングレン市）

ハッラ内で行われる行事への参加度などが異なることもわかってきた。その上，この現象は，都市部と農村のみならず，タシケント市内の旧市街と新市街との間にも顕著に見られたのである。

そこで，現在のウズベキスタンにおけるマハッラの教育的役割を模索するために，古くからマハッラが存在し，その新旧の要素を併せ持っているタシケント市とその郊外（厳密にはタシケント州を中心とした郊外地域）を中心に，長期にわたるフィールドワークを実施することとした。政府のマハッラ重視政策が顕著である現在において，首都であるタシケントのマハッラへは政府の政策が届きやすく，それをマハッラ住民はどう受容しているのかについての検討がより綿密に実証的にできるのではないかと考えたのも，タシケントを選出した理由のひとつである。その他の都市や州のマハッラに対する調査は，タシケントのマハッラとの比較の視点を補完する意味で，定期的に行った。

こうした過程を踏まえて本調査の対象として選ばれたのが，表1の10のマハッラである。

その他，ウズベキスタン国外のマハッラや地域社会，ウズベキスタン国内外の教育機関，行政機関，国際機関，NGOなどにおいても調査を実施した。

マハッラ対する調査では，現地の大学教員や初等・中等教育機関教員，大学生，NGO職員，会社員，政府機関職員，そしてマハッラの代表や運営委員会関係者など，多岐にわたる立場の人々に協力を依頼し，関係者にコンタ

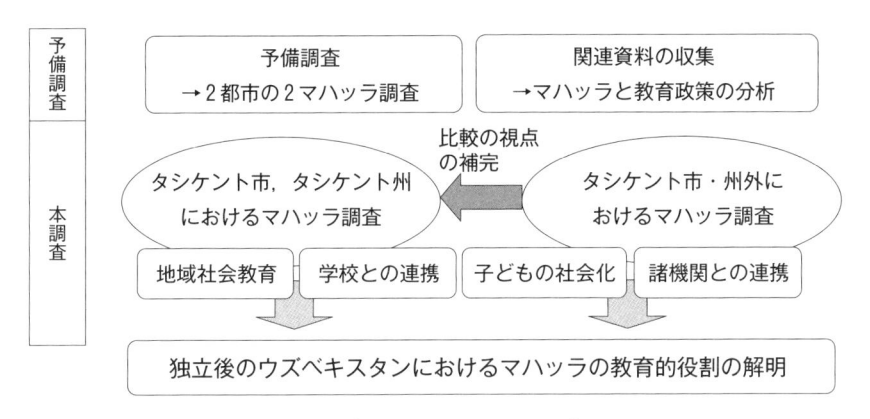

序　章　中央アジア地域教育研究の課題　　25

```
予備調査 ┃ 予備調査              関連資料の収集
         ┃ →2都市の2マハッラ調査  →マハッラと教育政策の分析
─────────┨            比較の視点
本調査   ┃            の補完
         ┃ タシケント市，タシケント州  ⇐  タシケント市・州外に
         ┃ におけるマハッラ調査            おけるマハッラ調査
         ┃ ┌地域社会教育┐┌学校との連携┐┌子どもの社会化┐┌諸機関との連携┐
         ┃                    ⇓
         ┃  独立後のウズベキスタンにおけるマハッラの教育的役割の解明
```

図1　ウズベキスタンにおける調査図

クトを取った。具体的には，マハッラへの訪問やインタビュー調査，マハッラ内行事への参加，学校行事へのマハッラ代表の参加の際の聞き取りなどの方法を採用し，調査を行った。各種教育機関については，授業観察やゲストティーチャーとしての授業参加，学校行事への参加，学校関係者へのインタビュー，大学生を対象とした質問紙調査を実施した。さらに，行政機関，国際機関，NGO に関しては，主としてインタビュー調査と各機関の開催する行事における参与観察，国際会議に参加した際の各機関代表者の報告の分析などの形で調査を進めた（図1）。

　本書では，まず第1章で，ウズベキスタンのマハッラの教育的側面を考察するために，マハッラとその教育的側面の歴史的変遷を解明する。時期としては，帝政ロシア以前からロシア帝国の支配期，ソビエト連邦期，そしてウズベキスタン独立以降の現在を扱う。

　続く第2章では独立後におけるマハッラの構造と教育的活動の実態についての論及を行う。具体的事例としては，住民の慰安旅行や行事における社会的弱者支援，スポーツ振興活動などを取り上げる。

　第3章では，マハッラ自体が子どもの社会化と文化継承にどのような影響を及ぼしているのかを検討する。ここでは，マハッラ内の祭礼・儀礼における社会性の習得はどのように行われているのかに関して，ラマザンやケリ

ン・サロムの具体的事例を提示し，「支援者」，「介入者」としてのマハッラについて明らかにする。

第4章では，マハッラが現在の教育政策や学校教育にどのように導入されているのか，その目的はいかなるものかについて考察する。学校教育におけるマハッラ導入の政治的社会的背景に関して，政府のマハッラ重視政策を中心に検討を行い，さらに，学校教育においてどのようなマハッラ像と理念が示されているのかについて，「ウズベキスタンの国家スタンダード」や関連のコンセプトを用い，分析を行う。

次の第5章においても，学校教育とマハッラの連携活動を取り上げる。具体的には，マハッラと学校がどのように協力し，「市民」意識の育成を行っているのかについて検討する。

第6章では，近年特に活動が活発化している，NGOや国際機関とマハッラの連携活動による青年教育についての検討を行う。ウズベキスタンにおけるNGO，青年団体，国際機関の位置づけとその活動実態について，具体的に，青年社会運動中央評議会「カモロット」，青年イニシアチブセンター「未来の声」，NANNOUz，国際機関──ユニセフの活動を取り上げる。また，各機関とマハッラの連携活動事例の検討に加え，ウズベキスタンの複数大学で実施したアンケートに基づき，ウズベキスタンの青年の持つ地域社会像を描き，青年の地域社会観と諸機関の活動についての考察を行う。

最後に，終章では，本研究の総括として，ウズベキスタンにおけるマハッラの教育的役割を解明し，今後の展望，課題について述べる。

［注］

1) 教育を実施形態別に分類する場合，フォーマル・エデュケーション，ノンフォーマル・エデュケーション，インフォーマル・エデュケーションの3つに大別する方法が国際的にも定着している。学校教育に代表されるフォーマル・エデュケーションは，組織性や計画性を有する教育活動である。
2) 関連して，『NGOはどう反応するか：コーカサス，中央アジアとモンゴルにおけるグローバリゼーションと教育改革』(2008) や，『中央アジアにおける教育の課題』(2004) などの論集が挙げられる。しかし，これらの先行研究では主に中央アジア地

域の初等・中等・高等教育が取り上げられており，社会教育などに触れている論考はあまり見られない。また，論文執筆者の多くは現地研究者だけではなくアジア開発銀行（ADB）やジョージ・ソロスが設立したオープン・ソサイエティ・インスティテュート（OSI）などの国際協力機関や NGO 関係者から構成されていることもその特徴である。これらの先行研究については，本章 6-8 頁で詳しく述べる。Silova, Iveta (ed.), *How NGOs React: Globalization and Education Reform in the Caucasus, Central Asia and Mongolia.* Kumarian Press. 2008. や Stephen P. Heyneman(ed.), *The Challenge of Education in Central Asia.* Information Age Publishing. 2004. を参照のこと。

3) イマームは，コーランのなかで「規範」や「指導者」を意味するが，のちにイスラム教徒の集団の指導者を意味するアラビア語に変化した。イマームは，(1)集団礼拝の指導者，(2)スンニ派ではカリフの意，(3)シーア派では，その最高指導者，(4)スンニ派，シーア派を問わず，特に学識の優れた学者の尊称，の 4 つの意味に用いられている。「イマーム」（社）日本イスラム協会他監修『イスラム事典』平凡社，1982 年，107 頁。

4) 中央アジアがテュルク化するにともなって生まれた歴史的な地域名称とされる。19世紀後半にコーカンド・ハン国に侵攻したロシアは，1867 年にタシケントにトルキスタン総督府を置き，その地の統治に着手した。ロシアによるさらなる侵攻により，総督府の支配は天山山脈西部とパミール高原からカスピ海東岸，果てはイラン，アフガニスタン国境まで拡大された。ロシア領トルキスタン（西トルキスタン）という地域名称とその実態の成立によって，東方の清朝治下の新疆は東トルキスタンと呼ばれ，アフガニスタン北部はアフガン・トルキスタンとされた。小松久男他編『中央ユーラシアを知る事典』平凡社，2005 年，388 頁。

5) トミアク・ヤヌシュ・J. 『ソビエトの学校』明治図書，1976 年，64 頁。
6) トミアク・ヤヌシュ・J.，前掲書，1976 年，5 頁。
7) *CONFINTEA VI National Report*, Uzbekistan, *Tashkent Call to Action*, 2008.
8) ここでのアジテーターは，共産党員やコムソモールのメンバーなどを指し，ソ連のイデオロギー拡大のため，さまざまな活動を行っていた人々を指す。
9) 久富善之「地域と教育」『教育社会学研究』第 50 集，日本教育社会学会，1992 年，71 頁。
10) 久富善之，前掲論文，1992 年，68，70 頁。
11) 久富善之，前掲論文，1992 年，69 頁。久富の時期区分は，矢野峻『地域教育社会学序説』(1981) に依拠しており，この 3 期区分は戦後復興期，高度成長期，ポスト高度成長期という戦後日本の大きな社会変動の区切りと合致している点を強調している。
12) 久富善之，前掲書，1992 年，82 頁。
13) 松田武雄「社会教育におけるコミュニティ的価値の再検討 ―― 社会教育概念の再解釈を通して ――」『教育学研究』第 74 巻第 4 号，日本教育学会，2007 年，93 頁。
14) 戦後沖縄の字（集落）における地域社会教育と自治的諸活動に関する歴史的実証研究（研究課題番号 14310127），平成 14・15・16 年度日本学術振興会科学研究費補助

金（基盤研究（B）(1)）研究成果報告書，研究代表者　松田武雄，平成17年（2005年）3月。松田武雄『現代社会教育の課題と可能性——生涯学習と地域社会——』九州大学出版会，2007年。山城千秋『沖縄の「シマ社会」と青年会活動』エイデル研究所，2007年。「読谷村の地域教育に関する調査」『地域生涯学習研究』第3号，九州大学大学院人間環境学府発達・社会システム専攻教育学コース教育社会計画学講座生涯学習論研究室，2001年。

15) 小林文人・島袋正敏編『おきなわの社会教育——自治・文化・地域おこし』エイデル研究所，2002年，18頁。

16) 山城千秋，前掲書，2007年，114頁。

17) 山城千秋，前掲書，2007年，115頁。

18) 「特集：韓国『平生学習』の新しい動向」，「中国の生涯教育・社区教育」『東アジア社会教育研究』第12号，2007年。呉遵民「中国社区教育の理論と実践」『東アジア社会教育研究』第9号，2004年，5-34頁。韓民「北京市社区教育の実践と施策——西城区の社区教育実験を中心に」『東アジア社会教育研究』第10号，2005年，32-40頁。

19) 大橋保明「学校教育と社会教育の協働——公民分館活動を軸に——」『日本社会教育学会紀要』37，2001年。

20) 大橋保明，前掲論文，2001年，54頁。

21) 大橋保明，前掲論文，2001年，56頁。

22) ウズベキスタン共和国国民教育省大臣ガイラト・バフラモヴィチ・ショウマロフ氏へのインタビュー（2008年8月19日実施）による。

23) 佐藤一子『生涯学習と社会参加——おとなが学ぶことの意味』東京大学出版会，1998年。

24) *CONFINTEA VI National Report,* Uzbekistan, 2008.

25) ティムール・ダダバエフ「中央アジア諸国の現代化における伝統的地域社会のあり方と役割——ウズベキスタンの『マハッラ』を中心に——」『東洋文化研究所紀要』146，2004年，100頁。

26) 小松久男「カシュガルのアンディジャン区調査報告」清水宏祐編『イスラム都市における街区の実態と民衆組織に関する比較研究』東京外国語大学，1991年，46頁。

27) 帯谷知可「マハッラのくらし」宇山智彦編『中央アジアを知るための60章』明石書店，2003年，160頁。

28) 樋渡雅人「ウズベキスタンの慣習経済　マハッラの共同体的機能の検討から」『アジア研究』第50巻第4号，2004年，82頁。

29) *Ideya natsional'noi nezavisimosti : osnovnye nonyatiya i printsipy,* Tashkent: O'zbekistan, 2003, s.67-68.

第1章

ウズベキスタンにおけるマハッラとその教育的側面の歴史的変遷

　第1章では，ウズベキスタンのマハッラの教育的側面の考察のため，帝政ロシア以前からロシア帝国の支配期，ソビエト連邦期，独立後のウズベキスタンにかけてのマハッラとその教育的側面の歴史的変遷を明示する。最後に，独立後のウズベキスタンにおける教育改革とマハッラ復興政策を取り上げ，マハッラの教育的側面を明確にする。

第1節　ウズベキスタンにおけるマハッラの前史

(1) 中央アジア，ウズベキスタンの都市構造とマハッラ

　マハッラはアラビア語源の言葉であり，前述のように「人々の居住する地区を基盤として形成されるいわば『ご近所』型のコミュニティ」[1]，「『イスラム都市』の街区」[2]といった様々な定義がなされている。それらを統合すると，マハッラは中央アジアなどのムスリム社会に存在する，生活に密着し，住民の生活を支える街路から形成される地域社会の一単位といえる[3]。

　マハッラの起源や成立過程には様々な主張がみられ，「親戚の居住区域が時とともに拡大していったことによるもの」[4]とする見解や，人々が多くの都市や農村において職種，宗教宗派や民族別に緩やかにまとまって住むことによって小規模なコミュニティが形成されていたものをマハッラの起源とする立場[5]がある。また，真田は太い灌漑水路から枝分かれした各水路にオイ（*uy*, 家）と呼ばれる各戸が集まりマハッラがつくられたとし，その成立過程を説明している[6]。

　かつて，中央アジアの都市や農村では，職業や宗教宗派，民族等による小

規模なコミュニティが形成されていた[7]。このようなコミュニティはタシケントなどでマハッラと呼ばれ，住民は通過儀礼や冠婚葬祭への参加，文化継承，水利用権等の協力，相互扶助を通し，同じマハッラの住民という意識を形成・維持してきた。当時の都市は大きな壁で囲まれた，多数のマハッラから形成されていた。

このように，定住農耕民族であるウズベキスタンやタジキスタンでは，マハッラのような伝統的地域共同体が発生し，現存し，そこでは様々な教育的活動が行われている。一方，遊牧民族の血を引くカザフスタン，キルギス，トルクメニスタンでは定住の文化がなく，ウズベキスタンやタジキスタンのような地域共同体は発達しなかった[8]。

(2) マハッラ役職者の教育的役割と人々の生活

マハッラが形成されるに従い，各々のマハッラではモスクや聖廟が整備され始め，やがてそこは住民の娯楽や情報交換の場となった。人々は自己の属するマハッラにおいて，通過儀礼や冠婚葬祭に参加し，水利用権等で協力し，相互扶助を行い，仲間意識を維持してきたのである。マハッラ内で，何らかのトラブルや紛争が起こると，オクソコル (*oqsoqol*，長老，白髭の意) と呼ばれるマハッラの長老が紛争処理やその仲介にあたった。このようなマハッラは，19世紀後半から20世紀初頭のブハラ[9]にもみられるように，人々の生活上の問題を処理する重要な地域単位となっていたのである。

この頃から代表であるオクソコルや補佐の役目を持つ女性の指導者，雑務担当の者などが存在し，住民間において争いが起こった場合には長老が仲裁の役目を果たしていた。この他にも，長老は自己負担で葬祭の手配や準備，孤児や寡婦の後見などを担当したという。また，地域住民の儀礼において長老の存在は不可欠であり，儀礼の前には長老が先導して儀礼に参加する人数や必要となる人員などを決定した。

このように，当時のマハッラの長老はマハッラ内の様々な領域において主導権を持ち，またマハッラ住民も長老を信頼し，地域の管理を任せていた。

この時点では，現在のウズベキスタンにおけるマハッラに存在する委員会などの組織はみられない。しかし，長老の補助を行うポイコル (*poykor*)[10]や

女性に関わる活動のサポートを行うカイボニ (*kaivoni*) といった，マハッラを管理・運営していく上で重要となってくるシステムは出来上がっていた。つまり，現在のウズベキスタンで機能しているようなマハッラ運営委員会のような萌芽的組織が，当時すでに存在していたのである。さらに，長老の役目として孤児の後見などが挙がっている点から，現在のマハッラ運営委員会が行っている教育的側面における社会保障を長老が有していたと考えられる。住民生活の教育的側面においても，長老は強い主導権を持っていたのであった。

(3) 都市の教育的機関とマハッラ

19世紀後半における帝政ロシアの中央アジア支配が始まるまで，子どもたちの教育はマハッラやグザルの私的あるいは宗教的な教育機関において行われていた。特に，男児に対する教育はモスクに付属したマクタブやマドラサで行われることが主であった。一方，女児に対しては，教師の家で宗教的な内容を中心とした伝統的な教育が行われていた[11]。

帝政ロシアが支配を始め，近代公教育の整備がなされるようになるまで，マハッラやグザルでは宗教的かつノンフォーマルな教育が行われた。子どもたちの人格形成はマハッラ内のモスクなど，いわば子どもたちを取り囲む日常生活のなかで，マハッラ住民間の人的交流を通じて行われた。教育社会学の分野で久富が挙げている，「地域の教育力」や「地域の人格形成力」といったものを，この当時のマハッラ内における教育にもみることができる。久富が「学校は言うまでもなく地域に存在する教育機関であるが，『地域の形成力・教育力』の方が歴史的にも，個体の生育史的にも先在・先行するものであることは疑いない」[12]と指摘するような「地域の形成力・教育力」がこの当時のマハッラにも存在していたのである。

第2節　19世紀末から20世紀初頭のマハッラ

次に，第2節では19世紀から20世紀初頭のマハッラについて，主として民族別，宗教別，職業別からなるマハッラの構造やマハッラ内での教育活動

について考察する。

(1) **民族別，宗教別，職業別に構成されたマハッラ**

19世紀から20世紀初めのブハラの地域共同体の研究で著名なスーハレワは，ブハラのグザルを以下の6つに分類している。

(1) 著名な人物や歴史的人物の名前
(2) マザール（*mazar*，墓廟）の名前
(3) 特定の民族・部族の名前
(4) 住民が生業としていた職業の名前
(5) 地域特性を表す名前
(6) 意味が明瞭でない名前[13]

スーハレワによれば，例えば，20世紀初頭のブハラでは金属関係の職業を持つ者や死体洗浄人はそれぞれの区域に集まって居住していた。このような区域は居住の場であり，また住民が仕事をする場でもあった。当時のブハラでは，マハッラの名称によってそこに居住する民族やそこに存在する墓廟，建物，その一帯で営まれている職業を想像することができた。いわば，マハッラの名称は各々のマハッラのオリジナリティを表象するものであり，そこに居住する住民のシンボルや地域の誇りを表すものでもあったと推測できる。

マハッラは，そこに居住する子どもたちに自身のマハッラの名前の由来やマハッラを構成する民族や，職業，地域のオリジナリティなどを受動的，能動的に学ぶ機会を自然と提供する存在であった。子どもたちは，マハッラで日々生活するなかで自身のマハッラにおいて営まれている職業を見聞きし，また自ら接するなかでインフォーマルに多くの物事を学んでいったのである。

(2) マハッラの共同施設における教育的活動

帝政ロシアによる教育制度が拡充されるまで、主に男児に対してはモスクに付属したマクタブやマドラサでの教育が、女児には主に教師の家で、宗教を中心とした伝統的な教育が行われていたことは前述の通りである。男児が通う初等学校のマクタブでは6歳から16歳まで（あるいは5歳から15歳まで）の子どもたちが読み書きを習い、そこではイスラーム信仰の精神を中核に据えた教育が行われていた。帝政ロシアが中央アジアに進出するまでのサマルカンドでは、マハッラやグザルなどの各地域共同体にマクタブが存在し、男児のみならず女児のためのマクタブもあったという。たいていはマハッラ内のモスクのイマーム（序章参照）がマクタブの教師として、子どもたちに読み書きやコーランなどを教えていた[14]。

写真1 屋外のマクタブ（タシケント）
出所：ベンドリコフ『トルキスタンにおける国民教育史概要』1960年、36頁。

一方、マハッラに存在した住民のための共同施設では、様々な活動が実施されていた。とりわけ、マハッラ内に設置されたモスクには非常に大きな役割が付与されていた。モスクは地域住民の祈りの場であると同時に、住民同士の交流の場でもあった。そこで行われる一日5回のイスラームの祈りの儀式は、体系的に子どもたちの目の前で繰り返された。また、宗教的な祭日は家庭や社会の慣習がもっとも表出される重要な機会であった[15]。

その他、マハッラには、結婚式や葬儀などで使用するための様々な道具が備わっていた。マハッラ内で行われる子どもの成長儀礼や人生儀礼には、マハッラ住民も参加し、儀礼を行う労働力や資金面など、多方面から儀礼を執り行う家族を支援していた。

このように、子どもたちはマハッラの中で、モスクでの祈りの儀式を学んだり、自身のマハッラに関連する職業に触れたり、民族の文化について知る機会を得ていた。マハッラの中で生活することで、子どもたちは生活に密着

した宗教や職業, 民族について学ぶことができたのである。この時期のマハッラは, 上記のような「日常のなかに埋め込まれた学び」といったインフォーマルな学習が恒常的に行われる場であり, またそのような学習を支える役割を有していた。そして, マクタブやマドラサでの教育が広がっていくにつれて, そのようなノンフォーマル・エデュケーションを支える役割をも併せ持つようになったのであった。

第3節 帝政ロシア期におけるマハッラとロシア帝国のマハッラ政策

続いて, 第3節では帝政ロシア期における近代教育拡充政策とマハッラにおける諸活動について明確にする。

(1) マハッラ内におけるノンフォーマル・エデュケーションと帝政ロシアによる近代教育拡充政策

帝政ロシアの時代になると, マハッラは都市の形成上においてはっきり区分されるようになった。帝政ロシアの中央アジア支配によって, 入り組んだ未舗装の路地が枝分かれするマハッラから形成される「旧市街」と, 計画的なヨーロッパ風の「新市街」が建築され, 支配する側と現地の住民はほぼ分離して生活するようになったためである。

帝政期のロシア人支配者たちは, 現地住民の社会生活がどのようなものであるか, 積極的に情報収集を行い, 現地人の統治拡大に努めた。しかし, 財政的に困難であるという理由によって, 地方行政を行う人員が不足していた。そこで注目されたのが伝統的なコミュニティやその代表であった。マハッラは, 帝政ロシアの支配を底辺から支えるものとして位置づけられ, そのような役目を果たすことが期待された。しかし, 帝政支配の利害に直結しない限り, 現地住民の一般的な生活に関しては非介入の立場がとられた[16]。そのため, この帝政ロシアの時代においても, 職業や民族などを中心としたマハッラが形成されており, その場を中心とした範囲での教育が行われたのではないかと推測できる。換言すれば, 子どもたちはマハッラの中で生活す

ることで，生活に密着した宗教や職業，民族についての学びの機会を得ていたのである。

帝政ロシアの支配が西トルキスタン全域に広がっていくなか，ロシア帝国の基準に則った近代教育の拡充も目指された。当時のロシア帝国の教育政策では，未開の地の住民の教育レベルの向上が目指されており，そのなかでマハッラなどにおける教育は軽視される傾向にあった。このような政策の流れから，近代学校制度が整備されるにつれて，マハッラ内のマドラサや宗教者の自宅でのノンフォーマル・エデュケーションの機会は減少の一途を辿ったのである。

写真2　優れたロシア人・現地人学校のひとつ（タシケント）
出所：ベンドリコフ，前掲書，1960年，187頁。

(2) 近代学校とマハッラ

帝政ロシアの時代になると，マハッラはその支配を末端から支えるものとしてみなされるようになった。教育の場でも次第に制度化が進められ，タシケントでは1866年に男子と女子混合の最初のロシア学校が開校された[17]。また，1871年の3月，タシケントの商人であるセイード-アジムバイ・ムハンメドヴァエフが従来のマドラサを批判し，新しいタイプのムスリム学校の開校を提案する報告書を，当時のトルキスタン総督であるカウフマンに提出した。このムハンメドヴァエフの提案を受け，1871年6月には，イシャンクルマドラサに新しい学校を建設する計画準備のため，騎兵大尉であるテレンチエヴァが委員会議長となった[18]。この時代は，帝政ロシア政府による近代学校が整備されるに伴い，それまで存在していたマドラサなどの教育施設も新たな変化を求めた時期であった。しかし，近代学校数が増え，そこで学ぶ子どもたちが多くなる中でマドラサなどでの教育は薄れていった。

このように，帝政ロシア期前後はマハッラの子どもの生活世界での学びが次第に制度化された時代であった。この帝政ロシアの時代においても，以前

と同様、マハッラにおけるインフォーマルな学習は存続していたと考えられるが、マクタブやマドラサに代表されるノンフォーマル・エデュケーションの整備、そして帝政ロシア型の公教育への移行により、それら三者ははっきりと区別されるようになったのである。

第4節　ソ連期におけるマハッラとソ連当局のマハッラ政策

　第4節ではソ連期の近代教育拡充政策とマハッラにおける諸活動について検討する。

(1)　ソビエト国家建設のためのマハッラ

　ソ連期において、ソビエト政府は様々な民族から構成されるソビエト連邦の統一を図り、「ソビエト国民」を形成する政策の推進を始めた。その一環として、学校教育においては、マドラサからソビエト学校への転換政策やムスリムのソビエト学校教師の養成、ソビエト学校網の拡充の推進が行われた。

　1918年7月のロシア共和国憲法では、既に「……教会は国家から、学校は教会から分離され、宗教的宣伝と反宗教的宣伝の自由が全市民に認められる」と規定しており、ソビエト学校網建設のためにソ連政府から財政支援が行われていた[19]。しかし、後の政府からの財政支援の打ち切りにより、トルキスタン共和国政府は初等教育の大部分を閉鎖せざるをえず、そのため1922年6月にはマドラサを認め、監督・規制する政策へと転換し、他方では引き続き、ムスリムのソビエト学校教師を養成し、ソビエト学校網の拡充を推進した。

　一方、マハッラにおいてはソ連政府による二重の政策が始まった。マハッラはソ連期以前まで慣習的な法律や裁判制度、モスクのような伝統的な仕組みの役割や機能、影響力を持つものであった。そのため、ソ連政府のイデオロギーを浸透させ、「ソビエト国民」を形成するために、急激にマハッラを廃止することはウズベク民族の激しい抵抗を引き起こすと考えられた。そこで、ソビエト政府はマハッラに対し、以下のような二重政策を始めたのであ

る。

- これまでのマハッラの伝統的な仕組みや機能を利用し，住民の考え方を「ソビエト的」で社会主義的なものに変換し，「ソビエト国民」を形成すること。そのうちの一政策として，各マハッラにおいてソビエト政府に同調しソビエト社会主義や共産主義を強く支持する長老を認定し，その長老を通じマハッラの若者に影響力を及ぼす政策を行った。
- マハッラを利用する政策を行う一方で，マハッラが有する影響力をゆっくりと弱めることで，その機能を伝統の基盤となっているものから，ソビエト社会主義の基盤を形づくるものへと変換し，ソビエト国家機関以上に支持され，また尊敬されるマハッラという仕組みを自然に消滅させる政策が推進された。

上記のような二重政策を実施するため，ソビエト政府は長老や住民だけでなく学者や知識人を参加させ，マハッラをソビエト社会主義国家のイデオロギーの浸透のために利用しようとした[20]。

具体的なソビエト政府のマハッラに対する政策としては，各地域に既に存在していたチャイハネの例が挙げられる。チャイハネは，「お茶の部屋，お茶を飲む部屋」の意味を持つ言葉であるが，それまで主に男性が集まり，同じ地域に住む人々と最新の情報を交換し合う場であり，また結婚式や伝統的な祭礼（*Navro'z*，ナウルーズ，春の祭，新年の祭），イスラームの断食終結のお祝いなどの準備を行う場所であった。ソビエト政府はこのチャイハネを「赤いチャイハネ」へと変え，その場をソビエト政府への理解を深めるために利用しようとした。ダダバエフによると，「赤いチャイハネ」には，お茶を飲んだり話をしたりする場所以外に小さな図書室もあったという[21]。そこには，数は限られていたが，雑誌や本，多言語で書かれたポスターなどが置いてあった。1960年代のはじめから，学校は常設の扇動拠点として，マハッラ住民である教師や技師，コムソモール（共産主義青年同盟），科学的知識普及協会，党・国家機関の代表らを招いて，講演会を開催するようになった[22]。

同様に，ソビエト政府はマハッラを恒常的な共産主義の宣伝と啓蒙の場として位置づけ，政府のイデオロギーを浸透させる政策を行った。

以上のような政府の「ソビエト国民」形成の政策は，結果としてウズベク民族がかつて有していた遊牧主義や慣習的な法律・裁判制度，モスクのようなウズベキスタンの伝統的な仕組みに終わりを告げるものであったという指摘もなされている[23]。このようにして，ウズベキスタンのマハッラの古くからの仕組みや機能は徐々に衰退していく部分も現れ始めた。

また，ソ連期における政府のマハッラでの教育に対する評価は非常に低いものであった。政府はマハッラで生まれ育った子どもたちを「マハッラ育ち」としてネガティブに位置づけていた。マハッラの「赤いチャイハネ」での政府の政策は遅れたマハッラにおける教育水準を上げるということも期待されていたと考えられる。

(2) ソ連期における学校教育の整備とマハッラ

住民の生活の中におけるインフォーマルな学習は存続していたが，帝政ロシア期，ソ連期を通じて，学校教育の整備を中心とした教育の制度化，教員の活動の広がりにより，マハッラの教育的役割も次第に組織化された部分を多く含むようになってきた。

また，マハッラを含む社会構造の変化により，そこに居住する子どもたちの生活も大きく変化した。第2次世界大戦期には，共和国，州，市，地区レベルの委員会で，疎開した子どもの指導部が設置された。また，同時期に未成年のための孤児院，学習施設なども整備された[24]。この時期には，幼稚園職員も活躍し，就学前教育に大きな役割を果たしていた。サマルカンドでは，1950年に43の子どもの施設で2,435人の子どもが教育されていたのに対し，1957年はじめには49の幼稚園で3,823人の子どもが教育を受けていたという[25]。

ソ連期における教育の基本方針は，共産党の党大会によって決定され，ソ連邦共産党中央委員会，閣僚会議での決定，そして各種の法令を通して施行されていた。1970年代の教育の基本方針は，第24回党大会（1971年）及び第25回党大会（1976年）で定められているが，そこでは義務教育としての

中等教育の完全実施が最も大きな課題とされた。1977年制定のソ連邦新憲法第45条では、「ソ連邦市民は教育を受ける権利を有する。この権利はあらゆる種類の教育の無償、青少年の普通義務中等教育の実施、学習と実生活及び生産との結合に基づいた職業教育、中等専門教育及び高等教育の広範な発展によって、生徒・学生に対する国家奨学金及び特典の提供によって、学校における母語による学習の可能性によって、及び独学のための条件の創設によって、保障される」[26]と規定し「教育を受ける権利」の具体的内容を明示している。ここでは特に、母語による学習が明記されているが、実際に母語である民族語で学習できる学校は数が限られ、また親たちもロシア語学校の方がレベルの高い教育を行っていると考えていたため、母語による教育は制限されていた。

(3) ソ連期のマハッラにおける教育的活動と政治的プロパガンダ

ソ連期になると、ソビエト政府は様々な民族から成るソビエト連邦の統一を図り、「ソビエト国民」を形成する政策を推進した。政府はマハッラを恒常的な共産主義の宣伝と啓蒙の場と位置づけ、国家イデオロギーの浸透を目指した。

当時、ソビエト政府は古くからマハッラが有していた伝統的な仕組みや機能を利用し、住民の考え方を「ソビエト的」で社会主義的なものへと変化させ、「ソビエト国民」を形成しようとした[27]。具体的には、先述の「チャイハネ」を「赤いチャイハネ」へと変え、その場をソビエト政府への理解を深めるために活用しようとした例などが挙げられる[28]。マハッラは、住民を「ソビエト国民」へと形成するための役割を担っており、その伝統的な枠組みを利用し、行われた教育内容もソビエト政府のイデオロギーを踏襲した住民の近代化、ソビエト化を狙ったものであった。「赤いチャイハネ」でしばしば開かれる集会や図書室に置かれた共産党イデオロギーの拡充を意図した書物を通し、マハッラの人々はソビエト社会主義に接触していった。この時期、マハッラはマクタブやマドラサとは異なる、新しいノンフォーマル・エデュケーション的な役割を担うことになったのである。

住民の生活の中におけるインフォーマルな学習は存続していたが、帝政ロ

シア期，ソ連期を通じて，近代学校教育の整備を中心とした教育の制度化により，マハッラの教育的役割も次第に組織化された部分を多く含むようになってきたのであった。

　ソビエト政府は，マハッラのこの組織力に着目し，政府の意向を伝達したり，また逆にマハッラ住民の状況を政府に報告する役割をマハッラやマハッラの管理部に付与し，ウズベキスタン全土にわたる住民の「ソビエト国民化」を実施したのであった。

第5節　独立後のウズベキスタンにおけるマハッラと　　　　　ウズベキスタン政府のマハッラ復興政策

　最後に第5節では，独立後のウズベキスタンにおける教育改革とマハッラ復興政策を取り上げ，マハッラの教育的側面について明らかにする。

(1)　政府のマハッラ復興キャンペーン ── 2003年「マハッラの年」政策

　2002年12月，カリモフ大統領は憲法制定10周年記念演説で，「マハッラ住民自身の自治諸機関のような役割と重要性を高め，民族の価値と伝統，相互の親愛による人間性を強化し，権威を高め増強することを目的とし，ウズベキスタン共和国の2003年を『マハッラの年』と宣言する」[29]と述べ，翌2003年を「マハッラの年」とすることを発表した。大統領の同宣言を受け，同時に「マハッラの年」の具体的活動計画も発表されている[30]。

　政府によるマハッラ復興キャンペーンと連動し，国民教育省も「成熟した世代育成における家族，マハッラ，学校の連携」コンセプトを発表し，三者の協力を促進している。

　このように，マハッラは国家によって経済発展や社会インフラの整備，社会保障，マハッラ住民や子どもの健康増進の場として位置づけられている。また，それらの活動を行うために，住民自身による自治機関の権限が拡大されている。しかし，具体的な活動計画では，活動実施責任者や活動資金源として政府機関や大統領令によって創設された「ウズベキスタン型」国内NGOが挙がっており，活動の大部分が政府主導によるものであるといえる。

このように，資金や統括は政府によるものである場合，マハッラ住民の生活や要求に即した活動を自由に行うのは困難となる恐れもある。

また，中央アジア5ヵ国に共通するイスラーム，特にイスラーム原理主義などの純粋な宗教的要素ではなく，マハッラのような生活文化圏におけるイスラームを掲げながら中央アジア諸民族の統合を推進する上で，マハッラは非常に利便性のある存在であるといえ，そのために政府によって復興政策が進められている点も指摘しておきたい。

(2) マハッラ関連団体の設置目的と活動実態 ── マハッラ基金の創設

1992年9月の大統領令において，カリモフ大統領はマハッラの復興とマハッラ基金の設置目的について次のように述べた。

　国と精神的な価値を敬うこととその価値を一貫して強調することは歴史を形づくる。国民のもっとも素晴らしい習慣と伝統は広く大衆化するものである。そのため，共和国のマハッラの中心に文化的な活動を位置づけ，さらにマハッラにおいて社会的経済的な解決策を強化することを目的とする。
 1. ウズベキスタンにおける住民は，多数のマハッラでの積極的な活動を行うマハッラ基金を実際に組織することを求める。
 2. マハッラ基金の登録と活動内容の提示はウズベキスタン共和国の法の下に規定されている。
 3. 新しく設立された基金の基本的な役割の構成：
　　ウズベク住民の組織や習慣，伝統を尊重することや豊かにすることに対して，多様な方面から支援すること；
　　支援を供給される家族，社会的弱者，孤児たちと一人で生活する高齢者に関して，人道的な人と情愛や思いやりの交流における理念をアピールすること，彼らへの物質的精神的な支援を提起すること；
　　市場経済においてマハッラを社会的経済的，文化的なものへと発展させることに対し支援すること。
 4. ウズベキスタン共和国大統領のもとの大臣たちは，1ヵ月以内に，

マハッラ基金の組織を構成することと，同基金の活動を提起するために必要である環境を創造する手段を規定する決議を行うこと[31]。

　マハッラ基金は，独立している自治的な団体であり，その主な活動にはマハッラにおける様々なサポートとマハッラ住民の生活水準向上への支援，各地域におけるマハッラ基金の活動への支援などがある。後述する 102 の活動計画のうち，マハッラ基金が実施責任者として挙げられているものは 52 計画に上る。

　同基金の方針は，5 年に一度開催される会議で決定される。また，同基金は，マハッラ代表者を招集した会議において統括者の役割を持ち，地区内の全マハッラの会合を行うなど，ウズベキスタン共和国内に存在する全てのマハッラを統括，指導する役割を担っている[32]。しかし，マハッラ基金の役割はウズベキスタン国内だけに止まるものではない。マハッラ基金は，海外の基金からの支援金を受け取る窓口となるなど，対外的な役割も有しているのである。様々な基金が国際的な援助資金や国内の民間企業等からの寄付金をストックし，施策実行を促す機関として政府に位置づけられているが，マハッラ基金もその例外ではない。

　マハッラ基金それ自体の性質も特徴的である。マハッラ基金は，公式には「非政府・非営利団体」である NGO の範疇に含まれており，政府機関とはされていない。しかし，同基金は大統領令によって設立が行われ，その事務局は地方行政府の建物内部に置かれており，マハッラにおける活動員はマハッラ基金側を「地方行政府」と呼び，行政府側とみなしているという指摘もなされているのである[33]。

小　　結

　本章では，マハッラとその教育的側面の歴史的変遷を明らかにするという課題のもと，マハッラの歴史的編成について考察してきた。
　ウズベキスタンにおけるマハッラの起源には諸説があり，正確には明らかにされていないが，マハッラの成立にはその当時の都市構造と密接な関連が

あった。そのような都市において，民族別，宗教別，職業別に構成されたマハッラでは，マハッラ役職者が多様な教育的役割を果たしていた。

　この時期に対し，帝政ロシア期はノンフォーマル・エデュケーションから近代教育への転換が行われ，マハッラの教育的役割が大きく変化した時代であった。ソ連期になると，ソビエト国家建設のためにマハッラの役割が注目され，政治的プロパガンダを伴う教育的活動がマハッラ内で盛んに実施された。そして，ウズベキスタン共和国独立以降の現在は，政府のマハッラ復興政策とともに，マハッラに対し様々な教育的活動が移管されるようになった。

　マハッラとその教育的側面の変遷は，政局の転換に伴う政策の変化と密接な関連があり，マハッラ自体の評価やその教育的役割の評価も，政局の変遷とともに激変してきたといえる。とりわけ，ソ連期におけるマハッラの教育的役割とウズベキスタン独立後のマハッラを基盤とした教育活動との隔たりは非常に大きなものとなっている。ソ連期と独立後におけるマハッラの教育的役割の狭間には，本書の冒頭でも触れた，前政権に対する批判が内在していると考えられ，そのことからマハッラは，政府を支持するような住民を育成する役割をどの時代も担わされてきたといえる。そして，その点は現在も変わっておらず，マハッラや，学校とマハッラを起点とした「ウズベキスタン国民」の育成が強く推進されているのである。

[注]

1) ティムール・ダダバエフ『マハッラの実像──中央アジア社会の伝統と変容』東京大学出版会，2006年，1頁。
2) 小松久男「カシュガルのアンディジャン区調査報告」清水宏祐編『イスラム都市における街区の実態と民衆組織に関する比較研究』東京外国語大学，1991年，46頁。
3) その他，Sukhareva, O. A., *Kvartal'naya obshchina pozdnefeodal'nogo goroda Bukhary: V svyazi s istoriei kvartalov*, Moskva: Nauka, 1976., Abdullaev, Sh. M., *Sovremennye etnokul'turnye protsessy v makhallyakh Tashkenta*, Tashkent: Fan, 2005.; E. W. Sievers, "Uzbekistan's Mahalla: From Soviet to Absolutist Residential Community Associations", *The Journal of International and Comparative Law*, Vol. 2, 2002, pp.91-158.なども参照。

4）リズワン・アブリミティ「ウイグルの子どもの発達におけるマハッラ（地域共同体）の役割」『生活体験学習研究』Vol. 1，日本生活体験学習学会，2001年，40頁。
5）須田将「『市民』たちの管理と自発的服従 ―― ウズベキスタンのマハッラ ――」『国際政治』第138号「中央アジア・カフカス」，2004年，44頁。
6）真田安「都市・農村・遊牧」佐藤次高編『講座イスラム3　イスラム・社会のシステム』筑摩書房，1986年，116-117頁。
7）Sukhareva, O.A., *Bukhara XIX- nachalo XXv*, Moskva : Nauka, 1966, s.325-326.
8）このなかで，トルクメン人は早くから半遊牧・半定住的な生活を送っていたとされる。帝政ロシア期は，トルクメン人だけでなく，カザフ人やキルギス人にも農業が普及した。ソ連期には，定住化政策がより活発化したが，1930年代や40年代においては遊牧的な生活を営む人々もまれではなかったという。小松久男他編『中央ユーラシアを知る事典』平凡社，2005年，517-518頁。
9）小松久男「ブハラのマハッラに関するノート ―― O. A. スーハレワのフィールド・ワークから ――」『アジア・アフリカ言語研究』16，1978年。
10）ティムール・ダダバエフ，前掲書，2006年，47頁。
11）Bendrikov, K.E., *Ocherki po istorii narodnogo obrazovaniya v Turkestane (1865-1924gg.)*, Moskva : Akademiya Pedagogicheskikh Nauk RSFSR, 1960, s.27-60.
12）久富善之「地域と教育」『教育社会学研究』第50集，日本教育社会学会，1992年，67頁。
13）Sukhareva, O.A., *Bukhara XIX-nachalo XXv*, Moskva : Nauka, 1966, s.271-291.
14）Muminov, I. M. i dr, *Istoriya Samarkanda*, Tom pervyi, Tashkent : Fan, 1969, s.293.
15）Bendrikov, K.E., *Ocherki po istorii narodnogo obrazovaniya v Turkestane (1865-1924gg.)*, Moskva : Akademiya Pedagogicheskikh Nauk RSFSR, 1960, s.28.
16）須田将，前掲論文，2004年，46-50頁。
17）Bendrikov, K.E., *Ocherki po istorii narodnogo obrazovaniya v Turkestane (1865-1924gg.)*, Moskva : Akademiya Pedagogicheskikh Nauk RSFSR, 1960, s.61.
18）Tam zhe, s.69-70.
19）木村英亮・山本敏『世界現代史30　ソ連現代史II』山川出版社，1979年，118-119頁。
20）ティムール・ダダバエフ「中央アジア諸国の現代化における伝統的地域社会のあり方と役割 ―― ウズベキスタンの『マハッラ』を中心に ――」『東洋文化研究所紀要』146，2004年，258頁。
21）ティムール・ダダバエフ，同上論文，2004年，259頁。
22）須田将，前掲論文，2004年，46-50頁。
23）Uzbekistan's Mahalla : From Soviet to Absolutist Residential Community Associations, Eric W. Sievers, *The Journal of International and Comparative Law at Chicago-Kent* : Vol. 2 2002.
24）Muminov, I. M. i dr, *Istoriya Samarkanda*, Tom pervyi, Tashkent : Fan, 1969, s.227.
25）Tam zhe, s.295.
26）文部科学省サイト・付属資料(1) II 近年における主要国の教育施策の動向　ソ連

http://www.mext.go.jp/b_menu/hakusho/html/hpad198001/hpad198001_3_188.html（2010年5月20日アクセス）
27) ティムール・ダダバエフ，前掲論文，2004年，257-258頁。
28) ティムール・ダダバエフ，前掲論文，2004年，259頁。
29) O'zbekiston Mahalla xayryya jamg'armasi, *Mahalla,* Toshkennt, 2003, b.29-39.
30) O'zbekiston Mahalla xayryya jamg'armasi, *Mahalla,* Toshkennt, 2003, b.200-236.
31) O'zbekiston Respublikasi Prezidentining Farmoni, Toshkent shaxri, 1992 yil 12 Sentyabr', PF-472 son.
32) 須田将，前掲論文，2004年，52頁。
33) 須田将，前掲論文，2004年，52頁。

第 2 章

独立後におけるマハッラの構造と成人の学び

　第2章では，独立後におけるマハッラの構造と教育的活動についての考察を行う。
　本章の目的は，国家によって制度化が推進されているウズベキスタンのマハッラにおける国民形成の機能と住民自治の機能との矛盾を明示し，そのなかで育まれている成人の学びを明らかにすることである。
　1991年のソビエト連邦崩壊に伴い独立したウズベキスタン共和国では，新たな国家建設のため，「ウズベキスタン人」という国民意識の覚醒・創出が急務となった。そのため，現政府は国民意識の高揚を図り国民形成を進めるため，民族言語であるウズベク語の公用語化や伝統文化の復興，かつての英雄アムール・ティムールの国家的シンボル化などの政策を採っている。
　なかでも，ウズベキスタンに古くから存在するマハッラにおいては，政府によるさまざまな国家建設政策が展開されており，政府は，マハッラを行政の最末端組織として位置づけ，そこでリーダーシップをとるオクソコル（長老）をマハッラ住民によって選出させるなど住民の自治意識を促す方針を採用している[1]。また，貧困家庭への補助金配布のチャンネルや青年の教育の場としても，マハッラを中核に位置づけている。同時に，マハッラは国際機関やウズベキスタン国内のNGO，国際NGOによる多様な支援活動の場ともなっている。例えば，ユニセフは，国連「子どもの権利条約」に基づき，ウズベキスタン政府や国連，その他の団体と連携し，"Five Year Country Programme Action Plan（CPAP 2005-09）"と題した，基礎的な教育や若年層の健康，HIV/AIDSなどについての活動を行っている[2]。ユニセフのこのような活動は，マハッラ基金，カモロット（*Kamolot*, ウズベキスタン共和国青

年社会運動中央評議会）と呼ばれる国内の NGO や政府機関と連携して実施されている[3]。

本章では，様々なアクターがその活動を展開しているマハッラにおける国家の国民形成の機能と住民自治の機能との矛盾を解明する。そのため第1に，国家のマハッラ政策によるマハッラの制度化と構造・機能について考察し，第2に，行政の末端機関としてのマハッラの諸活動について分析する。最後に，マハッラ住民による地域社会教育活動と女性支援について検討し，マハッラにおける国家による国民形成と住民自治の機能の矛盾についての考察を行う。

第1節　国家によるマハッラの制度化

第1節では，現在のウズベキスタン政府によるマハッラの制度化や現マハッラの構造と機能について，マハッラ・家庭・学校・モスクの相互関係を中心に検討する。

(1) マハッラの制度化の歴史的展開

帝政ロシア期以前，タシケントやフェルガナ地方でマハッラと呼ばれていた小規模なコミュニティは各々で生活の中心となるモスクや聖廟，茶屋を管理し，通過儀礼に参加し，伝統文化を継承し，水の共同利用や清掃活動などを通し仲間意識を保つことで，コミュニティを形成・維持してきた[4]。

帝政ロシアの時代になると，マハッラは都市の形成上において明確に区分されるようになった。19世紀後半から始まった帝政ロシアの中央アジア支配は，現在のウズベキスタンが存在する地においても同様に行われ[5]，支配者側によって計画的なヨーロッパ風の「新市街」が建築された。このような過程で，支配者側と現地住民は「新市街」とマハッラ（「旧市街」）に分離して生活するようになったのである。

帝政ロシア期までは，マハッラに対する行政的な介入は比較的少なく，マハッラでは住民間の交流を軸とした人間形成が行われていたといえる。長老のリーダーシップによるコミュニティ運営の中で住民の人間形成や社会保障

が行われており，そのコミュニティは住民間の交流を通した自治的な組織でもあった。

ソ連期になると，ソビエト政府が多岐にわたる民族から構成されるソ連邦の統合を図り，ソ連邦の一員というアイデンティティを有した「国民」を形成する政策の推進を始めたため，マハッラは制度化による急激な変化にさらされることになる。

ソ連政府は従来のマハッラの伝統的な仕組みや機能を利用し，住民の考え方を「ソビエト的」で社会主義的なものに変換し，「国民」を形成しようとした。そのうちの一政策として，各マハッラにおいてソビエト政府に同調し，ソビエト社会主義や共産主義を強く支持する長老を認定し，その長老を通じマハッラの青年に影響力を及ぼそうとしたのである[6]。

さらに，政府はマハッラを利用する政策を行う一方で，マハッラが有する影響力を徐々に弱めることで，その機能を伝統の基盤となっているものから，ソビエト社会主義の基盤を形づくるものへと転換しようとした。そして，国家機関以上に支持され，また尊敬されるマハッラの持つ住民への影響力を自然に消滅させ，その枠組みのみを活用する政策を推進したのである[7]。

以上から，ソ連政府はマハッラを恒常的な共産主義の宣伝と啓蒙の場として位置づけており，マハッラを通し，そのイデオロギーを浸透させる政策を行っていたことが読み取れる。政府はマハッラへ，地域住民を「ソビエト国民」へと形成するための役割を付与し，そこで実施された教育内容も政府のイデオロギーを踏襲した住民の近代化，ソビエト化を狙いとしたものであった。そのような政策により，ウズベキスタンのマハッラの古くからの仕組みや機能は次第に衰退していく部分も現れ始めたのである。

ソ連解体に伴い，これまでの体制に即した機関の重要性が薄れると，国家のマハッラに対する政策は大きく変わり，マハッラへの支援が増加した。また，旧ソ連体制から脱却するため，各民族の伝統や価値観，文化の復興が顕著になり，その過程でマハッラの社会的政治的基盤も強化されるようになった[8]。

近年では，政府は 2003 年を「マハッラの年」と宣言し，「マハッラは私たちの社会的政治的な鏡である」などといったスローガンを繰り返し発表し，

マハッラの重要性や伝統性を訴えるキャンペーンを行っている。その一環として，1995年以来，政府はマハッラ住民に対し，マハッラ運営委員会の重要性に関する情報や説明，実践例の広報活動を同委員会内で毎週配布される「マハッラ新聞」を通じ行っている[9]。さらに，学校教育でも「祖国意識」や「道徳の基礎」などの科目でウズベキスタン国民の精神のよりどころとしてマハッラが扱われている[10]。それだけでなく，政府は「成熟した世代育成における家族，マハッラ，学校の連携」コンセプトという政令を発出し各々の連携強化をも図っている[11]。

加えて，1997年に改正されたウズベキスタン共和国法「教育について」の「地方行政府（*hokimiyat*, ホキミアト）の機関の教育部門における全権委任（第27条）」では，地域の発展のための子どもの生活保障を地方行政府が行うことなどが定められている[12]。それにより，地方行政府の指導下にあるマハッラを介して，1994年から社会的弱者支援が，1997年から子どもに対する手当ての支給が行われるようになった[13]。

以上のことから，現在のマハッラは政府により行政組織の最末端とされ，マハッラ住民を「ウズベキスタン人」へと形成する役割や社会保障の実施機関として位置づけられているといえる。

このような政府の位置づけの特徴には，ソ連期とは違い，マハッラの伝統的部分を強調しマハッラの復興を推進することで，「ウズベキスタン人」の形成が目指されている点が挙げられる。また，政府からの新たな行政的地位を与えられたことに伴い，これまでマハッラが内々で行ってきた社会保障の役割が，公的に拡大したことも独立後におけるマハッラの特徴である。

ロシア帝国からソビエト連邦，そして現ウズベキスタン政府への政権の移譲に伴い，マハッラの行政的位置づけや役割は変化したが，政府がマハッラを自国民形成の場として捉えている点は変わっておらず，独立後の現在はソ連期と比べ，より多様な権利が憲法や大統領令，省令で規定され，マハッラに付与されている。それと同時に，マハッラには行政的要素のみでなく，伝統的な住民同士の近隣関係による相互扶助の精神や，マハッラ内における通過儀礼，冠婚葬祭などの伝統文化が息づく場としての側面も存在している。そして，このようなマハッラの二面性は，国家によるマハッラにおける国民

形成とマハッラ内部からの住民自治との衝突において顕著に現れるようになった。

(2) 独立後の国家によるマハッラの法的行政的整備

1992年に制定された新憲法の条項「都市型居住区・農村・アウル（aul, 村落），及びそれらにおけるマハッラの地方自治諸機関は，市民集会において議長とその顧問を2年半の任期で選ぶ。選挙制度や機関，全権の程度はこれらの地方自治諸機関によって法のもとに決定される（第105条）」によって，マハッラは地方自治のための一機関として規定されるようになった。

ダダバエフによると，ウズベキスタン共和国法「市民自治組織について」はマハッラ運営委員会の行政委員会としての機能を，①犯罪防止の役割を果たすこと（犯罪前科がある者，禁止された宗教団体のメンバー，母子家庭者などの名簿作成を含む），②貧困家庭や失業者に金銭的支援を行うこと，③マハッラと教育機関との交流を広げ，青年を育成すること，④メッカ巡礼を希望する者の名簿を作り，その中から巡礼者を選ぶこと，⑤地域住民の就職を支援し，地域内での失業をなくすこと，⑥地域住民の日常生活に役立つ小企業を設置，廃止，改革すること，⑦ボランティアを結束し，地域のためになる無償労働を促進すること，⑧水や電気の節約など，資源を環境に優しい形で使う方法を住民に説明すること，⑨地域内の土地利用を管理すること，⑩地域内の環境，および住民の健康に影響を与える衛生状況を管理すること，⑪消防や動物（家畜）の飼い方を管理すること，⑫自然災害時において住民の中からアシスタントを選ぶこと，と規定している[14]。

以上のような規程から，マハッラ住民の生活のいたるところに，行政組織としてのマハッラ運営委員会の影響が及んでいることがわかる。マハッラ運営委員会は，学校との連携による青少年の育成や環境教育などの国民の資質の発展を促す機能として評価されている。またその一方で，同委員会は地域住民によるボランティア組織の結成や災害時において住民側に復興補助を求めるなど，自らによる地域づくりを実施できる国民を形成するための機能としても法的に位置づけられている。これらマハッラ運営委員会の機能を支え

ているのは，マハッラ住民相互の関係性・信頼性からなる地域ネットワークである。

2002年12月，カリモフ大統領は憲法制定10周年記念演説で，「マハッラ住民自身の自治諸機関のような役割と重要性を高め，民族の価値と伝統，相互の親愛による人間性を強化し，権威を高め増強する目的のみならずウズベキスタン共和国の2003年を「マハッラの年」と宣言する」[15]と述べ，翌2003年を「マハッラの年」とする声明を発表した[16]。

先の大統領の宣言を受け，同時に「マハッラの年」の具体的活動計画も発表されている。それによると，活動の目標として，「Ⅰ．マハッラの活動についての組織と法の基盤の発展」，「Ⅱ．マハッラにおける計画の強化，労働と商業部門の発展に限らない小規模ビジネス部門の新規活動の地位の構築」，「Ⅲ．マハッラにおける社会インフラの発展」，「Ⅳ．家族に対する社会保障の強化と若い家庭の育成の促進」，「Ⅴ．高齢者への権利授与と支援強化」，「Ⅵ．マハッラ住民への医療機関や保養所の提供とその向上，子どものスポーツの発展」の6つが挙げられており，全102の活動が計画されている[17]。

以上のように，マハッラは国家によって経済発展や社会インフラの整備，社会保障，マハッラ住民や子どもの健康増進の場として位置づけられている。また，それらの活動を行うために，住民自身による自治機関としての権限が拡大されている。しかし，具体的な活動計画では，活動実施責任者や活動資金源として，政府の外郭団体や大統領令によって創設されたNGOが挙がっており，活動の大部分が政府主導によるものであるといえる。

ウズベキスタンにおけるNGOの特色は，大統領令を受け設立された団体が少なくないことである。例えば，前出のマハッラ基金は大統領令により設立された独立した自治的な団体であるとされるが，憲法やウズベキスタン共和国の法律，国際スタンダードに基づいて活動し，ウズベキスタン法務省に登録することが義務付けられている[18]。その他，前出のカモロットなど，多様な基金が大統領令によってNGOとして設けられているが，それら基金は国際的な援助資金や国内の民間企業等からの寄付金をストックし，独自の財源からの収入も加え，施策を実行する機関として政府による位置づけがなされている[19]。2003年12月，カリモフ大統領は，ウズベク社会が国外からの

支援の模索をやめる時期にきており，国内の資源を独立国家の発展に費やすべきであるという演説を行った。このカリモフ大統領の演説は，NGO セクターにおける国家による弾圧の始まりであるという指摘もなされているが，確かに，国際支援団体からの援助資金は特別委員会が受領しなければならない点や，国際支援団体が行う活動はすべて事前に許可を受けなければならない点，そして，すべての国際 NGO は法務省に登録の義務があり，それに加えて NGO 名義でオフィシャル・バンクである National Bank of Uzbekistan と Asaka Bank の両口座を再度開設しなければならなかった点など，細部にわたるさまざまな条件が課されていた。その結果，国際 NGO のほとんどが，活動中止に追い込まれるかあるいは国外退去となり，活発に活動を展開している現地 NGO の 60％以上は団体そのものの閉鎖を余儀なくされたのである[20]。ウズベキスタンにおける NGO 活動を考察する際には，このような政府の意向を強く受ける環境に NGO がある点やその活動も，政府の強力なイニシアチブのもとでコントロールされている点に留意する必要がある。このように，資金や統括は政府によるものである場合，その用途や活動内容に制限がかかり，マハッラ住民の生活や要求に即した活動をマハッラ運営委員会が独自に行うことは困難となる場合もある。

(3) **現代のマハッラの構造と機能 ―― マハッラ・家庭・学校・モスクの相互関係**

現在，ウズベキスタンのマハッラはモスクや学校，住民集会，マハッラの代表，マハッラ運営委員会，事務所や式場などの共同使用施設，ポスボン隊（*posbon*，自警団），そして，そのマハッラに住む各家族などの相互関係により成り立っている。マハッラの基準としては，500 世帯以上の居住が政府の方針により求められている。マハッラの代表は選挙で選出され，政府から給料を支給される。また，家庭内不和の解決，マハッラ財政の再建や支援の確保，マハッラ運営など様々な活動を行い，その具体的活動は各々の代表の経歴や家庭状況によって異なるとされる[21]。例えば，筆者が調査を実施したあるマハッラでは，マハッラの代表がいくらかの資金を出し，子どもや青年のスポーツ振興を強く推進していた。代表が，「スポーツがこのマハッラのオ

写真3　どのマハッラにも，マハッラ運営委員会の事務所が設置されている（2006年3月，筆者撮影）

写真4　マハッラ運営委員会事務所の入口に掲示された代表やポスボン隊，女性委員会担当者の駐在予定表（2007年6月，筆者撮影）

リジナリティ」と語るほどの熱の入れようであった[22]。

　各マハッラには，行政機関として具体的活動を行うマハッラ運営委員会が存在し，その下に下部委員会が置かれている。下部委員会は「道徳・教育」，「女性」，「社会保障」などに分かれ，各々の担当分野で多様な活動を実施している[23]。

　マハッラの機能としては，ダダバエフに従うと，①地域社会の人々にアイデンティティの単位を与える機能，②行政制度の一部の機関としての機能，③生活援助・支援の機関としての機能，④社会対立や民族間衝突の平和的な解決方法としての機能，の4つが挙げられる[24]。

　また，ダダバエフは現ウズベキスタンには2種類のマハッラが存在すると指摘する。それは，「歴史的に存在した伝統的なマハッラ（＝人々の非公式な人的ネットワーク）」と「国家建設の一端を担う行政機関としての（公式な）マハッラ」である[25]。それによると，「歴史的に存在した伝統的なマハッラ」は，一伝統文化としてソ連期を生き延び，現在は再びウズベキスタンにおける人々の交流や相互扶助の機能を有するものとなっている。一方，行政機関としてのマハッラの様相は次第に複雑化し，いまやマハッラ内部だけに止まらず，マハッラ基金など国内NGOや政府機関である地方行政府の活動の場として位置づけられるようになった。このような政府によるマハッラの復権は，自国文化への回帰の一環であるといえ，その背景には自国文化

表2　ウズベキスタン国内におけるマハッラ総数

カラカルパク共和国(188)	アンディジャン州(843)	ブハラ州(342)
ジッザフ州(294)	ナマンガン州(740)	ナヴォイー州(270)
サマルカンド州(1027)	シルダリヤ州(276)	スルハンダリヤ州(678)
タシケント州(1290)	フェルガナ州(973)	ホラズム州(596)
カシカダリヤ州(392)	タシケント市(452)	
		共和国合計(8,361)

出所：ティムール・ダダバエフ『マハッラの実像――中央アジア社会の伝統と変容』、東京大学出版会、2006年、109頁より抜粋。（ ）内がマハッラ数。なお、本書冒頭のウズベキスタンおよび周辺諸国地図では、本表のカラカルパク共和国をカラカルパクスタン、ジッザフ州をジザク州、ホラズム州をホレズム州と表記している。

を強調することで旧ソ連体制からの脱却を図ることと、住民に浸透していたマハッラという枠組みを新しい国家建設の基盤として利用するという2つの狙いがあったといえる。

　本書でのマハッラにおける国家の国民形成の機能と住民自治の機能を以上のダダバエフの「公式」「非公式」という指摘に基づいて具体的に分類すると、「公式なマハッラ」は国民形成の機能として顕著であり、具体的にはマハッラ運営委員会による社会的弱者支援やマハッラにおける愛国心教育の例が挙げられる。また、「非公式なマハッラ（＝人々の非公式な人的ネットワーク）」としては、住民自治的な機能があり、マハッラ住民間の相互扶助やチャイハネでの住民の交流やマハッラ運営委員会事務所での地域課題についての自発的な学びなどが考えられる。

第2節　行政の末端機関としてのマハッラの諸活動

　第2節では独立後における行政の末端機関としてのマハッラの諸活動を検討する。具体的には、マハッラ運営委員会による住民管理システムと家庭支援の各事例を分析する。

(1) マハッラ運営委員会による住民管理システムと社会的弱者支援

　マハッラに関する法律は、個人の自由を保護・確保するのはマハッラ運営

委員会の義務とし，一行政機関としての実行力強化のためのマハッラの組織化を推進している。そして，その際に活用されているのが，マハッラにおける住民相互の関係性からなる地域ネットワークである。ここでは，特にマハッラ運営委員会がマハッラ住民の自由の保護や確保を行う際に問題となっている人権侵害について，ポスボン隊とマハッラ運営委員会による社会的弱者支援の例を挙げる。

　ポスボン隊とはマハッラの安全管理組織で，マハッラ・ポスボン隊法によってその組織構成や活動内容が規定されている。ポスボン隊の隊員は，そのほとんどが地域住民の中から採用されるが，その背景には同じ地域住民を成員とするポスボン隊にマハッラの監視活動を行わせ，住民の監視への抵抗を抑える狙いがあった[26]。しかし，このような地域の自警団による住民の自由の保護を実施する委員会の方針が，現実には地域における人権侵害を引き起こしているという指摘もなされている[27]。その中でも特に悪質であるとされているものが，①犯罪防止の一環としての地域社会における警察の代理・補助という権限の強化による委員会の行動が住民のプライバシーを侵害していること，②各地域内での事情を統計として登録し（人口，失業，母子家庭，「貧困」家庭，前科がある人物，アルコール・麻薬中毒者，反抗的な若者の統計），必要なときに警察へ提示すること，③地域内に（場所を借りて）居住する外国人や他地域から来た者の在住登録をチェックすること，④マハッラはドメスティック・バイオレンス（DV）対策をとらず，女性が望んでいるにもかかわらず離婚を阻止しようとすること，の4点である[28]。

　以上のようなマハッラ運営委員会やポスボン隊の活動について，同委員会はマハッラの治安を維持し，地域社会の犯罪を減らすことを目的としたものであると説明する。確かに，地域住民による地域の安全管理は，住民に地域自治の権利を付与するものであり，それまで培われてきた地域ネットワークによる円滑な活動を行うことができるというメリットがある。また，住民自身が自分の足で地域を歩き，地域を見回ることで，地域をより身近に認識することにもつながる。しかし，その反面，地域での生活のいたるところに監視の網の目が張り巡らされていることにもなり，そのような過剰な監視活動は住民の人権侵害を引き起こす危惧も包含しているのである。また，兵役に

行かない青年に対して，ポスボン隊の隊長が兵役参加を促す指導を行ったり，国防省に青年を連れて行き，兵役の重要性を国防省職員とともに教えさとすということもあるという。

ポスボン隊の他に，地域ネットワークを活用した国家の政策にマハッラ運営委員会による社会的弱者支援の例も挙げられる。

政府は1994年度からマハッラ運営委員会を媒介とした社会的弱者への支援を開始した。これには，GDPの0.6％の予算が当てられており，各地方のマハッラ運営委員会へは，中央政府ではなく地方行政府によって社会的弱者支援の予算が支給されている。貧困層を特定する際には，1世帯の子どもの数・身障者の有無・住居の状況・健康状態・年金者の所得などが判断材料として使用される。

なかでも，このマハッラ運営委員会による支援において特徴的であるのが，運営委員会自らが，労働省の定めた公的な評価基準とともに伝統的な知識や地域ネットワークによって貧困者のターゲッティングを行う点である。これは，低予算で効率的に社会的弱者支援を行うことができるというメリットや，住民組織による社会的支援の実施という住民自治の可能性を生み出すものであるとも考えられるが，地域や民族構成，職業構成，世代の分布などは各マハッラによってさまざまであり，一貫したモニタリングが困難であるというデメリットも内包している[29]。地縁による住民支援や住民自治は，住民の要望を反映しやすいが，その手段や活動の評価などは局地性を持ったものに止まり，一般化し難いといえよう。

前出のポスボン隊と同様，マハッラ運営委員会による社会的弱者支援を支えているものは，マハッラにおける地域ネットワークである。このネットワークは，地域における人と人との関係性に根ざすものであり，伝統的なチャイハネなどでの住民間の交流によって培われてきた住民相互の関係性と信頼性によるものであった。マハッラを介した弱者支援を行うことのメリットには，同じマハッラ内の地域住民という「よく知った間柄」による人的ネットワークが活用できることである。単発的な調査ではなく，恒常的な調査により，以前は貧困でなかった家庭にも早急に支援を行うことができる。また，貧困状況から脱却した家庭には支援を減らすなどの対応が期待でき，

効率的な社会的弱者支援を実施することが可能である。問題となるのは、このような住民個人の情報が、個人の意図しないところで政府によって使用されるという人権侵害を引き起こしていることである。高橋によれば、住民の個人情報はテロに関する犯罪者のあぶり出しにも使用されているという[30]。

現在のウズベキスタンのマハッラでは、このような国家政策と住民自治との衝突がさまざまな場面で起きており、マハッラでの住民自治の矛盾として現れている。

カリモフ大統領は、国民形成におけるマハッラの役割について以下のように述べる。

　社会の侵食（犯罪）と腐敗を防ぐ最善の方法は、犯罪行為に対する内的免疫性と市民の高度な道徳である。家族、学校、労働組合、マハッラ、世論、マスメディア、教会における道徳教育は、法律違反行為に対しては国民すべてが強い非難を浴びせるよう誘導していかなくてはならない[31]。

　秩序ある地方行政の体系は、市民集会（マハッラ）[32]を形成する核である自治機関なしには考えられないであろう。これらの機関は、国民の歴史的伝統と精神性を勘定に入れて創設したのである。マハッラはかつて自治機関として占めていた地位はきわめて高かった。マハッラはよき隣人感情、人々の間の関係における敬意と人間性の醸成に大きな役割を果たしている。市民の社会的利益を守り、最も貧しい人たちへの支援を行っている。同時に、現下の情勢は、マハッラの機能に新しい内容を盛ることを求めている[33]。

大統領の言葉は、古来のマハッラの役割や価値について言及するとともに、「マハッラの機能に新しい内容を盛ること」、つまりこれまでのマハッラが保持しなかった行政的機能を新たに付加することを強調するものであった。これはまた、独立後推進されているマハッラの制度化をシンボリックに表象するものでもあったのである。

また、既述の「マハッラの年」での102の活動計画において、「『マハッラ

は素晴らしい祖国』,『愛国者意識』,『子どもの教育におけるマハッラの地位向上と責任』をテーマとしたテレビ公開を実施すること」[34]を目的とする計画が,「ウズテレラジオ」カンパニー UzTV（Uzbek TV & Radio Company）マハッラ基金,宗教活動委員会,女性委員会,「道徳と教育」センター,カモロット,「愛国者」組織を責任者として企画されている。具体的活動内容としては,マハッラの青年と家族の教育においてマハッラの権限を強化することが挙げられている。つまり,同計画はマハッラの子どもたちに対し愛国心を醸成する教育を実施することで,「ウズベキスタン人」という国民形成を行うことを図るものであるといえるのである。

　このようなマハッラの制度化による国民形成の進行の反面で,マハッラでは婚礼の際に歌う伝統的な歌や昔話,ことわざなど[35],生活に密着した文化による,地域コミュニティ規模での世代間交流や人間形成がなされてきた。ところが近年では,マハッラの長老を通じて「ウズベクの伝統的な慣習や儀礼の『形式』はそのままにしつつ,その内容を量的に『削減』するように国家に指導されている」[36]という報告もある。政府がこのような指導を行う背景には,政府はウズベキスタンの伝統文化や慣習そのものを国民に学ばせるのではなく,伝統文化への接触を契機とした国民意識や愛国心の覚醒・創出を本来の目的としていることが推測できる。ここに国家による国民形成の矛盾があると考えられる。国家主導のマハッラにおける住民相互の関係性の創造の延長には,ウズベキスタン国民の形成が意図されているのである。

　さらに,上述の関係性は法律や行政的枠組みによっても制度化されている。マハッラに関する法律は,個人の自由を保護・確保するのはマハッラ運営委員会の義務と位置づけ,一行政機関としての実行力強化のためのマハッラの組織化を推進している。そして,その際に活用されているのが,マハッラにおける住民相互の関係性からなる地域ネットワークなのであった。

(2)　**住民の学習権と地域社会における社会教育活動**

　以上で見てきたように,現在のウズベキスタンにおけるマハッラは,マハッラ住民の日常生活のなかで生じるありとあらゆる問題に対処し,その解決策を住民とともに探る役割を有しているといえる。換言すると,現在のマ

ハッラは住民の地域課題を的確に把握し，地域づくりや地域での学びへの住民参加要求を満たすような社会教育環境を醸成するという課題に直面しているのである。

これに類似する状況は，高度経済成長期の日本でも顕著にみられたことである。刻々と変化する社会環境のなか，日本において地域住民は地域課題を自己の課題として位置づけ，その克服や地域づくり，自身の地域の発展に参画したいという要求を地方自治自体に明示した。同時に，全国的にも，地域社会教育の発展を目指した住民運動が展開された。これを受け，日本政府や各自治体は公民館を中心とした地域の社会教育施設の再整備や住民参加の機会を拡大するという，社会教育環境の再整備政策を打ち出したのであった。

そして，1960年代の「枚方テーゼ」[37]で社会教育における住民の学習権が明確に提言されたのである。

このように，社会教育，特に地域における社会教育は住民一人ひとりが有する基本的な権利であることが，日本の「枚方テーゼ」では明確に謳われている。また，1985年にフランス・パリで開催された第4回ユネスコ国際成人教育会議では，ユネスコ「学習権宣言」が採択されており，学習権は人間に欠くことのできない基本的人権のひとつとされ，「読み書きの権利であり，問い続け，深く考える権利であり，想像し，創造する権利であり，自分自身の世界を読み取り，歴史をつづる権利であり，あらゆる教育の手だてを得る権利であり，個人的・集団的力量を発達させる権利である」[38]と定義されている。一方，ウズベキスタンの憲法やウズベキスタン共和国法「教育について」では，「国民の教育を受ける権利」は保障されているものの，いまだ住民の学習権の明記や自由な住民運動の保障までには至っていない。つまり，地域社会における住民の学習権の確立はいまだなされていないといえるのである。

しかし，法律や行政上の整備が遅れる一方で，住民やマハッラ運営委員会を中心とした自発的学習の萌芽は，マハッラにおけるさまざまな事例を丹念にたどっていくと見えてくる。第3節では，マハッラにおける具体的事例を取り上げながら，ウズベキスタンにおける成人の学びについて検討していく。

第3節　マハッラ住民による地域社会教育活動と女性支援

　ロシア革命以前の中央アジアのムスリム社会における女性たちは，一夫多妻制や早婚，女性の隔離，ベールの着用などの境遇に置かれていたが，このような慣行に対し，ソビエト期には共産党の婦人部を中心とした女性解放運動が推進された。この時期，唯一の全国的な女性組織としてソビエト女性委員会があり，本部はモスクワに置かれていた。

　1924年には，タシケントに中央アジア初の婦人クラブが誕生し，女性たちに医学や法律の知識を教授した。この女性解放運動において，ソ連政府は宗教からの解放と労働力としての女性の動員を企図していたが，このような社会構造の変化に伴い女性たちは家事と育児のみならず，長時間にわたる労働を強いられるようになった。また，女性の社会進出は推進されたが，職場での昇進には男女格差が存在し，管理職などの基幹業務のほとんどは男性が占めていた。この傾向は，ソ連解体後の現在も続いている[39]。

　このようなソ連期の女性解放運動の推進にもかかわらず，伝統的な家父長制に基づく男女観は根強く存在しており，現在においても女性は家事・育児に従事すべきだと考える人びとが多い。その一方で，近年都市部を中心として売春婦の増加や性の商品化が急激に進んでいる。また，グローバル化や携帯電話，インターネットの普及による社会の情報化，家族構造の変化などの影響を受け，独立後の生活様式が大きく変化している。それにより，規範や宗教的観念，慣習にとらわれない多様な男女観が現在形成されつつある[40]。

　以上のような，ウズベキスタンの女性をめぐる現況のなかで，特に夫の家庭内暴力が大きな問題として挙げられる。実際問題として，夫の暴力に悩む妻の自殺が報告されているものだけで，年間数百件にも及ぶという[41]。中央アジアでは，このような問題に対応するカウンセリングサービスや女性保護のためのシェルターなどはいまだ整備途中にあり[42]，家庭内暴力は家庭やマハッラなどの内部で秘密裏に処理されることが多い[43]。

　また，家庭内不和や離婚に関してもさまざまな問題が生じている。これに関し，カンプは近年のウズベキスタンでは，「家族保護」政策によって離婚

することがより困難になっていると指摘する[44]。それに加えて，現在のウズベキスタンのシステムではマハッラ運営委員会の了承を得ないと離婚訴訟を開始することができないなど複雑な問題が混在している[45]。

マハッラにおける女性の活動の代表的な組織は，マハッラ運営委員会の下部委員会にあたる女性委員会である。女性委員会は，ほぼすべてのマハッラに設置されており，問題行動のある子どもの世話や無職の女性に対する職業コース，離婚やドメスティック・バイオレンスによる家庭内不和解決のための仲介など，さまざまな活動を行っている。また，大統領令により，女性委員会の活動を支援するさまざまな措置も取られている[46]。

さらに，女性委員会はマハッラ内の子どもが通う学校との連携活動も実施しており，両者の密接なつながりは，学校行事やその年間計画，生徒の書いた「2003年のマハッラの年」に関するレポート，パスポートと呼ばれる生徒の調査により作成されたマハッラデータの一覧などからはっきりと読み取ることができる[47]。

では，具体的に女性委員会はどのような活動をマハッラにおいて実施しているのであろうか。以下では，タシケント市内のマハッラを中心に，a) Aマハッラでの女性に対するマハッラ事務所の開放と女性委員会の活動，b) Fマハッラの女性委員会委員長による家庭内不和仲介活動，c) 同じくFマハッラ内の女性に対する慰安旅行などの事例を取り上げ，マハッラ内の地域社会教育活動と女性支援を考察する。

(1) マハッラにおける女性支援

Aマハッラは，タシケント市内のミルザ・ウルグベク地区にあるマハッラで，さまざまな民族が居住する。以前は，現在とは異なるマハッラ名であったが，最近Aマハッラに変更された。ここでは，問題行動のある子どもに対する女性委員会の活動とマハッラ内の女性に対する事務所の開放の2つの事例を紹介する。

1つ目は，筆者が2006年3月に調査を行ったマハッラの女性委員会の学校との連携活動の例である。同マハッラの子どもたちの多くは，ウズベク語学校かロシア語学校（後出のA学校）に通っているが，同マハッラにいつも

問題行動を起こす小学2年生の女児が住んでいた。女児は授業中，教員の話を聞かず，教員が目を離せばすぐどこかに消えてしまう子どもだったという。学期中は，教員がさまざまな面倒を見ていたが，長期休暇中は家族だけでは女児の世話をすることは非常に困難である。そのため，マハッラの女性委員会のメンバーが交代で女児を見守り，どこかへ1人で消えてしまうことがないよう注意したという。

また，その他にも学校で問題行動を起こす子どもがいる際は，学校側はその子どもが住むマハッラの運営委員会や女性委員会に手紙を書き，アドバイスや連携を求めるという。子どもたちは，自分の居住するマハッラの人びとに自分の起こした問題行動が知れ渡るのを恥ずかしいと感じ，行動を改めることが多いそうである[48]。この他，女性委員会はマハッラ内の子どもを持つ女性に，子育てについての指導も行っている。

2つ目は，マハッラ事務所の女性たちへの開放の事例である。同マハッラの事務所は，毎日マハッラ住民が自由に集い，談笑したり，卓球などの簡単なスポーツを楽しむことができるよう開放されている。事務所内には，女性委員会の委員長が執務を行う部屋が個別に作られているが，そこには「ウズベキスタンの歴史」，「法律業務」，「家族」などの本が並べられている。女性委員会委員長の話では，マハッラ内の女性たちが事務所に来て，それらの本を熱心に読んでいくという。また，事務所の建物内に設置された集会所にも女性向けの雑誌や新聞「マハッラ」，「家族」などが常備され，女性たちが集まり自由に読んでいるそうである。さらに，事務所内には同マハッラ内に工場を持つ企業の商品のラベルを貼ったポスターも掲示されており，女性たちが同マハッラ内にどのような企業が存在するのかということや，就職の可能性などを知る貴重な機会ともなっている[49]。

マハッラ内の女性たちへの啓発活動も盛んに行われている。Aマハッラを含む複数のマハッラでは，未婚の女性対象のコンクールが定期的に開催されるそうであるが，その中でマハッラをテーマとした劇も女性たちによって上映される。その内容は，「現代の女性は，お金を稼ぐために外国に行ってしまう人が多い。国の発展のためには，国に残るようにし，国外に行くことがないようにしなければいけない」というテーマの寸劇であり，出稼ぎなど

写真5 さまざまな本や雑誌が並べられたマハッラの女性委員会委員長の執務室（2007年10月，筆者撮影）

写真6 マハッラ内に工場を持つ企業の商品ラベルが掲示されたポスターは，女性委員会委員長の手作りである（2007年10月，筆者撮影）

による女性の国外流出を自制させる狙いがあると考えられる[50]。

このように，マハッラの女性委員会は子どもの問題などに対し，支援を行うと同時に，マハッラ事務所を開放し，女性たちへの啓発活動を実施している。マハッラの事務所は，女性たちの「交流の場」，「憩いの場」であると同時に，「自身のマハッラについて知る場」，「新聞や書籍などから知識を得る場」という「学びの場」ともなっているのである。

Aマハッラ以外のマハッラでも女性支援や地域社会教育活動が行われている。

Fマハッラは，タシケント市郊外に位置するセルゲリ地区に存在する。同マハッラの女性委員会元委員長は，女性委員会で15年間働いた経験を持つ。そのうち，6年間は委員長として，9年間は副委員長として働いたという。ここでは，マハッラの女性委員会委員長による家庭内不和解決の仲介活動とマハッラの女性に対する慰安旅行の事例を取り上げる。

まず，1つ目はマハッラの家庭内不和の解決に向けた仲介活動である。元委員長の話は，ある時，ウズベク人の若い妻が事務所を訪ねてきたことから始まった。彼女の話では，夫が家に帰って来ず，きっと他に愛人をつくってしまって，それで帰ってこないのだという。「これ以上，この生活を続けていくことはできない」と泣く妻に対し，元委員長は，まず，彼女の家庭や生活

がどのような状態にあるのかを調べることにした。

　若い妻の家に行って驚いたのは，家の中が非常に汚く，全く整理整頓されていないことである。洗濯機には汚れた洗濯物が溢れ，お風呂場やトイレは掃除されていない。台所にも汚れた食器，お茶の葉，コーヒーなどが散乱している。子どもたちも薄汚れていて，きちんとご飯を食べていないように見える。妻自身も，髪の毛は汚く乱れていて，化粧もしておらず，服も汚れている。元委員長は，まず第一に，彼女の身だしなみや生活自体を改善しなければならないと考えた。そこで，彼女に次のようなアドバイスをした。「まず，髪を綺麗に洗いなさい。爪もきちんと切って清潔にして，眉に綺麗にウスマン（ウズベキスタンの眉墨）をしなさい。化粧もきちんとしなさい。それから部屋も清潔にしなければいけない。洗濯も定期的にして，子どもたちに清潔な服を着せるように。台所やお風呂場，トイレなどもしっかりと掃除しなければいけない。ご飯もちゃんと3食作り，子どもたちに食べさせなさい。そうすれば，夫は帰ってきますよ」。

　それからしばらくして，不意に夫が家に帰ってきた。家の中に入って，部屋が綺麗に片付けられているのに驚き，まるで自分の家ではないような気がしたという。部屋はすっきりと整理されており，食事も温かい料理が作られている。それからすぐに，夫は正式に家庭に戻ったそうである。

　この家庭内不和解決の事例から，マハッラの女性委員会がマハッラの事務所で女性や家庭に対しアドバイスをするだけでなく，実際に女性の家庭や生活に入り込んでいる様子が窺える。女性委員長は，単にアドバイザーとしてのみならず，アクターとして女性たちの日常の一部となり，支援活動を行っているのである。

　前述のFマハッラの元委員長は，夫婦の離婚問題以外にマハッラ内の女性を連れてタシケント市内の小旅行も企画したという。マハッラの女性に対するさまざまな慰安旅行について，元委員長は次のように述べた。

「マハッラ内のある女性から，『劇場に行きたい』という要望が出たので，バスを借り切ってハムザ劇場に観劇に行った。そのときは，マハッラから38人の女性が参加したわ。劇場内では，ジュースを飲んだり，お菓子を

食べたりするのだけど，女性たちがそれぞれ食べ物，飲み物などを買っている中で，数人の女性が困ったようにもじもじとしている。『どうしたの？』と尋ねると，お金がないから，食べ物や飲み物が買えないというの。『それだったらこれを使いなさい』と言って，スム札[51]を渡したわ。食べ物や飲み物だけじゃない。自分自身のお金を出して，バスを貸し切ることもあったし，劇場のチケットが買えない女性にはチケットを買ってあげた。私はポケットにはいつも5千スムほど入れていて，女性がお金で困っているのを見ると，いつもそのお金をあげたの。劇場へ女性たちを連れて行くのは，1ヵ月に1回ほどだった。その他にも，女性たちをタシケント市近郊の湖チャルバックに連れて行くこともしたわ。そのときも，バスの手配，プロフを作るためのカザン[52]，食料の準備などさまざまなことをやったの」[53]。

　この事例においても，マハッラの女性委員会の委員長がマハッラの女性の要望に対応し，さまざまな支援を実施していることが見受けられる。しかし，この事例で注目すべきなのは，女性委員会からマハッラの女性へのトップダウン型の活動ではなく，マハッラ内の女性の要望から生まれた慰安旅行というボトムアップ型の活動である点である。マハッラ内の緊密な人的ネットワークにより，女性たちの要望やニーズを摑み，それに対応した好例であるといえよう。
　2つのマハッラの事例から，マハッラにおける女性の役割について以下のことが考えられる。
　ほとんどのマハッラでは，女性の悩み，女性の抱えている問題，家庭の問題は女性委員会へといった振り分けがなされている。ウズベキスタンでは，宗教的・民族的精神性などが原因で，女性たちは自身が抱える問題をなかなか外部に出すことができない場合が多いが，そのような内部に埋もれた問題を，女性委員会はときには各家庭への訪問により明らかにする。女性同士という安心感をマハッラ内の女性に与え，彼女らの抱える問題をマハッラ運営員会へと伝えていく。マハッラの女性委員会は，家庭内不和の仲介役，マハッラの子どもたちの教育係であると同時に，マハッラ内の女性とマハッラ

運営委員会，ひいては女性と社会をつなぐパイプ役となっているのである。別言すれば，女性委員会により，マハッラ内の人的ネットワークを活用した女性支援がなされているといえる。

　一方，女性委員会の委員でないマハッラの女性たちは，女性委員会の活動を支え，マハッラ内の状況を女性委員会へと発信する役目を担っている。ここでは同じマハッラの女性というローカルな視点による女性委員会とマハッラの女性による相互扶助が行われている。このような双方の支えあいの過程において，マハッラの女性たちには未来の女性委員会を担うマハッラ住民としての活動が期待されているのである。

　しかし，このような活動の裏側では，「マハッラはDV対策をとらず，女性が望んでいるにもかかわらず離婚を阻止しようとする」[54]という指摘もなされている。また，マハッラ運営委員会の了解を得なければ，夫婦の離婚は成立しないということも現実に起こっている。筆者が調査を実施したマハッラでも，家庭内不和を解決し，夫婦は離婚せずに済んだということを度々耳にした。このような状況においては，女性委員会の働きかけはどのようなものであったのか，その働きかけを女性たちは実際にどう受容したのかを明確にすることも不可欠であろう。女性委員会は，マハッラの女性たちの支援者であり，家庭への不当な介入者であるべきではないのである。

　さらに，今後は家庭内不和の例のように，何らかの問題が生じたときのみ女性委員会と接するのではなく，慰安旅行の要望のように女性たちから積極的な意見，要望，コミュニティづくりの提案などが出てくることが必要であろう。支援の受け手から支援の担い手への，女性の意思転換が重要となってくるのである。そして，マハッラの女性委員会やその委員長には，そのような女性たちの生の声を引き出し，マハッラ運営委員会，そしてウズベキスタンの社会へと伝えていく力量が不可欠である。ウズベキスタンの女性のコミュニティ活動の活発化は，マハッラの女性が自ら声を上げ，また周囲の声に耳を澄ませることにかかっているといえよう。

(2) マハッラ内施設におけるスポーツ振興活動

　ウズベキスタンのそれぞれのマハッラでは，さまざまな施設を整備・所有

写真7 マハッラの代表によるパソコンを活用した住民管理も行われている（2007年3月，筆者撮影）

している。その内容は多彩で，パソコンルームを併設した事務所を持ったマハッラもあれば，イスラーム大学[55]がマハッラの区域内に存在するマハッラもある。

筆者が調査を行ったマハッラのひとつに，大きなスポーツコンプレックスを持ったマハッラがある。タシケント市のシャイハンタフル地区に存在するそのマハッラでは，マハッラの代表を中心に，青年向けの様々なスポーツの取組みが実施されていた。

例えば，このマハッラではサッカーや体操などのスポーツ大会を開催したり，サッカーチームをいくつか編成して，タシケント市内の大会に出場させたりと，青年をスポーツに熱中させるような取組みが多く行われている。この理由について，マハッラの代表は次のように述べている。

「若者はさまざまなことに関心があるが，それがときには非行につながることもある。私たちは若者が非行の道に走らないように，若者の気持ちをスポーツに向けるようにしているのです。スポーツを通じてストレスを発散させるようにすれば，非行に向かうこともなくなる。私たちのマハッラにはいくつかのサッカーチームがありますが，そのうちの1チームは最近おこなわれた市の大会で優勝しました。私たちのマハッラは，シャイハンタフル地区に存在する40以上のマハッラのなかでも，最もスポーツの盛んなマハッラだといえます」[56]。

このように，それぞれのマハッラ独自の活動は，マハッラの代表の性格や学歴，現在の職業などの要素が大きく関わることが多い。他のマハッラでも，情報大学の教員でパソコンに精通した人物がマハッラの代表であったときは，そのマハッラ住民の全ての情報をパソコンでデータベース化し，住民

の管理を行っていた。この傾向については、マハッラ代表が持つ技術や専門を活かすことが可能である反面、マハッラの代表の退任がマハッラ内の活動に大きく影響するため、任期が短い代表が連続すると、マハッラ内活動の方針や内容が二転三転するなどのデメリットも危ぶまれる。

小　結 ── マハッラにおける成人の学びをどうとらえるか ──

　以上、現在のウズベキスタンにおける国家による国民形成の機能と住民自治の機能について考察するために、マハッラの構造と性格や国家とマハッラ内における活動について考察を行った。

　マハッラでは、古くからチャイハネでの住民間の交流やギャップ（gap）という住民間のつきあい、相互扶助や伝統的儀礼から培われる住民相互の関係性において、住民自治の機能が醸成されてきた。そのような機能を持つマハッラに、現ウズベキスタン政府は政府主導の国民形成の機能を付与したのである。

　マハッラ基金の創設やマハッラ運営委員会の持つ権限の拡大、「マハッラの年」にみられるマハッラ復興キャンペーンなどは、国家による国民形成の推進を円滑に行うことを目的としての政策であった。そのため、マハッラ運営委員会やマハッラ基金を行政的枠組みとして活用することを目的としたマハッラの法的権利の拡大が必要とされ、法令に基づいてその拡大が行われた。それにより、マハッラ住民自身によるマハッラの住民自治の可能性が増大したことは確かである。例えば、タシケント市内の複数のマハッラでは、マハッラ住民のニーズに対応したマハッラ独自の取組みが行われている。

　このような動きは、マハッラ住民による自治の萌芽であると受け取ることができる。しかし、マハッラにおける政策は国民形成という機能をも内包するものであるため、マハッラ住民の形成から国民形成へと連なる、国家によるさらなる中央集権化が行われることも同時に懸念されるのである。ソビエト政府による抑圧期を経て、ウズベキスタン独立後の現在に復活を遂げたマハッラは、今まさに重要な過渡期にあるといえよう。

　成人の学びは、「おとなが、思考、価値観や態度の持続的な変化をとおし

て，生きがいや自己実現につながるような能動的な情報や技術の獲得という経験をもつこと」[57]とされ，また，その重要な要素として，成人が自身の内発的要求や必要性に基づいて，自己の学習機会を選択し，何をどう学ぶのかについて自律的な方向付けを行うことが指摘されている[58]。本章で検討した，マハッラ運営委員会事務所の書物を通した知識や情報の獲得や，マハッラ内の慰安旅行に関してのマハッラ住民の女性から出された「劇場に行きたい」という要望は，まさにマハッラ内における成人の学びの場への参加要求であったと考えられよう。しかし，住民による自発的学びの要求は必ずしも住民自身の学習機会の選択や学習計画・内容の決定までは達しきれておらず，それがマハッラ内における成人の学びの課題として残されている。

　本章で検討した，マハッラにおける国民形成と住民自治の機能は，一見すると相矛盾する機能であり，現在のウズベキスタンにおける住民自治は国民形成や国家統合の機能に収束されつつあるといえる。しかし，実際のマハッラにおける成人の学びの場では，住民による地域課題の発見とその解決，地域内活動への参画から地域づくりが行われ，ひいてはそれが住民自治へとつながる可能性も秘められている。今後は，住民の学習権を確保した地域社会教育の展開が望まれ，またそのなかでマハッラは住民の総意と実際のマハッラ内活動を取り結ぶ重要な役割を果たしていくことが期待されているのである。

［注］

1) Konstitutsiya Respubliki Uzbekistan, Tashkent : O'zbekiston, 2003.
2) "Report : New Country Programme for 2005-9 signed in Tashkent", Uzbekistan UNICEF HP : http://www.unicef.org/uzbekistan/media_2091.html.（2005 年 10 月 23 日アクセス）
3) 同上 HP : http://www.unicef.org/uzbekistan/media_2519.html.（2005 年 10 月 23 日アクセス）
4) 須田将「『市民』たちの管理と自発的服従——ウズベキスタンのマハッラ——」『国際政治』第 138 号「中央アジア・カフカス」，2004 年，44 頁。
5) 江上波夫編『中央アジア史世界各国史 16』山川出版社，1987 年，650-652 頁。
6) ティムール・ダダバエフ「中央アジア諸国の現代化における伝統的地域社会のあり

方と役割 —— ウズベキスタンの『マハッラ』を中心に ——」『東洋文化研究所紀要』146，東京大学東洋文化研究所，2004 年，257 頁。
7) ティムール・ダダバエフ，前掲論文，2004 年，257-258 頁。具体的なソビエト政府のマハッラに対する政策としては，各地域に既に存在していた「チャイハネ」の例が挙げられる。チャイハネは，「お茶の部屋」の意味を持つ言葉で，それまで主に男性が集まり，同じ地域に住む人々と最新の情報を交換し合う場であり，また結婚式や伝統的な祭礼の準備を行う場所であった。ソビエト政府はこの「チャイハネ」を「赤いチャイハネ」へと変え，その場をソビエト政府への理解を深めるために利用しようとした。ダダバエフによると，「赤いチャイハネ」には，お茶を飲んだり話をしたりする場所以外に小さな図書室もあったという（259 頁）。
8) ティムール・ダダバエフ，前掲論文，2004 年，254-255 頁。
9) Massicard, Elise, Trevisani, Tommaso, "The Uzbek Mahalla", *Central Asia*: *aspects of transition*, edited by Tom Everett-Heath, London, 2003, pp. 206.
10) 河野明日香「ウズベキスタンの学校における地域共同体（マハッラ）の教育 —— 政府のマハッラ政策との関連で ——」『比較教育学研究』第 35 号，2007 年，173 頁。
11) O'zbekiston Mahalla xayryya jamg'armasi, *Mahalla*, Toshkennt, 2003, b.333.
12) *Barkamol ablod-O'zbekiston taraqqietining poydevori*, *Sharq nashriet-matbaa kontsernining Bosh tahririyati*, Toshkent, 1997, b.28.
13) 国際協力機構（JICA）「中央アジア（ウズベキスタン，カザフスタン，キルギス）援助研究会報告書現状分析編」第 II 部各国編ウズベキスタン第 13 章貧困，2001 年，102-103 頁。下記国際協力機構（JICA）ホームページ。
http://www.jica.go.jp/activities/report/country/2002_02_02.html.（2004 年 11 月 15 日アクセス）
14) ティムール・ダダバエフ『マハッラの実像 —— 中央アジア社会の伝統と変容』東京大学出版会，2006 年，124 頁。
15) O'zbekiston Mahalla xayryya jamg'armasi, *Mahalla*, Toshkennt, 2003, b.29-39.
16) O'zbekiston Respublikasi Vazirlar Mahkamasining Karori, Toshkent shahri, 2003 yil 7 Fevral', 70 son.
17) O'zbekiston Mahalla xayryya jamg'armasi, *Mahalla*, Toshkennt, 2003, b.200-236.
18) Tukhliev, Nurislom, Krementsova, Alla, eds., *The Republic of UZBEKISTAN*, Tashkent, 2003, pp. 173-174.
19) 澤野由紀子「『市民社会』への移行を促す生涯学習体系の構築 —— ウズベキスタン共和国の教育改革 ——」『ロシア・ユーラシア経済調査資料』No.798，1998 年，6 頁。
20) Silova, Iveta(ed.), *How NGO React*: *Globalization and Education Reform in the Caucasus, Central Asia and Mongolia*., Kumarian Press, 2008, pp232.
21) ダダバエフ，前掲書，2006 年，9，232，242 頁。
22) タシケント市シャイハンタフル地区 C マハッラ代表へのインタビューによる（2006 年 5 月 24 日実施）。
23) ダダバエフ，前掲書，2006 年，125 頁。G マハッラ女性委員会顧問（2006 年 4 月

15日実施），Aマハッラ代表（2006年4月26日実施）へのインタビューによる。
24) ティムール・ダダバエフ，前掲論文，2004年，261頁。
25) ティムール・ダダバエフ，前掲書，2006年，103頁。
26) ティムール・ダダバエフ「ウズベキスタンの地域社会「マハッラ」からみた人権の保護・確保」『東欧・中央ユーラシアの近代とネイションⅢ』スラブ研究センター，2004年，35頁。同規程によれば，ポスボン隊は警察の助手とされ，隊員数はマハッラの規模によって異なるが，約3,000人の住民が居住するマハッラでは4人のポスボン隊員が，4,000人規模のマハッラには9人までの隊員が勤めている。
27) ティムール・ダダバエフ，同上論文，2004年，35-36頁。
28) ティムール・ダダバエフ，同上論文，2004年，35-36頁。
29) 国際協力機構（JICA）前掲報告書，2001年，102，108頁。
30) 高橋巖根『ウズベキスタン 民族・歴史・国家』創土社，2005年，121頁。
31) イスラム・カリモフ『21世紀に向かうウズベキスタン』日本ウズベキスタン経済委員会，1999年，49頁。ここでは，マハルリアとされていたが，本書ではマハッラとした。また，引用文中に「教会」という言葉が示されていることに関し，ウズベキスタンは大多数がイスラームを信仰しているため，本来では「モスク」あるいは「宗教機関」とするのが全うであるが，引用部分では原文通り「教会」を用いることとした。
32) イスラム・カリモフ，同上書，1999年，75頁。ここでは，「市民集会（マハッラ）」と表記されているが，マハッラは多様な意味を包含していることに注意する必要がある。例えば，ウズベキスタンの人々が，「マハッラに行く」という際は，「マハッラ運営委員会の事務所に行ってくる」というのとほぼ同意である。一方，「私のマハッラは……」などと話すときは，自身が居住するマハッラ全域を指していることが多い。
33) イスラム・カリモフ，同上書，1999年，75頁。
34) O'zbekiston Mahalla xayryya jamg'armasi, *Mahalla*, Toshkennt, 2003, b.200-236.
35) 坂井弘紀『中央アジアの英雄叙事詩語り伝わる歴史』ユーラシア・ブックレット，No. 35，東洋書店，2002年，5-9頁。
36) 高橋巖根，前掲書，2005年，139頁。
37) 1963年，大阪府枚方市教育委員会社会教育委員，公民館運営審議委員によって出された答申「社会教育をすべての市民に」を指す。同答申では，(1)社会教育の主体は市民である，(2)社会教育は国民の権利である，(3)社会教育の本質は憲法学習である，(4)社会教育は住民自治の力となるものである，(5)社会教育は大衆運動の教育的側面である，(6)社会教育は民主主義を育て，培い，守るものである，の6つが提言されている（枚方市教育委員会『枚方の社会教育』第2号（「社会教育をすべての市民に」），1963年。
38) ユネスコ「学習権宣言」，1985年3月29日，第4回ユネスコ国際成人教育会議（パリ）にて採択。
39) 小松久男他編著『中央ユーラシアを知る事典』平凡社，2005年，224-226頁。
40) 現在のウズベキスタンでは，女性用避妊薬のテレビコマーシャルが繰り返し放送されるなど，従来とは異なる性的観念，男女観が形成されつつあるといえる（2007年

10 月現在)。
41) 小松久男他編，前掲書，2005 年，226 頁。
42) 現在のタジキスタンにおけるシェルター開設の取組みや NGO の活動などについての報告に，甲木京子「タジキスタンにおける女性に対する暴力の現状と NGO の取組み――クライシス・センターからシェルター活動へ――」『アジア女性研究』第 15 号，財団法人アジア女性交流・研究フォーラム，2006 年，109-111 頁，がある。
43) 小松久男他編，前掲書，2005 年，226 頁。
44) Kamp, Marianne, "The retreat of the state : Women and the social sphere. Between women and the state : Mahalla committees and social welfare in Uzbekistan", *The transformation of Central Asia : States and societies from Soviet rule to independence* edited by Pauline, 2004., pp29-58.
45) ウズベキスタンでは，大統領により年毎のスローガンが発表されており，マハッラ運営委員会による離婚防止活動は，特に 1998 年の「家族の年」以降に始まったという。ティムール・ダダバエフ，前掲書，2006 年，262 頁。
46) Ukaz Prezidenta Respubliki Uzbekistan, O dopolnitel'nykh merakh po podderzhke deyatel'nosti Komiteta Zhenshchin Uzbekistana, Sobranie zakonodatel'stva Respubliki Uzbekistan, 2004g., No.21, s.251.
47) タシケント市ミルザ・ウルグベク地区 A 学校内部資料，2003 年の「マハッラの年」の際のレポートより。
48) A マハッラ代表（当時）に対するインタビューによる（2006 年 4 月 26 日実施）。なお，本調査の内容は，大谷順子・大杉卓三・河野明日香『中央アジア諸国におけるコミュニティ研究――ジェンダーの視点から――（ウズベキスタン，タジキスタン，カザフスタン，キルギスの事例より）』(2007/2008 年度(財)アジア女性交流・研究フォーラム客員研究員研究最終報告書，2009 年，でも詳述している。
49) A マハッラ女性委員会委員長（2007 年 10 月 4 日実施）へのインタビューによる。
50) このようなコンクールでは，マハッラの歴史についての発表，詩の作成と朗読，料理，ダンスなど，さまざまな分野で女性たちが優勝を目指して競い合う。A マハッラ代表（当時）に対するインタビューによる（2006 年 4 月 26 日実施）。
51) F マハッラ女性委員会元委員長が委員長，あるいは副委員長として勤務していたのは 1986 年から 2002 年の間である。当時，例えば 2001 年 1 月時点では，スムの公定レートは 1USD が 325 スム，商業レートでは 1USD が 690 スムであった。現在の公定レートでは，1USD は 1,600 スム前後で変動している（2010 年 7 月現在）。
52) プロフは定住民であるウズベク民族の伝統的な料理であり，野菜や羊肉，米などをカザンと呼ばれる大鍋で炊いたもので，オシュ (*osh*) ともいう。プロフはウズベキスタンの人びとの間で，日常的に食されるだけでなく，春の祭りナウルーズや結婚式，割礼の祝いなどさまざまな行事においても食されている。特に，結婚式ではプロフを親戚やマハッラ住民にふるまう儀礼が行われ，その準備や客の応対，後片付けなどには，マハッラ運営委員会やマハッラ住民の支援が欠かせないものとなっている。厚い鉄製の鍋であるカザンにはさまざまな大きさがあるが，大型のカザンを持たない家庭のために，またマハッラ内の行事でプロフなどを調理するために，各マハッラ事

務所には大型のカザンが備えられている。
53) Fマハッラ女性委員会元委員長へのインタビューによる（2007年10月10日実施）。
54) ティムール・ダダバエフ，前掲書，2006年，262頁。
55) 正式名称は，タシケント・イスラーム大学で，カリモフ大統領の命により1999年4月に創設された。現在では，経済・自然科学部，イスラーム史・哲学部，技能・人材育成学部の3学部が開設されており，イスラーム学や宗教学のみならず幅広い領域における研究・教育が行われている（http://www.tiu.uz/ 2010年6月25日アクセス）。
56) タシケント市シャイハンタフル地区Cマハッラ代表へのインタビューによる（2006年5月24日実施）。
57) 三輪建二『おとなの学びを育む ── 生涯学習と学びあうコミュニティの創造』鳳書房，2009年，34頁。
58) 佐藤一子『生涯学習と住民参加 ── おとなが学ぶことの意味』東京大学出版会，1998年，7頁。

第 3 章

マハッラにおける子どもの社会化と文化継承

　ウズベキスタンの子どもたちは，生まれた瞬間から様々な通過儀礼や伝統的祭礼を通じ，成長していくが，そのような儀礼には，イスラームを基盤としたものが少なくない。

　例えば，ムスリムの家庭において男児に施される割礼（*sunnat to'y*, スンナト・トイ）は，結婚式並みの規模で盛大に祝われる。割礼の前後には親戚や近隣住民などのお客に料理が出され，その際にマハッラ内の住民の参加が不可欠となっている[1]。隣国カザフスタンでは，衛生上の理由から割礼が実施されることもあるが，一般的に，ウズベキスタンを含む中央アジア諸国では，男性になりムスリムになる儀礼として重要視されている[2]。

　このように，子どもたちは割礼や命名の儀礼，誕生後の儀礼などの多様な通過儀礼を経ながら成長し，一人前の大人と認められるようになる。しかし，命名の儀礼やゆりかごの祝い（*beshik to'y*, ベシク・トイ），割礼などは，両親や親戚，マハッラ住民が子どもの健やかな成長や人生の幸福を祈り行うものであり，また，地域内における自身の社会的体裁を保つためのものでもあるなど，「上からの働きかけによる儀礼，大人から与えられる儀礼」という側面も有する。このような幼年期の子どもに対する儀礼では，当然ながら子どもたちの自発性，主体性はあまりみられない。子どものための儀礼という側面はあっても，それは親や家族の意思に基づくものであり，子ども自身の選択意思が内在していることは少ないからである。子どもたちは自身に対する儀礼よりも，むしろ弟や妹，親類，そしてマハッラ内住民の中で行われる子どもたちに対する通過儀礼への参加を通じ，成長していくといえるのである。

以上のような幼年期の子どもに対する儀礼とは対照的に，子どもたちがより自発的・主体的に社会性や伝統文化，イスラームを習得する機会であるといえるのが，結婚式や葬儀，ラマザン（断食）やラマザン・ハイト（ルザ・ハイト，*ruza hayit*，断食明けの祭り），コルボン・ハイト（*qo'rbon hayit*，犠牲祭）などの宗教儀礼や行事である。子どもたちは，マハッラ内での多彩な儀礼への参加を通じ，宗教や伝統文化そのものを学ぶだけではなく，子ども社会や大人社会における人間づきあい，規律，習慣などを学ぶのである。
　自分が生活する社会の規範や価値，独自の文化などを学び習得する過程は社会化と呼ばれるが，その過程にはそれぞれの社会構造や宗教的伝統，伝統文化，自然環境などが多大な影響を及ぼしている。ウズベキスタンの社会においても，子どもの社会化過程は同国の宗教的伝統，自国文化に多くを依拠しているといえる。それに加え，マハッラを中心とした社会構造やイスラームの信仰体系も，子どもの社会化の過程や各人の子どもの育て方に影響を与える重要な社会的・文化的要因として作用していることが予想されるのである。
　特に，一般的な日常生活ではなく，非日常的な儀礼の場での子どもの行為には，イスラームを背景とした何らかの規範や価値，ジェンダー，エスニシティ，世代，時代などの多種多様な社会的制約が鮮明に現れやすい。それに加えて，現在の文化政策や教育政策上で，大統領令により豪華な祝事が制限されたり，割礼やラマザン，春の祭りであるナウルーズ，伝統的なウズベク式の結婚式などが学校教育に導入され子どもたちに教えられていたり，ウズベキスタンのNGOが自国文化の復興をアピールする会議や夏期講座を開催したりという外部要因が，儀礼における子どもたちの行為にも様々な影響を及ぼしていることが推測される。
　第3章では，そのようなウズベキスタンの文化的宗教的背景や社会構造を踏まえ，マハッラにおける伝統文化やイスラームを基盤とした子どもの生活の諸相を考察することで，以下の点を明らかにしたい。①子どもの生活のなかでも，特にラマザン・ハイト，コルボン・ハイトにおけるケリン・サロム（*kelin salom*，花嫁挨拶）といった宗教儀礼における子どもの社会化や文化継承の過程はどのようなものであるか，②宗教儀礼を通し，マハッラが

子どもの社会化や文化継承にどう関与しているのか，の2点である。

　まず，本章ではウズベキスタンのマハッラにおける子どもの生活について，マハッラ内におけるノンフォーマル・エデュケーションと並立して，近代学校制度の拡充が開始されたロシア帝国，社会主義国家建設の一端としてマハッラが利用されたソ連期，そして独立後のマハッラ復興政策が顕著である現在の3期に分類して概観する。

　続いて，子どもたちの主体的・自発的学びがより顕著であるといえる結婚式や葬儀，ラマザンなどの儀礼のうち，タシケント市内の家庭のラマザンにおけるフィールドワークに触れながら，とりわけ親戚や友人が多く地元に集まりやすいラマザン・ハイトとコルボン・ハイトの時期に合わせて行われるケリン・サロムにおける子どもの社会性習得や文化継承の過程について考察する。また，各儀礼にマハッラがどのように関係しているかについても検討を行う。

　最後に，マハッラにおける子どもの社会化や文化継承は，マハッラ内の儀礼を通じどのように行われているのか，その過程における「支援者」，「介入者」としてのマハッラの活動を明らかにし，今後の課題を考察する。

　本章での記述の中心となるマハッラにおける通過儀礼やイスラーム文化，学校教育制度に関しては，主としてスーハレワの記録した19世紀末から20世紀初頭におけるブハラの事例，ムミノフ編集によるサマルカンドの事例，およびベンドリコフによる20世紀初頭のタシケントにおける記述に加え，現在の関連論文，マハッラと各家庭における参与観察，聞き取り調査を基に構成している。

　研究の方法としては，文献分析，マハッラ運営委員会とその他諸団体関係者へのインタビュー，宗教行事や初等・前期中等教育段階の子どもを持つ家庭での参与観察，両親へのインタビューなどを採用している。

第1節　ウズベキスタンのマハッラにおける子どもの生活

　ウズベキスタンの子どもたちは，家庭だけでなく幼稚園や初等・中等学校などの国立教育機関，様々な社会団体が企画・実施する活動，マハッラでの

活動に参加することにより社会化される。

　ここでは，マハッラにおける子どもの生活が歴史とともにいかに変化してきたのかについて，現代マハッラの機能と構造や学校教育にも触れながら，①ロシア帝国期（1865～1917年まで），②ソビエト期（1917年～1991年），③ウズベキスタン独立後（1991年～）の3期に分類して概観したい。

　マハッラはアラビア語源の言葉であり，これまで先行研究によって様々な定義がなされている。これらの多様な定義を統合すると，マハッラは中央アジアなどのムスリム社会に存在する，生活に密着し，住民の生活を支える街路から形成される地域社会の一単位であるといえる。

　ソ連解体後には，共産主義のイデオロギーやソ連期の国家体制からの脱却を図るため，各民族の伝統や価値，アイデンティティへの回帰という動きが活発になった。それを契機として，政府のマハッラへの支援が増大し，その社会的行政的基盤も強化されるようになった。以前は，時代に見合わない立ち遅れた存在として近代化が推進されたマハッラが，独立後，国家行政を支える末端機関として再浮上するようになったのである[3]。2002年には，政府は大統領令により2003年を「マハッラの年」と定め，マハッラの重要性を訴えるキャンペーンを行うなど，独立後におけるマハッラは突如として，政治性を帯びたものとなっている[4]。

　現在，ウズベキスタンのマハッラはモスクや学校，住民集会，マハッラ運営委員会，マハッラの代表，事務所や式場などの共同使用施設，自警団，そして，そのマハッラに住む各家族などの多方面からの相互関係により成り立っている。代表は，家庭内不和の解決，マハッラ財政の再建や支援の確保，マハッラ運営，マハッラ内の各種施設の整備など様々な活動を行うが，マハッラの活動やマハッラ運営委員会事務所の雰囲気は各マハッラの代表によってさまざまである[5]。

　例えば，著者が調査を実施したあるマハッラでは，大学で情報学やITについて教えていた代表が，マハッラ内の住民に関するデータベースをコンピュータで作成し，マハッラ運営に活用していた[6]。データベースのなかには，マハッラを形づくる通りの名前やそれぞれの通りに住む世帯数，戸主，各世帯の家族構成や住民一人ひとりの氏名，生年月日や性別，年齢が詳細に

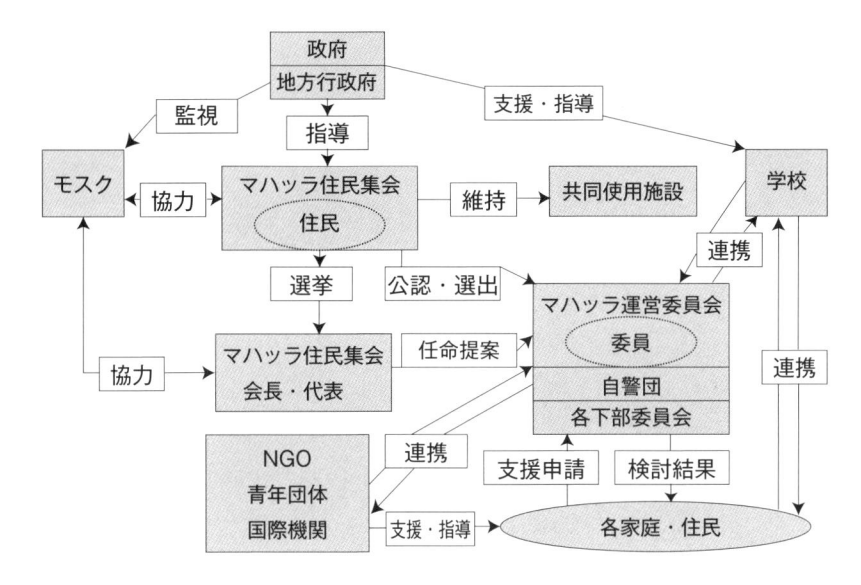

図2 マハッラの構造と組織関係

ティムール・ダダバエフ『マハッラの実像――中央アジア社会の伝統と変容』東京大学出版会，2006年，125頁を参考に筆者作成。

入力されていた。マハッラ代表は自身の専門や技能をマハッラの運営に役立てていたのであった。

　この他，各マハッラには，行政機関として具体的活動を行うマハッラ運営委員会が存在し，その下に下部委員会が置かれている。下部委員会は「道徳・教育」，「女性」，「社会保障」などに分かれ，各々の担当分野で多様な活動を実施している[7]。

　ウズベキスタンにおけるマハッラの実証的な研究を重ねているダダバエフは，マハッラ社会やそこでの文化を特色付ける要素として「伝統的なマハッラ（「非公式」な人的ネットワーク）」と「『公式』なマハッラ」の2つを挙げている[8]。また，ダダバエフは，ソ連期のマハッラが住民へ社会主義イデオロギーを注入する役割を担わされていながらも，古くからの伝統的側面も保持し続けた点も指摘している。さらに，小松は現在のマハッラについて，その伝統的側面とともに，国際機関やNGOの支援活動の受け皿となってい

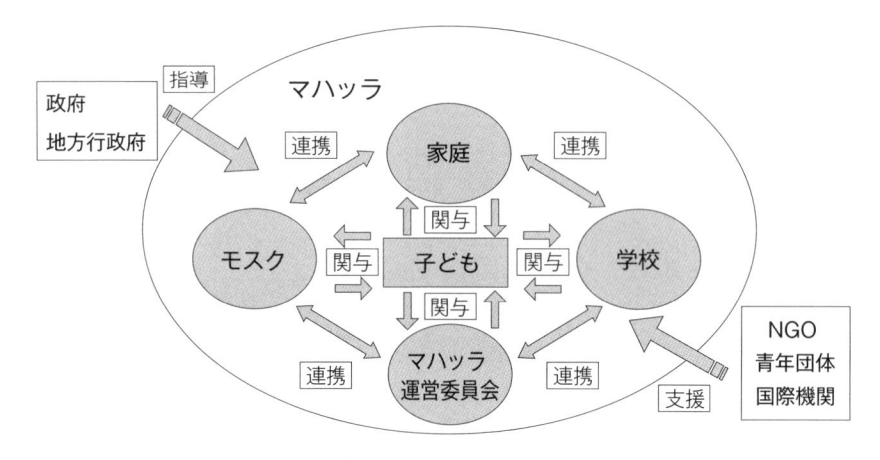

図3 マハッラ内における子どもを中心とした相関図
筆者作成。

る点[9]も指摘し，現代のマハッラの持つ新たな側面を示唆している[10]。これらの指摘は，現代マハッラの機能やマハッラ文化の記述と分析を試みる研究者のあいだにおおむね共有された枠組みであり，それはまた同じく，ロシア帝国期以前からソ連期，そして現代にわたって，マハッラで展開された子どもの生活を特徴づける重要な社会・文化的要素にもなっていると考えられる。

　以下では，このような社会的基盤を持つマハッラにおいて，子どもをめぐる通過儀礼や生活がいかに展開していったのかについて，イスラームの伝統や文化，学校教育制度というコンテクストも念頭に置きながら，歴史的観点から検討を行う。

(1) **帝政ロシア期（1865〜1917年まで）**

　かつて，中央アジアでは人々は都市や農村で，職業や宗教宗派，民族等にまとまって，小さなコミュニティを形成し居住していた。例えば，20世紀初頭のブハラでは，金属関係の職業を持つ者や死体洗浄人はそれぞれの区域に集まって居住しており，このような区域は居住の場であると同時に人々の

仕事場でもあった[11]。それらのコミュニティは、タシケントやフェルガナ地方ではマハッラ、ブハラやサマルカンドではグザルという言葉で呼ばれていた[12]。

　各マハッラにはモスクや聖廟が設置され、人々は自己の属するマハッラで執り行われる通過儀礼や冠婚葬祭に参加し、住民同士の相互扶助を行い、同じマハッラの住民という愛郷心を形成してきた。

　帝政ロシアによる教育制度の拡充が始まった当時は、主に男児はモスクに付属したマクタブやマドラサ[13]で、女児は主に教師の家で、宗教を中心とした伝統的な教育を受けていた[14]。イスラームを核とした教育は、家庭や社会の慣習、成人と子どもの世界観や人間形成に様々な影響を及ぼした。マハッラのモスクで行われる一日5回のイスラームの祈りは、恒常的に子どもたちの目の前で繰り返され、宗教的な祭日や宗教儀礼が行われる日は家庭や社会の慣習が最も鮮明に表象された[15]。

　また、男児が通う初等学校のマクタブでは6歳から16歳まで（あるいは5歳から15歳まで）の子どもたちが読み書きを習い、そこではイスラーム信仰の精神を基盤とした躾が行われていた。19世紀後半に始まった帝政ロシアの中央アジア進出以前のサマルカンドでは、マハッラやグザルなどの各地域共同体にマクタブが存在しており、なかには女児のためのマクタブもあったという。マクタブの教師は、たいてい最寄りのモスクのイマームがその役を担っていた[16]。ベンドリコフは、その当時のマクタブでの教師と生徒、家庭の関係や祭日に際しての生徒の活動を次のように記述している。

「祭日、特に男児の割礼祭では、教師は両親からムスリムのターバン、スカーフ、ときどきは上衣の贈り物をもらった。両親の贈り物のお蔭で、教師はたいてい、とても熱心に裕福な家庭の子どもと一緒に勉強した」[17]。「マクタブでは宗教的祭日が祝われていたが、その際、生徒たちは授業を中断してその祭日のために準備をした」[18]。

　さらに、著名な詩人や学者、「マジリス」という喜劇団などが参加する集会や討論会が、マドラサや個人の家、職人や商人の店、バザールで行われて

写真8 マクタブの生徒たち
出所：ベンドリコフ『トルキスタンにおける国民教育史概要』1960年，39頁。

いたという[19]。

このように，子どもたちはマハッラの中で，モスクでの祈りの儀式を学んだり，自身のマハッラに関連する職業に触れたり，民族の文化について知る機会を得ていた。マハッラの中で生活することで，子どもたちは生活に密着した宗教や職業，民族に関する知識を学び，社会の一員としての自己認識を育てることが可能であったといえる。

この時期のマハッラは，上記のようなインフォーマル，ノンフォーマルな学習が恒常的に行われる場であり，マハッラはそのような学習を支える役割を有していたのである。そして，マクタブやマドラサでの教育が普及していくにつれて，ノンフォーマル・エデュケーションを支える役割をも併せ持つようになったのであった。

ロシア帝国の時代になると，マハッラはその支配を末端から支えるものとしてみなされるようになった。教育の場でも次第に制度化が進められ，タシケントでは1866年に男子と女子混合の最初のロシア学校が開校された[20]。1871年の3月には，タシケントの商人であるセイード-アジムバイ・ムハンメドヴァエフによるマドラサ批判が行われ，新たな形式のムスリム学校の開校が提案された。このムハンメドヴァエフの提案を受け，1871年6月には，イシャンクルマドラサに新しい学校を建設する計画準備が開始されている[21]。

このように，ロシア帝国期前後はマハッラの子どもの生活世界での学びが次第に制度化された時代であった。このロシア帝国の時代においても，以前と同様，マハッラにおけるインフォーマルな学習は存続していたと考えられるが，マクタブやマドラサに代表されるノンフォーマル・エデュケーションの整備，そして帝政ロシア型の公教育への移行により，それら三者ははっき

りと区別されるようになった。

(2) ソ連期（1917～1991年）

ソ連期，ソビエト政府はそれまでのマハッラの伝統的な仕組みや機能を使い，住民の考え方を「ソビエト的」で社会主義的なものへと変え，「ソビエト国民」を形成しようとした[22]。

具体的な政策には，住民の交流の場であり，結婚式や伝統的な祭礼の準備を行う場所であった，「チャイハネ」の例が挙げられる。ソビエト政府はこの「チャイハネ」を「赤いチャイハネ」へと変え，その場を政府への理解を深めるために利用しようとしたことが知られている[23]。「ソビエト国民」を形成するための活動には，学校教員が多く携わっていたことが記録されているが，ムミノフ編集の『サマルカンドの歴史』では，その様子が次のように描かれている。

「ソビエトの教員は，将来のコミュニズムの担い手の教育に自身の力や知識，エネルギーを注ぎ込んだ。教員は学校での緊迫した労働と企業や赤いチャイハネ，クラブ，マハッラでの恒常的な大衆への宣伝活動を両立させていた。1946年のソ連邦最高会議の選挙時だけでも，サマルカンドの3,000人のアジテーター[24]のうち，約500人が学校の教員だった」[25]。

上記から，当時の教員が共産主義やソビエト・イデオロギー宣伝のための重要な構成員であったことがわかる。教員たちは，学校においては「将来のコミュニズムの担い手」である子どもたちに共産主義の理念を教授し，学校外の場であるチャイハネやクラブ，そしてマハッラでは青年や高齢者など，あらゆる年齢層の人々に同様の宣伝活動を繰り広げた。これらの活動は，ソビエト・イデオロギーを知り，ソ連の一員という意識を高揚させることで，最終的には子どもたちや住民を「ソビエト国民」へと形成することを企図したものであった。

同書は，ソビエト政権下で行われた農業や都市産業，文化活動，国民教育，ウズベキスタンのマルクス・レーニン主義プロパガンダにおけるサマル

写真9 サマルカンドにおける最初のソビエト学校の教師と生徒たち
出所：ムミノフ『サマルカンドの歴史』1969年，82頁。

カンドの学者の活動などが，いかに，ウズベキスタンの近代化に貢献しているかを主張したものであり，当時の共産党の方針やイデオロギーを反映したものでもあった。このような著作が，当時の政権の政策的プロパガンダの一翼を担っていたことは明らかであるが，ソビエト初期から1960年代までのサマルカンドにおける国民教育政策実施の実態や実際の生徒数，学校数，マハッラでの宣伝活動などが詳述されている部分もあり，非常に興味深い。

以上から，マハッラは住民を「国民」へと形成するための役割を担っており，その伝統的な枠組みを利用し，行われた教育内容もソビエト政府のイデオロギーを踏襲した住民の近代化，ソビエト化を狙ったものであったことが読み取れる。この時期，マハッラはマクタブやマドラサ，そして帝政ロシア期に拡充が行われたロシア学校とも異なる，新しいノンフォーマル・エデュケーション的な役割を担うことになったのであった。

住民の生活の中におけるインフォーマルな学習は存続していたが，ロシア帝国期，ソ連期を通じて，学校教育の整備を中心とした教育の制度化，教員の活動の広がりにより，マハッラの教育的役割も次第に組織化された部分を多く含むようになってきた。

また，マハッラを含む社会構造の変化により，そこに居住する子どもたちの生活も大きく変化した。第2次世界大戦期には，疎開した子どものための共和国，州，市，地区レベルの委員会の指導部が設置された。また，同時期に未成年のための孤児院，学習施設なども整備された[26]。就学前教育の設置，拡充も進められ，サマルカンドでは，1950年に43の子どもの施設で2,435人の子どもが教育されていたのに対し，1957年はじめには49の幼稚園で3,823人の子どもが教育を受けていたという[27]。これまで，生活の大半をマハッラで過ごしてきた子どもたちは，次第に制度化・組織化された公的

教育機関，すなわちフォーマル・エデュケーションの場で学ぶようになったのである。

子どもたちの生活に大きな変化を及ぼしたのは，公教育だけではない。ソ連期には，学校外教育の充実も図られ，ピオネール宮殿などの社会教育施設も子どもたちの活動場所のひとつとなっていた。

トミアクは，ソ連邦における青少年組織について，「学校における課外活動とひじょうに密接にむすびついており，その組織の活動は青少年の一般教育とともに統一され一体をなすものである」[28]ととらえている。つまり，青少年の教育は学校のなかだけで行われるのではなく，社会のなかにおける組織活動においてもなされなければならないと主張するのである。

ソ連期の青少年組織は，10歳までの児童のためのロシア革命にその名を由来するアクチャブリャータ（Oktyabryata, 10月の子），10歳から15歳までの子どもたちのためのピオネール，15歳から28歳までの青年のためのコムソモールから成り立っていた。アクチャブリャータは，学校毎に活動しているピオネールの各グループに付属したものであり，初等学年の子どもたちが加入することができた。アクチャブリャータの第一の任務は，小さな子どもたちに対し，「ピオネールに参加したい」という強い気持ちを植え付けることであり，またそれと同時に「アクチャブリャータは学校を愛します，目上の人を尊敬します，一生懸命働きます」といった行動の一般的規則を認識させることであった。アクチャブリャータに加入している子どもたちは，学校の制服の上にレーニンの小肖像が描かれた小さな赤い星を付け，田舎に出かけたり，遠足に行ったりしたときは，そのグループは小さな赤旗をかざしたという。各グループの責任者はコムソモールのメンバーもしくは年長のピオネールであった[29]。

ピオネールは，正式名称を全ソ連邦・レーニン名称ピオネール組織とし，「ソビエトの子どもたちがソ連邦共産党の指導のもとで国家と社会のにない手として必要な準備教育を受ける大衆的な組織」[30]として，ソ連共産党の全般的な指導下においてさまざまな活動を行っていた。ピオネールの目的としては，「祖国にたいする愛と献身の精神，諸国民間の友好，プロレタリア国際主義の精神で児童を育成すること，学習にたいする自覚的な態度，労働

愛，探究心をかれらの中に発達させること，自覚的で，健康で，勇敢で，生活のよろこびにみち，困難をおそれない，全面的に発達した個人として，また共産主義の将来の建設者として，児童を育成すること」[31] が謳われている。

具体的なピオネール活動としては，趣味のクラブやサークルでの活動，スポーツ，ゲーム，各種競技，祭典，展覧会，行事への参加，夏休みに行われる約3週間のピオネール・キャンプへの参加，旅行や遠足への参加，子どもたち自身による演劇や音楽会の開催が挙げられる。その他，高齢者や病人への支援，学校や市，地域社会のための労役などにも積極的な参加が促された。これらの活動は，主に，学校内やピオネール宮殿，ピオネールの家，少年技師ステーション，少年自然科学者ステーション，遠足・旅行ステーションで実施され，その数は次第に拡大していった[32]。

ピオネール創設の発端は，ロシア共産青年同盟が1920年の第3回大会で採択した決議「子どもたちの間でのロシア共産青年同盟の活動について」と，1922年5月19日ロシア共産青年同盟第2回全ロシア協議会による，全ピオネール組織を単一のシステムとして確立することを目指した決定である[33]。当初，4,000人の成員から始まったピオネール組織は，1924年に17万人，1931年に437万人，1949年に1,300万人，1960年に1,500万人，1970年には2,400万人の巨大組織に発展するのであるが，このピオネールを理論的にその創設期から指導したのはエヌ・カ・クルプスカヤであった。彼女は，子どもの全面発達をいかに保障するかといった観点から，学校教育のみならず学校外教育の重要性も強調した。ピオネール創設にかかる基本理念についてクルプスカヤは，ピオネールたちに対する手紙のなかで次のように述べている。

「1922年の1月に，私はコムソモールにあてて手紙を書きました。コムソモールはわたしたちの子どもや少年少女をその影響下にいれ，かれらが組織するのを助け，かれらをすぐれた，しっかりした後継者に育てあげるという仕事にとりかからねばならないと私は書きました。少年少女たちはもう赤ちゃんではないこと，かれらは周囲のすべてにたいしてするどい関心をもっていること，ひじょうに大きな率先性をもち，肉体労働も知的労

働もやりたがっていることを書いてやりました。この率先性を組織することを学ばねばならないし，仲よく行動することを子どもたちに教えたり，必要な知識を身につけるのを助けたり，社会的活動をおこなうことを教え，知的労働の分野でも，組織的に働くことを教えなければならないと書きました。子どもたちを真のレーニン主義者に育てなければならないと書きました」[34]

このように，ソ連期における子どもたちの学校外活動は，アクチャブリャータからピオネール，そしてコムソモールと，体系的に編成されていたことがわかる。子どもたちは，アクチャブリャータの活動に参加することで，リーダーとしてのピオネールの子どもやコムソモールの若者たちに触れ，それらの一員になりたい，さまざまな活動に参加したいという憧れや使命感を募らせていったと考えられる。そして，それら子どもたちの組織に対する意識は，やがて祖国意識や愛国心，「ソビエト国民」という国民意識へと集約されていったのであった。

ソ連期と帝政ロシア期の子どもの生活の最大の相違点は，ソ連期においては学校外の子どもの生活の場まで，国家的公的整備が及んだ点である。帝政ロシア期までは，主に学校教育の整備が中心とされ，学校外の子どもの生活に関しては，比較的政府の介入は少なかった。しかし，ソビエト期になると子どもたちの生活の場は，マハッラ内のモスクやマクタブ，伝統的なチャイハネを中心としたものから，ソビエト型の「赤いチャイハネ」やピオネールの活動の場などへとシフトしていった。

特に，ソ連期の無神論に基づく宗教政策により，モスクが次々と閉鎖されたり，博物館や土産物屋に変貌させられていったことにより，モスクでの教育の機会は減少していった。そして，ソ連期の子どもたちは，学校と併せてマハッラ内の「赤いチャイハネ」でも共産主義イデオロギーについての話を教員から聞き，放課後や長期休暇の際はピオネールの活動に参加するようになった。

さらに，割礼や断食明けの祭り，犠牲祭などの宗教的儀礼や祭り，伝統的なウズベク式の結婚式などは禁止あるいは制限され，代わって「新しい儀

礼」の一環として,「コムソモール結婚式」や「赤い結婚式」が導入されるようになった[35]。社会化の過程において,子どもたちが能動的・受動的に自身の居住する地域の伝統文化や宗教的慣習を体感する学びの場は,ソ連式のイデオロギー注入や「ソビエト国民」醸成の場へと大きく姿を変えた。住民を「ソビエト的」で社会主義的な考えを持った「ソビエト国民」へと育成するための政策は,子どもたちの日常生活にもしっかりと根を下ろしていたのである。

(3) 独立後（1991年～）

独立後の子どもの生活に大きな影響を与えたのは,教育制度や教授内容の大転換であった。学校制度はソ連期に一般的であった,小・中・高一貫の11年制から小・中・高別々の12年制への移行段階にあるが,依然として旧ソ連の11年制の普通教育学校も多くみられる[36]。義務教育は小・中・高の12年間であり,12年を終えると,試験を受けて大学に進学することができる。また,飛び級がよく行われるのも,ウズベキスタンの教育の特徴のひとつである。

言語教育政策に関しては,1989年の「国語法」により,ウズベク語が公用語となったことを受け,1996年の新規初等学校入学者から,ウズベク語の表記も従来のキリル文字からラテン文字表記へと変更され,初等教育段階を主として全ての教科書はラテン文字表記で綴られている。1999年にはウズベク語が国語として必修になるなど,カリキュラムの改革が行われている。しかし,全ての学校がウズベク語のみで授業を行うわけではなく,都市部を中心に旧態依然のロシア語のみで教授する学校,ロシア語とウズベク語を併用する学校もみられる。

このような表記形式の変更により,現在,大学に入ってから必要となったキリル文字が読めないなどの問題も生じている。また,街中の看板などの表示は未だキリル文字表記が大部分を占め,キリル文字表記世代とラテン文字表記世代との間の格差を生んでいる[37]。

授業では,ウズベク民族の伝統文化を強調する内容が目立ち,英雄叙事詩「アルパミシュ」などの口承文芸,アムール・ティムール帝国の歴史,伝統

楽器による音楽の授業，伝統的スポーツ（kurash，クラシュ，日本の相撲や柔道に似たウズベキスタン発祥の格闘技。現在のウズベキスタンにおける国技とされている），マハッラ，春の祭りナウルーズなどが授業で取り上げられ，ウズベキスタンの歴史や英雄，伝統文化の再評価が国をあげて行われている。

教科書中では，子どもの伝統的な成長儀礼であるゆりかごの祝いや割礼も取り上げられ，「家族の伝統」，「伝統 —— 愛国主義と祖国への愛の発展における伝統の役割」などのテーマで，子どもたちに学ばれている[38]。道徳教育においても，イスラームや儀式が授業で扱われている。

独立後のウズベキスタンにおけるマハッラ独自の活動に関しては，春の祭りナウルーズや旧戦勝記念日である「追悼の日」（毎年5月9日），「子どもを守る日」（毎年6月1日），「国際婦人デー」（毎年3月8日）などに際して，マハッラの広場やマハッラ運営委員会の事務所などでさまざまな行事が実施され，多くの子どもたちが参加している[39]。さらに，2003年は大統領令によって「マハッラの年」と宣言され，クラシュのような伝統競技の大会など様々な行事が計画された[40]。

近年においても，政府の方針によりマハッラと学校の連携活動が奨励されており，ミルザ・ウルグベク地区A学校では，12月8日の憲法記念日にマハッラ運営委員会の代表者が招待されたり，「国家独立の理念」の授業にマハッラから代表者が招かれ，「イデオロギー —— 統一された国旗，社会」のテーマで講義をするなどの活動が実施されている[41]。その他，「国家独立の基礎」ウィークの際も，マハッラの代表者が参加しての学校行事が開催されている。

ソ連期にその存在や機能が軽視されがちであったマハッラは，独立を経て新国家建設の基盤として蘇り，子どもの教育に関しても重要な役割を果たすとみなされている。これまで旧ソ連政府が行ってきたピオネール活動などの文化や教育に関する取組みは，次第にマハッラや他のNGOなどに移管されるようになってきており[42]，旧ソ連のイデオロギーに代わる「国家独立の理念」がマハッラを介して子どもたちに伝達されるようになっている。

特に，近年では学校，家庭，マハッラの連携が強く推進され[43]，マハッラが学校教育に支援・介入することが多くなっている。このような現在のマ

ハッラにおいて，子どもはどのように社会性を習得し，伝統文化を継承しているのであろうか。

第2節　子どもの成長儀礼とイスラーム

　第2節においては，子どもの成長儀礼とイスラーム，そしてマハッラの関わりについて論じる。

　出生や命名，入学，成人，就職，結婚，死など，人間は生涯においてさまざまな節目を経験する。このような人生の節目に行われる通過儀礼は，個々が属するある集団内における身分の変化・移行と新しい役割の獲得を表象するものである。国家や民族，地域，そして信仰する宗教毎に儀礼の持つ意義や役割はさまざまであるが，どの社会でも人生の節目に伴う儀礼がある一定条件のもとに行われている。人間の成長過程あるいは結婚などによってある場所から他の場所への移動という空間的通過や生活環境の変化，宗教的集団や世俗的集団から他の集団への移行などに際して行われる通過儀礼は，儀礼の対象となる者がどのような地位や立場に移行し，どのような役割を獲得したかが強く表出される。

　例えば，ウズベキスタンにおいて，子どもの誕生時に行われるゆりかごの祝いでは，赤ん坊の誕生とその存在が周囲の人々に認知され，また社会へと統合される。男児に施される割礼祝いでは，男性が正式にムスリムとなったことが儀礼によって表現される。結婚祝いでは，男女がひとつの家庭を築いたことが周囲に公表され，また法的に承認されるとともに，その後に行われるケリン・サロムでは，結婚した女性がそれまで居住していた社会から嫁ぎ先の社会へと移行し，その一員となったことが象徴的に示される。葬式では生者であった者が死者へと移り行くことが宗教的・象徴的に表現され，人々に認知される。

　また，ウズベキスタンにおける人生儀礼や宗教儀礼は，人間関係を取り結ぶ重要な契機でもある。儀礼で行われる贈答交換や共食・相互扶助は，マハッラを核とした社会におけるネットワーク形成の基盤となっている。例えば，ウズベク人は親族やマハッラの隣人と贈り物を交換し，互酬的なネット

ワークを形成してきた[44]。以降では，割礼の儀式やマハッラ内の複数家庭において実施した，ラマザン・ハイトやコルボン・ハイトにおけるケリン・サロムの事例を挙げながら，マハッラにおける子どもの社会化や文化継承について検討していく。

ケリン・サロムとは，結婚式の翌日の朝から，花婿側のマハッラの女性たちが集まり，自分たちのマハッラに新たに嫁いできた女性を見に行く花嫁挨拶のための儀礼であり，結婚式とは別個に行われる。「花嫁見学」とも呼ばれるこの儀礼では，自身の家に訪ねてきたお客に対し，花嫁はベールを被り3回お辞儀をして歓迎の挨拶をしなければならない。3回頭を下げた後，花嫁はお茶やお菓子をお客たちに勧め，お客をもてなす。現在では，結婚式の翌日と並び，ラマザン・ハイトやコルボン・ハイトの宗教的祭日に合わせて，ケリン・サロムを行う家庭が多くみられる[45]。

本節では，割礼の儀式やタシケント市内の家庭におけるラマザンの観察と合わせて，ラマザンやラマザン・ハイトでのケリン・サロムにおける子どもの社会性習得や文化継承について検討していく。

(1) 割礼の儀式

子どもをめぐる通過儀礼や伝統的祭礼の多くは，その民族が信仰する宗教を基層としたものである。ウズベキスタンが156を超える多様な民族から構成されていることは既述の通りであり，それゆえ子どもたちに関係する儀礼や祭礼も多様な宗教的基盤に裏打ちされたものとなっている。

例えば，前出のムスリムの家庭において男児に施される割礼は，結婚式並みの規模で盛大に祝われるが，その前後には親戚や近隣住民などのお客に料理が振舞われる。マハッラの住民は，祝いの裏方として，料理の準備・片づけ，訪問客の対応などを手伝い，祝いを支えている。また，訪問客としてのマハッラ住民の参加も，祝いを盛大に催すためには欠かせないものとなっている[46]。

そのため，ウズベキスタンでは割礼（sunnat，スンナト）後に家長が行う祝宴（sunnat to'y，スンナト・トイ）は結婚式（to'yi，トイ）と並ぶ重要な祝祭とみなされている。ほとんどのムスリム家庭で男児の割礼が行われており，

近年では 3 歳, 5 歳, 7 歳のいずれかに行うのがよいという[47]。

宗教的な理由から, 女性が割礼が執り行われる部屋に入ることは禁止されているため, 本調査では割礼の様子を詳細に記録したビデオの観察・分析を行った。

筆者が観察した割礼祝いでは, まず割礼前に親戚やマハッラ住民などが家に招待され, お茶やお菓子, 果物などが振舞われた。しばらくして, 割礼を行う部屋に同じマハッラから招かれたムッラー (murrah, イスラーム宗教職能者) と割礼師が入り, 父親にどのように割礼を行うかの説明が始まった。これから割礼が行われる部屋は, 女性たちは入ることを禁じられており, 家族や親族とて入ることはできない。

数分ほどして, その日割礼を施される 3 歳の男児が父親に抱きかかえられて部屋に入ってきた。これから自分の身に起こることを何も知らない男児は, 下半身に衣服をつけずに布団に寝かされ, 足を交差させられ両手も頭の上で押さえつけられている。父親や男性の親族たちが見守るなかでムッラーの祈禱が始まり, 祈禱後まず消毒がなされ, 続いて素早く割礼が施された。割礼が施された瞬間, 男児は痛みのため激しく泣き出した。周囲の大人は子どもが立ち上がったり, 暴れたりしないように足や手を押さえたり, 優しく宥めたりしている。割礼が施された部分にはすぐに, ドッピというウズベク民族の帽子が被され, その上からタオルがかけられた。まだ泣き止まない男児に, 親戚らがスム札を渡す。男児はスム札を受け取りはするが, なかなか泣き止まない。泣きじゃくりながら, スム札を受け取ったり, 投げ返したり, じっと見たりということを繰り返している。父親や親戚たちは, 嬉しそうに微笑みながら, 「みんなにもらったお金で, 新しい自転車を買おうね」と男児に話しかけ, 男児を宥め続けていた[48]。

割礼後の祝宴は傷が癒えてから行われるという。各家庭の経済状況や社会的地位などによって祝宴の規模は異なるが, それまでソ連政府にその実施を規制され, 非公式に行うほかなかった割礼が, 1980 年代末に再び公認されてからは豪奢化する傾向にあるという。祝宴前日に親族とマハッラ住民が集まり, 調理や会場準備, 来客の応対などについて打ち合わせを行う。祝宴では, プロの司会者や歌手などを呼び, 客は食事や個人によっては飲酒をした

り，ダンスをするなどして過ごす。こうした祝宴には莫大な資金が必要となるが，客の祝い金や贈り物によって必要分が賄え，かつ利益が出るという[49]。

　上述した割礼のような成長儀礼では，儀礼の対象者となる子どもが幼いため，当然ながら子ども自身の自発性や主体性はみられない。多くの男児は，割礼当時のことをほとんど覚えていないか，または割礼の痛みだけ覚えているそうである。割礼やゆりかごの祝いなど，幼年期の子どもに行われる成長儀礼は，周囲の大人から子どもへという一方向のみの儀礼であり，子どもがその儀礼において，周囲に何かを求めたり，自身で何かを行いたいという側面はほとんどみられない。換言すれば，子どもの側から，儀礼を行うことそのものへの要求はみられないのである。

　このように，子どもたちは割礼や命名の儀礼，誕生後の儀礼などの多様な通過儀礼を経ながら成長し，一人前の大人と認められるようになる。しかし，命名の儀礼やゆりかごの祝い，割礼などは，両親や親戚，マハッラ住民が子どもの健やかな成長や人生の幸福を祈り行うものであり，また，地域内における自身の社会的体裁を保つためのものでもあるなど，「上からの働きかけによる儀礼，大人から与えられる儀礼」という要素が強いといえる。

　割礼などのような，「上からの働きかけによる儀礼，大人から与えられる儀礼」において子どもたちは自身に対する儀礼よりも，弟や親戚や近所の男児などに対する儀礼に参加することで，割礼の宗教的意義や方法，一人前のムスリムの男性になることなどを学んでいくのではないだろうか。特に，ウズベキスタンでは女児に対する割礼は一般化されていないことから，女児は自身の兄弟や同じマハッラに住む男児の割礼祝いを見聞きすることで，宗教的伝統文化の継承が可能となるのである。

(2) 子どもの成長儀礼とマハッラ

　前述の割礼などの大規模な祝宴には，マハッラ住民の協力・支援を欠くことはできない。同じマハッラから来るムッラーや割礼師をはじめとして，割礼後の祝宴の準備や後片付け，祝宴の朝に供される大量のプロフ（第2章注52参照）の下ごしらえや調理などを行うことは，割礼対象男児の家族や親戚

だけでは不可能である。祝宴前後には，しばしばマハッラ運営委員会が中心となり，マハッラ住民と祝宴を催す家庭がお互いを行き来し祝宴の準備を行う。

　子どもたちは，このような儀礼の場においてマハッラ住民同士が相互扶助を行っている様子を直接目にし，また自身が実際に手伝いをすることで，マハッラにおける人付き合いや規範，しきたりなどの社会性を培っていくのである。マハッラにおける子どもの成長儀礼は，子どもたちにとって当該社会で生きていくための社会性を習得するとともに，宗教的伝統文化を継承するための場となっているといえよう。

　住田は，子どもの発達や人間形成に対する地域社会の重要性を以下のように説く。

　　家族は子どもが選ぶことのできない運命的な集団であるが，居住している地域社会もまた子どもは選ぶことができない。居住を定めるのは両親であり，両親は職場等の都合によって居住地を決める。子どもの教育のためという配慮があったとしても，それは両親の意思であって，そのなかに子どもの選択意思が入ることはない。地域社会も子どもにとっては運命的なのである。都市的地域に生まれ育つか農村的地域に生まれ育つか，土着的な地域に生まれ育つか流動的な地域に生まれ育つか，それによって生活環境は異なり，生活様式も生活機会も異なり，したがって子どもの思考・行動もそれに制約されて異なってくる[50]。

　住田の指摘から，ウズベキスタンにおいては，どのマハッラに生まれ育ち，どのような人間関係をマハッラ住民と築いていくか，またマハッラ運営委員会やマハッラ住民自身がマハッラ内の子どもたちに対しどう接していくかが，子どもの成長やその人間形成にとっての大きな意味を有することが理解できるのである。

　しかし，マハッラ運営委員会の活動は支援だけに止まらない。同委員会は，経済的な事情から割礼祝いができない家庭に対しては支援を行い，豪奢な割礼祝いをしようとする家庭には制限をかけるという。これは，どの家庭

も平等に，均一のレベルの祝宴を催すようにとの考えによるものだそうである[51]。さらに，地区行政府は金銭的な支援の他に各マハッラの代表者を集め，割礼祝いの開催の仕方についても指導を行っている。マハッラの代表者は，行政府の指導を各々のマハッラに持ち帰り，マハッラ住民に伝達し，指導を行う役割を担っている。

　このようなマハッラ運営委員会や地方行政府の儀礼に対する姿勢をどのように解釈すればよいのだろうか。近年の政府の宗教に関する政策や教育・文化政策を注意深くみていくと，1つには，割礼などのイスラームに関する儀礼をウズベキスタン政府がマハッラ運営委員会を介して統制している，ということが考えられる。それは，割礼祝いの仕方をマハッラの代表者を通じて各家庭に浸透させようとする政府の方針からも窺える。その反面，「文化としての宗教」を復興させるための宗教儀礼や通過儀礼を容認，あるいは奨励することで，旧ソ連体制からの脱却や民族意識の高揚を図る，という点も見過ごしてはならない重要な点である。学校教育における教科書で，割礼が取り上げられていることがそれを象徴している。

　表面的には子どもの成長儀礼にマハッラや政府が関与することでイスラームを核とした民族文化の復興が目指されているが，そのコンテクストの裏側には反政府的な宗教組織の勃興を予防し，なおかつ民族文化の象徴としての宗教儀礼の復権とナショナル・アイデンティティの構築を目指す政府の企図が見え隠れしている。このアイデンティティ・ポリティクスの文脈において，マハッラは，儀礼に対する「支援者」であると同時に「介入者」でもあったのである。

第3節　マハッラ内の祭礼・儀礼における社会性の習得

　第3節では，マハッラ内の祭礼・儀礼における社会性の習得は，どのように行われているのかに関して，ラマザンやケリン・サロムの具体的事例を提示し，「支援者」，「介入者」としてのマハッラについて明らかにする。

　ここでは，都市部のマハッラ（タシケント市ユヌサバッド地区）と農村部のマハッラ（タシケント州キブライ地区）で実施した，ラマザン・ハイトや

コルボン・ハイトでのケリン・サロムの事例を挙げながら，マハッラにおける子どもの社会化や文化継承について考察していく。

(1) 婚礼，葬儀とマハッラ

命名や割礼のような，子どもの幼少期に行う儀礼とは対照的に，子どもたちがより自発的・主体的に社会性や伝統文化，イスラームを習得する機会であるといえるのが，結婚式や葬儀，ハイトやラマザンなどの宗教的儀礼や行事である。

マハッラ運営委員会やマハッラ住民は，同じマハッラに住む住民の結婚式のような儀式における労働力や資金，道具（椅子，机，食器，調理器具），施設の提供を行う。披露宴の前に花嫁や花婿の家で行われる婚礼の儀にも多くのマハッラ住民が参加し，マハッラの外からお祝いに訪れるお客への応対や料理の準備，儀式の進行などにおいて重要な役目を果たしている。

一方，葬儀はマハッラの長老によって取り仕切られ，葬儀に要する費用も長老を通して支払われる。葬儀では，大勢の男性が遺体を墓地まで手で運ぶが，その場合においてマハッラ住民の参加は不可欠なものとなっている。後述するハイトでも，その年に亡くなった人物を偲び，祈りを捧げる宗教儀礼がおこなわれるが，そこでも同じマハッラの住民による支援を欠くことはできないという。

このようなマハッラでの多彩な儀礼への参加を通じ，子どもたちは宗教や伝統文化そのものを学ぶだけではなく，子ども社会や大人社会における人間づきあい，規律，習慣などを学んでいるのである。

(2) ラマザンとマハッラ —— タシケント市内の家庭におけるフィールドワークから

イスラーム暦の9月[52]で，断食月にあたるラマザン期間中には，さまざまなしきたりがみられる。筆者が後期中等教育の10年生と前期中等教育の5年生の2人の男の子の家庭を客として訪問したのは，ラマザンの終わりごろで，数日後にラマザン・ハイトを控えた時期であった。

筆者を招待したタシケント市在住のUさんは，大学事務員として午前中だ

け働く 30 代の女性である。一家は，父親と母親であるＵさん，前述の２人の男の子の４人家族であり，タシケント市内の旧市街の大きなバザールに程近い９階建てアパートに住んでいる。もともと２戸分のアパートを１戸に改築したものであるので，部屋数は非常に多い。半分を改装し終えているが，もう半分の改装はまだ終わっていない。家具や家電製品なども非常に高価なものが揃っており，大きな日本車を１台所有していることからも，ウズベキスタンの中では裕福な家族であることが見て取れる。家庭内で使用している言語は主にウズベク語であるが，父親，母親，上の息子は訪問者によって，使用言語を使い分けているようである。

　Ｕさん自身は，ラマザン中は禁止されているタバコを特に気にすることもなく吸うような，いわゆる「ロシア化されたウズベク人」の一人である。ラマザン中であるのでタバコは吸わないのではなく，彼女の場合は「ラマザン中で，夫がモスクで一晩中お祈りをするので，夫に隠れることもなくタバコが吸える」という。このような彼女の家庭でも，子どもに対する躾は厳しく，日中の断食は厳密に守られている。断食の最中，家族全員が日中は水も飲まず，子どもたちも忠実に断食を実施していたのである。「冬にラマザンがあるときは，楽なのよ。日が短いし，暑くないし。夏のときは大変。日が長くなるし，暑いから水を飲みたくなるし。ラマザン中は，太陽が出ているときは水も飲んではいけないから」とＵさんはラマザン時の苦労について述べる。

　Ｕさん一家は朝４時に起き，朝食を食べた後お祈りをし，その後は日の入りまで何も食べないという断食をラマザン中，ずっと続けているという。筆者が家庭を訪問したときは，お茶や果物，ナッツ類，水や卵白，砂糖で作るニショッダ（*nisholda*）[53]と呼ばれる甘い水飴状のもの，ナンと呼ばれるパンなどがテーブルに並べられていたが，誰も食べる者はいなかった。静かに，日の入りの時間が過ぎるのを家族全員で待っているのである。

　午後６時を過ぎ，父親が短いお祈りを唱え始めた。２人の男の子たちも静かに父親のお祈りを聞いている。お祈りが終わると，まず全員が水を少し飲む。それから，果物など自然の恵みのものをはじめに食べる。次に，お茶を飲み，ナンをニショッダにつけて食べる。しばらくすると，母親が作ったプ

写真10 ラマザン期間中は、バザールにニショッダ売りが並ぶ（2008年9月、筆者撮影）

ロフが運ばれてきた。普段の料理が出てくると、断食後の緊張も解けたようで、その後は自由に賑やかに夕食を食べる。

その後夜8時頃、父親は一晩中続くマハッラ内のモスクでのお祈りに出かけていった。近所の子どもたちのなかでもモスクに行く子がいるようで、下の息子には、しきりに友達から電話がかかってきたり、家に呼びにきたりしている。息子はモスクに行きたがったが、母親は「まだ小さいので」と行かせなかった。息子の方は自分一人だけモスクに行けないことが残念であったようだ[54]。

このように、ラマザン中、子どもたちは毎日両親とともにお祈りをし、断食をしながらイスラームを中心とした宗教や文化を学ぶ。朝晩、両親の祈る声を聞きながらコーランを知り、日中の断食後まず食べていいものはなにか、またなぜそのようなしきたりがあるのかなどを、両親を模範として学んでいくのである。また、当該家庭の子どもたちはモスクには行かなかったが、男児を中心にモスクに集まり、宗教的儀礼に触れ、イスラームを学ぶとともに、マハッラ内で子ども社会や大人社会の人間づきあいや規律、習慣を学ぶ子どもたちもいる。

特に、モスクでは男性のみが集まってお祈りを行う点、イスラームを信仰する中央アジア系民族が多く集まるという点、独立後にこのような宗教儀礼を公に催すことが可能になった点などから、子どもたちがイスラームに基づく性別役割分業やエスニシティ、独立後の時代性を学ぶ重要な機会となっている。このようなマハッラでのラマザンは、宗教や伝統文化継承の場だけでなく、子どもたちの社会化の機会が凝縮された場であるともいえる。

以下では、断食明けの祭りラマザン・ハイトと犠牲祭であるコルボン・ハイトにおけるケリン・サロムについて検討していく。

(3) 宗教儀礼とマハッラ
　　——2つのハイトにおける
　ケリン・サロムの観察から
　ラマザンにおける訪問から数日後，断食明けの祭り，ラマザン・ハイトが催された。ラマザン・ハイトを観察した一家は，タシケント市内のユヌサバッド地区にあるアパート群の5階に住んでいる，父，母，息子，2人の娘の5人家族であり，今回も筆者は客として

写真11　独立後のウズベキスタンでは，定期的にモスクに通う子どもたちも増えつつある（2008年7月，筆者撮影）

訪問した[55]。筆者を招待した母親のMさんは大学のベテラン教員としてロシア語やウズベク語を教える40代後半の女性である。

　ラマザン・ハイトやコルボン・ハイトの際は，その祝いのため，親戚間の訪問が活発化する。そのため，現在は結婚の儀礼直後ではなく，ハイトの時期にあわせて，ケリン・サロムを行う家も増えている。Mさんのマハッラの新婚家庭でもケリン・サロムが行われているというので「ある程度の年齢になった男性は，ケリン・サロムには行かない」という大学院生の長男を残し，Mさんと中学生の下の娘さんとの女性ばかりの3人でケリン・サロムを行っている家庭を訪問した。花嫁がいる部屋に入ると，花嫁が金色で装飾されたベールを被り，お辞儀をしてお客を迎えていた。一人のお客に対し3回頭を下げなければならず，どんなに小さな子どもに対してもきちんと頭を下げるという。その後は，花嫁からお茶やジュースを注がれ，お菓子を食べる。テーブルの上には，ウェディング姿の花嫁をあしらった大きなケーキや果物が並んでいる。

　お客は続々とやってきて，花嫁はそのたびにお辞儀を繰り返す。なかには，母親に連れられて小さな女の子の赤ん坊や2人の男の子たちもやってきていた。年輩の女性が来るたびに，部屋の全員が立ち上がって女性に近況報告などの挨拶を行うが，2人の男児も年輩の女性の傍に寄り，挨拶をした。新しいお客が来るたびに，子どもたちの目の前では短いお祈りが繰り返さ

れ，2人の男の子たちも手を胸の前で合わせ，お祈りを静かに聞いていた。お祈りが済んだあとの談笑中には，「お茶を注いでもらった際やお菓子を取ってもらったときは，きちんとお礼をするのよ」と年輩の女性が男の子に教える声も聞かれた。

ケリン・サロムは，ラマザン・ハイト時のみ行われるわけではない。イスラームの移動犠牲祭[56]である，コルボン・ハイトの祭日にも多くの新婚家庭でケリン・サロムが行われる。筆者がアカデミックリセで働く教師とともに訪問したマハッラ内の家庭でも，秋に結婚した息子の花嫁がケリン・サロムを行っていた[57]。

しばらくすると，初等教育段階ほどの近所の子どもたちが6人，花嫁見学にやってきた。そのうち4人は女児で，2人は男児である。花嫁は，白いレースのベールを被り，子どもたちに向かって3回お辞儀をする。子どもたちは静かに花嫁を見守り，身動きもしない。花嫁は3回のお辞儀を終えた後，子どもたちにお茶を配り始めた。子どもたちは静かに差し出されたお茶を受け取り，お菓子とともに飲んでいる。

一緒に座っている中での年長者の20代の女性が場の会話をリードし，「今，何年生？」，「お母さんやお父さんは元気？」などの質問を子どもたちに投げかける。子どもたちは，ゆっくりと1つ1つの質問に答える。その間も花嫁は，お茶がなくなった子どもにお茶を注ぐ。会話や飲食がひと段落すると，最年長の女性がお祈りを唱え，解散となった。

ケリン・サロムが行われていた家庭からアカデミックリセ教師の家庭に帰ると，一緒にケリン・サロムに参加していた2歳の女児が白いレースのカーテンへよちよちと歩み寄って行き，頭にそのカーテンを被ってケリン・サロムの花嫁の真似事を始めた。祖母や母親が「よくできたね。花嫁さんだね。ケリン・サロム！　ケリン・サロム！」と話しかけると，花嫁同様，お辞儀を始める。子どもたちの目の前で複数回にわたって体系的に繰り返されたケリン・サロムは，1次的社会化段階[58]にある2歳児にも，様々な影響を及ぼしていたと考えられる。

ケリン・サロムにおける子どもたちと花嫁，女性客たちとの関係に着目すると，既述のモスクでのお祈りの事例との間に，ある共通性や類似性がみら

第 3 章　マハッラにおける子どもの社会化と文化継承　　　　*101*

写真 12　子どもたちの目前で体系的に繰り返されるケリン・サロムの儀礼。ベールを被った花嫁が子どもたちに向かって 3 回お辞儀を行う（2007 年 12 月, 筆者撮影）

写真 13　ベールの代わりにカーテンを使い, ケリン・サロムの花嫁の真似をする女児。1 次的社会化段階の子どもにも, ケリン・サロムは影響を及ぼしている（2007 年 12 月, 筆者撮影）

れる。それは, 花嫁や女性客たちはケリン・サロムに参加した子どもたちに, 宗教や伝統文化, 公の場での礼儀などを伝達する世代的, ジェンダー的役割を有しており, 一方, 子どもたちはその主体的な受け手となっている点である。また, ソ連期には制限されていた宗教儀礼の復興を子どもたちに伝達するといった時代性, イスラームを信仰するウズベク民族をはじめとした中央アジア系民族の「われわれ意識」に基づくエスニシティなども, ラマザンにおけるモスクでのお祈りと 2 つのハイトでのケリン・サロムに共通する点である。

　一方, 行政的なレベルにおいて政府はマハッラでのイスラーム信仰の管理を, ムッラーを通じ行おうとしている。現在, ムッラーとしてマハッラ内で活動する場合は, 国家が規定する場所で研修を受け, 修了証明を受け取る必

要があるという。また，マハッラの代表は自身のマハッラの状況に関して区行政府と逐次連絡を取り合ったり，会議に出席する義務があり，各マハッラの現状は区行政府を介し，国家に監視されているとされる[59]。1998年には「豪華な挙式や家族の祝事の禁止」という大統領令が制定され，人々の宗教儀礼や人生儀礼には，さらにさまざまな制約がかけられるようになった。

このような政策と相まって，現在はケリン・サロムを行わず，その費用を冷蔵庫やその他の家電製品，新婚旅行費などとして贈る両親や，それらを欲しがる若い夫婦も多いという。「その日限りでなくなるハイトの料理よりも，後に残り生活に役立つ冷蔵庫などが重宝されている」そうである。また，現在では，現代的なウズベク民族の家族が増え，ケリン・サロムでの料理のもてなし方にしても，ウズベク式にテーブルの上にところ狭しと料理を並べるのではなく，ヨーロッパ式に一皿ずつ出す家庭も増えているようである[60]。

ラマザン・ハイトに招待してくれた前出のMさんは，「伝統的な文化は大切だけど，今の若い人たちはそう考えない人もいる。時代は変わっていくから。私の上の娘は，面白いし，人生に一度だけのケリン・サロムだから家電製品よりもハイトのケリン・サロムの料理を選ぶ，と言っているけど」と述べる。政府による文化や宗教政策，住民の生活の近代化などに起因して，現在のウズベキスタンの宗教行事は次第に変容しつつある。

小　結

現在のウズベキスタンにおけるマハッラ内の儀礼における子どもたちの行為から，子どもたちは宗教儀礼において，イスラームを核とした宗教，ジェンダー，エスニシティ，世代，時代性という規範や価値を学んでいることが明らかとなった。そして，それらはマハッラ内の割礼祝いやラマザン中のモスクでのお祈り，ハイトのケリン・サロムでの宗教儀礼において，家族や親戚間だけでなくマハッラ住民との相互関係において行われていた。子どもたちはマハッラ内で催される各儀礼のなかで，自身の生活する社会における規範や価値を学び，社会化や文化継承を能動的受動的に行っているのである。

しかし，その反面このような儀礼における子どもたちの学びは，イスラー

ムに根ざしたジェンダーやエスニシティ，世代，ポストソビエト時代という社会的制約を受けているとみなすこともできる。モスクやケリン・サロムの儀礼で，人々は女性や男性，ウズベク民族や他民族，子どもや高齢者，そしてソ連期とは異なり宗教儀礼の復興が可能となった時代に生きるムスリムとしての役割を演じることが周囲からも期待されている。それは，様々な儀礼においてしばしば宗教的なフォークウェイズとして垣間見ることができる。

このような儀礼における社会的制約と現在のウズベキスタン政府が推進する文化，宗教，教育政策を注意深く観察すると，政府の国民育成の意図が見えてくる。

割礼や結婚式が執り行えない貧しい家庭に地区行政府が金銭的人的支援を実施したり，割礼のやり方についてマハッラの代表者を通じ，各家庭に指導を行うなどの面では，マハッラは儀礼や子どもの生活世界に対する「支援者」といえる。

しかし一方で，マハッラは政府の意向を受けた「介入者」の側面も持ち合わせている。豪奢な祝宴を行おうとする家庭には規模や金銭面での制限を行い，マハッラ内で突出した祝宴が行われないよう牽制することで，宗教儀礼やそこでの子どもの社会性習得や文化継承に「介入」していると考えられるのである。国家によるムッラーやマハッラの管理，宗教儀礼の学校教育への導入についても同様のことがいえる。

この背景には，イスラームを核とした国民の育成，ひいては国家統合を企図する政府の政策が見え隠れしている。イスラーム原理主義などの過激な宗教勢力の勃興を抑え，人々の生活世界に収まる範囲で宗教を認め，中央アジア系民族を纏め，国家建設を進めていこうという狙いである。この意味において，現在のウズベキスタンにおけるイスラームは，「形式においては伝統的，内容においては国家主導型」の宗教であるといえ，それによりウズベキスタン人という「われわれ意識」の再生産を目指したものであった。ここに，国家と儀礼，国家と宗教の関係における複雑な諸問題が包含されているといえよう。

本章では主としてイスラームに基づく儀礼や伝統文化を取り上げてきた。しかし，多民族国家であるウズベキスタンにはイスラームに依らない伝統文

化や儀礼が他にも多数存在する。ウズベキスタンの春の祭りであるナウルーズや，ソ連期以降に新年行事として祝われるようになったヨールカ（クリスマスツリー）の風習など，様々な行事や儀礼が子どもの社会化や文化継承に多大な影響を与えていると考えられる。それらの諸文化を国家政策と照らし合わせながら，ウズベキスタンのマハッラにおける子どもの生活の諸相や，社会化，文化継承について研究を進めていくことが必要である。

［注］

1) ティムール・ダダバエフ『マハッラの実像――中央アジア社会の伝統と変容』東京大学出版会，2006 年，99 頁。
2) 藤本透子「カザフスタン/子どもの成長儀礼にみるイスラーム」『アジ研ワールド・トレンド』No. 85, 2002 年，18 頁。
3) ティムール・ダダバエフ，前掲書，2006 年，29 頁。
4) Massicard, Elise, Trevisani, Tommaso, "The Uzbek Mahalla", *Central Asia: aspects of Ttransition*, edited by Tom Everett-Heath, 2003, London, pp. 206.
5) ティムール・ダダバエフ，前掲書，2006 年，9, 232, 242 頁。
6) A マハッラ代表（当時）へのインタビューによる（2007 年 3 月 10 日実施）。
7) ティムール・ダダバエフ，前掲書，2006 年，125 頁。G マハッラ女性委員会顧問（2006 年 4 月 15 日実施），A マハッラ元代表へのインタビューによる（2006 年 4 月 26 日実施）。
8) ティムール・ダダバエフ，前掲書，2006 年，103 頁。
9) 詳しくは，Coudouel, Aline, Marnie, Sheila, Micklewright, John, "Targeting Social Assistance in a Transition Economy: The Mahallas in Uzbekistan", Occasional Papers Economic and Social Policy Series EPS63, UNICEF, 1998 を参照。
10) 小松久男「マハッラ」小松久男他編『中央ユーラシアを知る事典』平凡社，2005 年，484 頁。
11) ティムール・ダダバエフ，前掲書，2006 年，49-50 頁。Sukhareva, O.A., *Bukhara XIX-nachalo XXv*, Moskva : Nauka, 1966, s.325-326.
12) マハッラの起源や成立過程には様々な主張があり「親戚の居住区域が時とともに拡大していったことによるもの」とする見解（リズワン・アブリミティ「ウイグルの子どもの発達におけるマハッラ（地域共同体）の役割」『日本生活体験学習学会誌』(1), 2001 年，40 頁）や，太い灌漑水路から枝分かれした各水路にオイと呼ばれる各戸が集まりマハッラがつくられたとし，その成立過程を説明しているものもある（真田安「都市・農村・遊牧」佐藤次高編『講座イスラム 3 イスラム・社会のシステム』筑摩書房，1986 年，116-117 頁）。
13) マドラサは，イスラーム世界における伝統的教育機関であり，その起源は 20 世紀

のイラン東北部とされる。マドラサは私有財産のみから成るワクフ（慈善を目的としたイスラームの寄進制度）対象物件とされ，私立学校としての性格を有していた。マドラサでは，学生たちはまずアラビア語をアルファベットから学び，それを習得すると倫理学に入り，最終的にはイスラーム法学を修得する，というような単線型のカリキュラムが採用されていたという（小松久男他編，前掲書，2005年，479，483頁）。

14) Bendrikov, K.E., *Ocherki po istorii narodnogo obrazovaniya v Turkestane (1865-1924gg.*), Moskva: Akademiya Pedagogicheskikh Nauk RSFSR, 1960, s.27-60.
15) Tam zhe, s. 28.
16) Muminov, I. M. i dr, *Istoriya Samarkanda,* Tom pervyi, Tashkent: Fan, 1969, s.293.
17) Bendrikov, K.E., *Ocherki po istorii narodnogo obrazovaniya v Turkestane (1865-1924gg.)*, Moskva: Akademiya Pedagogicheskikh Nauk RSFSR, 1960, s.41.
18) Tam zhe, s. 41-42.
19) Muminov, I. M. i dr, *Istoriya Samarkanda,* Tom pervyi, Tashkent: Fan, 1969, s.290.
20) Bendrikov, K.E., *Ocherki po istorii narodnogo obrazovaniya v Turkestane (1865-1924gg.)*, Moskva: Akademiya Pedagogicheskikh Nauk RSFSR, 1960, s.61.
21) Tam zhe, s. 69-70.
22) ティムール・ダダバエフ「中央アジア諸国の現代化における伝統的地域社会のあり方と役割——ウズベキスタンの『マハッラ』を中心に——」『東洋文化研究所紀要』146，東京大学東洋文化研究所，2004年，257-258頁。
23) ティムール・ダダバエフ，前掲論文，2004年，259頁。
24) ここでは，共産主義やソビエトのイデオロギーを一般大衆に広めるための活動家，扇動者を指す。
25) Muminov, I. M. i dr, *Istoriya Samarkanda,* Tom pervyi, Tashkent: Fan, 1969, s.292.
26) Tam zhe, s. 227.
27) Tam zhe, s. 295.
28) トミアク・ヤヌシュ・J.『ソビエトの学校』明治図書，1976年，98頁。
29) トミアク・ヤヌシュ・J., 前掲書，1976年，98-99頁。
30) 村山士郎『夏休み生活学校——ピオネール・キャンプの1カ月』民衆社，1979年，152頁。
31) トミアク・ヤヌシュ・J., 前掲書，1976年，100頁。
32) トミアク・ヤヌシュ・J., 前掲書，1976年，101頁。例えば，1960年には，ピオネール宮殿，ピオネールの家，学童の家が3,148，少年技師ステーションが348，少年自然科学者ステーションが272あったという。その後，1969年にはそれらの数が，ピオネール宮殿，ピオネールの家，学童の家が3,781，少年技師ステーションが553に，また少年自然科学者ステーションが327に増加している（トミアク・ヤヌシュ・J., 前掲書，1976年，101頁）。
33) 村山士郎，前掲書，1979年，152頁。
34) 村山士郎，前掲書，1979年，154頁。
35) ティムール・ダダバエフ，前掲書，2006年，69頁。これまでの伝統的な結婚式に代わり，若者たちはスーツとウェディングドレスを着て，隣同士に座り，結婚式を執

り行うようになった。

36) 現在，タシケント市は 11 年制義務教育から 12 年制義務教育への移行の最終段階にあり，11 年制義務教育の旧学校制度による教育を受けた 11 年生は市内の 43 校に在学するのみとなっている。旧学校制度による 10 年生は既におらず，初等教育（1～4 年），前期中等教育（5～9 年），後期中等教育（10～12 年）への転換が進められている。タシケント市は，2007 年から 2008 年にかけて，12 年制義務教育の新学校制度へ完全移行予定である（タシケント市国民教育局局長（当時）へのインタビューによる。2007 年 12 月 13 日実施）。

37) 例えば，2007 年 12 月 23 日に実施された大統領選挙に際し，候補者の紹介や国民に投票を呼びかけるポスターなどの大部分はキリル文字で表記されていた。

38) Kostetsukii, V. A., *Azbuka etiki 4 klass,* Tashkent : Natsional'noe obshchestvo filosofov Uzbekistana, 2007, s.87., Kostetsukii, V. A., Mametova, G. U., Mal'kumova, L.A., Sergeeva, H.I., *Chuvstvo rodiny 6 klass,* Tashkent : Yangiyul poligraph service, 2007, s. 51-52.

39) A マハッラ代表（当時），元代表（2006 年 4 月 26 日，2007 年 3 月 10 日，5 月 4 日実施），G マハッラ女性委員会顧問（2006 年 4 月 15 日実施），ミラバード地区 O マハッラ前代表（2007 年 6 月 7 日実施），JICA シニアボランティアへのインタビュー（2007 年 3 月 19 日実施）による。

40) O'zbekiston Mahalla xayryya jamg'armasi, *Mahalla,* Toshkennt, 2003, b.200-236.

41) タシケント市ミルザ・ウルグベク地区 A 学校内部資料。A 学校副校長へのインタビュー（2006 年 3 月 10 日実施）。

42) 例えば，現在のウズベキスタンでは青年を対象とした道徳や精神性，伝統文化，愛国心，市民意識の育成講座や国際会議が様々な青年団体や NGO などによって開催されている（「道徳と教育（Ma'naviyat va Marifat）」タシケント市局長へのインタビュー 2007 年 12 月 13 日実施，カモロット国際関係・広報課長へのインタビュー 2008 年 1 月 7 日実施，市民社会研究所所長へのインタビュー 2008 年 2 月 20 日実施による）。また，立法サイドの 1 議員は子どもや青年に対する公徳心，伝統文化，愛国心の育成方法として，①学校教育での道徳科目の充実，②伝統的祭日における子どもや青年の参加促進を挙げた（ウズベキスタン共和国上院議員科学・教育・文化・スポーツ問題委員会上院議員に対するインタビューによる。2008 年 2 月 19 日実施）。

43) O'zbekiston Respublikasi xalq Ta'limi Vazirligi., Yo'ldoshev, H. Q., *Barkamol avlodni tarbiyalashda oila, mahalla, maktab hamkorligi kontseptsiyasi,* Toshkent, 2004, b.7.（「成熟した世代育成における家族，マハッラ，学校の連携」コンセプト）

44) 樋渡によると，親族という関係性によらない私的な互酬的活動において，マハッラという領域が住民たちにある一定の意味合いを与えているという（樋渡雅人『慣習経済と市場・開発——ウズベキスタンの共同体にみる機能と構造』東京大学出版会，2008 年，125 頁）。

45) ユヌサバッド地区の家庭における参与観察 2007 年 10 月 13 日実施，タシケント州キブライ地区 U マハッラの家庭における参与観察による（2007 年 12 月 19 日実施）。

46) ティムール・ダダバエフ，前掲書，2006 年，99 頁。

47) 小松久男他編, 前掲書, 2005年, 268頁.
48) タシケント市内の一般家庭において撮影された, 割礼祝いのビデオによる (2007年11月22日観察).
49) 小松久男他編, 前掲書, 2005年, 268頁.
50) 住田正樹編『子どもと地域社会』学文社, 2010年, 5頁.
51) タシケント市ユヌサバッド地区行政府職員へのインタビュー (2007年12月11日実施) による。それによると, 同地区では2007年に7つの貧困家庭の割礼祝いに対する支援が行われたという。また, その他結婚式などに対しても金銭的・人的な支援が実施されている。
52) ラマザン月は基本的に毎年変動するが, 筆者が訪れた2007年は10月にラマザンが実施されていた。
53) ニショッダはラマザン期間中のみ, バザールなどで売られ, 家庭で食される。タシケントやキルギス共和国南部の都市オシュなどではニショッダと呼ばれるが, ウズベキスタン国内のフェルガナ盆地に位置する町アンディジャンでは, ニショッラ (nisholla) という方言で呼ばれている。
54) タシケント市シャイハンタフル地区Sマハッラの家庭における参与観察による (2007年10月8日実施).
55) ユヌサバッド地区の家庭における参与観察による (2007年10月13日実施)。ケリン・サロムに外国人として参加することは調査対象家庭にも基本的に喜ばれたが, それ以上に外国人への文化紹介という名目で, 典型的なケリン・サロムの儀礼を再現してもらえるメリットがあった。それは, ケリン・サロムの形式的特徴を把握する上でも, また儀礼後の談笑時の雰囲気との比較を行う上でも, 非常に有意義なものであった。
56) ハイト (iid, イード) は, イスラムの二大祭である。これらのうち, 断食明けの祭りであるイード・アルフィトル (ウズベキスタンにおいては, ラマザン・ハイト) は, 断食月のラマダーンに続くシャッワール月の1日から3日までイスラム世界全土において盛大に祝われている。これとは別個の犠牲祭であるイード・アルアドハー (ウズベキスタンにおいてはコルボン・ハイト) は, 巡礼月のズー・アルヒッジャ月の10日から13日にかけて, 4日間続くという。10日はメッカ巡礼の最後に当たり, 巡礼者は動物犠牲を捧げるが, これに合わせてイスラム世界では各家庭で一斉に犠牲を屠る。祭日期間中, 人々は晴れ着を着て外出し, 相互に訪問し合ったり, 祝いの言葉を交わして喜び合う (㈳日本イスラム協会他監修『イスラム事典』平凡社, 1982年, 98-99頁).
57) タシケント州キブライ地区Uマハッラでのケリン・サロムにおける参与観察 (2007年12月19日実施) による。
58) 社会化は, 言葉を覚えるまでの1次的社会化と, それ以降の2次的社会化に大別される。基礎的社会化である1次的社会化は, その社会で使用されている標準的言語を, ある程度聞き, 話し, 読み, 書けるようになるまでの段階で, 6歳から8歳前後, 小学校の低学年頃までの段階を指す。
59) 高橋巖根『ウズベキスタン 民族・歴史・国家』創土社, 2005年, 148頁.

60) ユヌサバッド地区の家庭における参与観察による (2007年10月13日実施)。

第4章

学校教育におけるマハッラ

　ソ連崩壊に伴う独立以後，多様な民族，文化，宗教から構成されるウズベキスタンは，「どのようにして脱ソ連化を図り国民統合を進め，新国家を形成，維持していくか」という問題に取り組んできた。新国家体制をいかに素早く軌道に乗せ，体制転換に伴う国民の不安や不満を取り除き，国家の求心力を高めるか，が至上課題となったのである。教育改革では，4-5-3制の学校制度に基づく全国共通の教育課程による，ウズベク語や民族文化を通した「ウズベキスタン国民」というナショナル・アイデンティティの形成や，「人材養成システムの国家プログラム」に代表される次世代育成が急速に推進されてきた[1]。

　しかし，現況ではウズベク民族以外の民族文化とアイデンティティの抑圧という問題や，後期中等教育機関や高等教育機関不足による人材育成の地方格差というような，「上からの国家建設」によるさまざまな綻びが出始めている。

　そのようななか，同国の学校教育において，ウズベキスタンに伝統的に存在する地域共同体であるマハッラが導入されるようになった。マハッラには，儀礼などの伝統文化が息づく「伝統的空間」，マハッラへの愛郷心を核とした「国民統合の基礎的空間」としての機能だけでなく，古来より行われてきた住民同士の助け合いや共同作業のような「相互扶助の空間」としての機能もあり，政府もその点に注目している。マハッラの歴史や伝統文化の復興，抽象的な愛郷心の醸成だけでなく，具体的にマハッラで民族の壁を超えた相互扶助的な活動がなされることが，貧困家庭や高齢者など社会的弱者の救済にもなり，ひいては国民統合にもつながっていくといえるからである。

また，古くからのマハッラでの相互扶助の伝統性と，独立後の新体制におけるマハッラ運営委員会や社会保障システムのような国家行政の現代性を国民にアピールすることも可能となる。そのため，近年国民教育省は，「成熟した世代育成における家族，マハッラ，学校の連携」コンセプトという省令を発表し，各々の連携を図っている[2]。

　第4章では，そのようなウズベキスタンの国情を踏まえ，マハッラの学校教育への導入についてその実態を明確にした上で，以下の点を明らかにしたい。①学校教育へのマハッラ導入の背景には何があるか，導入の目的は何か，②学校教育でマハッラはどう扱われているか，③「相互扶助の空間」としてのマハッラの機能は，国民統合にどう関与しているか，の3点である。

　これまで，マハッラの教育的側面に関しては，通過儀礼や宗教行事，異年齢間の交流などによるインフォーマル学習的要素が注目されがちであった。例えば，中国新疆ウイグル自治区のマハッラを扱ったアブリミティの研究では，マハッラは子どもたちに遊ぶ場を提供し，子どもたちは遊びを通じ人とのかかわり，人間関係能力などの社会性を発達させるという点が指摘されている。また，マハッラと学校の関係についても，マハッラは学校で吸収した知識を実践し，消化する場であり，その教育的機能は学校教育と相互補完的な関係にあると言及している[3]。

　しかし，これらの指摘はあくまでもマハッラ側の視点によるもので，学校教育にマハッラがいかなる目的で導入され，いかに扱われているか，換言すれば，国家の教育政策におけるマハッラの位置づけの議論はこれまでなされてこなかった。

　本章の学校教育におけるマハッラの分析は，マハッラの新たな側面の提示にとどまらず，ウズベキスタンの多民族性や中央アジアという地域性が，同国の公教育にどう反映されているかという現代的課題の考察も可能にする。また，導入背景や実態の分析は，他の中央アジア諸国や多民族国家へも示唆を与え得るといえよう。

第1節　ウズベキスタンの学校制度と独立後の教育改革

　第1節では，現在のウズベキスタンで国家の重要課題のひとつとして推進されている教育改革の実態を取り上げる。

(1) 旧11年制から12年制義務教育への転換

　1991年の独立直後に行われた教育改革は，新たな教育課程と教科書の開発や導入，教育方法の改正や教育機関の資格と認定制度の導入などであった。独立後直ちに教育法（ウズベキスタン共和国法「教育について」1992年7月）[4]が施行され，これらの教育改革を進めるための法的基盤が整備された。そこでは，上記の改革を通した新学校教育制度の構築が目標とされた。

　新しい教育機関の増設も目標とされ，具体的に，就学前教育施設を付設する初等中等普通教育学校「幼稚園─学校コンプレックス」や英才教育を行う初等中等普通教育学校である「ギムナジア」「リセ」などの設立が目指された[5]。また，大学などの高等教育機関においては，学部の段階では修了時に卒業証書（diploma）が与えられるのみで学位は授与されないというソ連期の旧制度を改め，国際的に通用する学士号や修士号を含む制度への移行が行われた。

　しかし，独立時における教育改革は，80年代末以降ソビエト連邦政府によって進められていた教育のペレストロイカの方針に沿ったものであり，他の新興独立国家が行った教育改革と大きく異なるものではなかった[6]。

　独立時の教育制度は初等教育と前期中等教育のみを義務教育としたものであったが，6歳児入学の場合は，9年間の義務教育となるのに対し，依然として多くみられる7歳児入学では8年間の義務教育となるなど，義務教育期間が統一されていなかった。

　この6歳児入学に伴う課題は，既にソ連期終わりごろにも指摘されており，例えば，1988年にはこの問題について以下のように報告されている。

　　1986・87年度には6歳児の入学が開始されたが施設の整備が不十分な

ため導入されたのは当該年齢の3分の1程度にとどまったようである。シチェルバコフ報告によれば、新1年生として入学できたのは6歳児の35.5％であり、内訳は26％が学校で10％が就学前教育施設で学んでいるという状況である。特にこの問題については地域間の格差がきわめて大きく、中央アジアのウズベク・タジク・トルクメンの各共和国、黒海・カスピ海沿岸のアルメニア・アゼルバイジャン共和国の遅れが目立ち、施設・設備の充実を柱とした教育条件の改善が求められている。6歳児入学と並行して就学前教育の充実も当面の課題である。教育内容・方法を改善するため、新たに教育科学アカデミーが作成した『幼稚園教授・動機プログラム』が作成され、これに基づいて今年度から幼児の創造性に着目しつつ調和のとれた教育が目指される予定である。と同時に、施設の増設計画がすすめられ、1990年までに440万人分の施設建設がおこなわれる[7]。

このように、6歳児入学問題は、ソ連期からソ連解体を経て、独立後の現在においても何ら解決の糸口を見いだせないでいることが認められる。そして、この問題は子どもたち個々の学力格差だけでなく、都市部と農村との間における教育の地域間格差をも生み出すことにつながっていったのである。

一例を挙げると、義務教育に限らず、都市部と地方の農村部では教育期間に大きな格差がみられ、都市部では、10あるいは11年制の一貫性の初等・中等教育、普通教育学校が一般的であるのに対し、農村部では初等教育のみの3あるいは4年制の学校、または前期中等教育までのみの9あるいは8年制の学校が多いという状況であった[8]。

独立時において生じた上記のような問題を解消するため、1992年に制定された教育法を改正した新教育法が1997年9月に発布された。この教育法により、初等教育と前期中等教育の9年間に後期中等教育の3年間を加えた12年制義務教育を採用することが定められ、現在その新制度への移行が進められている。

就学前教育については、精神的・道徳的教育及び効果的な就学準備のためのプログラムに基づいて行われているとされる。就学前教育は3歳から始まり、6歳になるまで家庭や幼稚園の中で行われるのが一般的である。家庭と

教育機関，地域社会の連携促進を目指す政府の方針により，家庭を基盤とした幼稚園のネットワークの拡充が推進されるとともに，"From Kindergarten to school"プログラムなどの幼稚園と普通中等教育学校接続を円滑にするための活動も全国において拡大している。

さらに，毎年約25万人の子どもたちが，専門センターや幼稚園内の準備グループ，週末学校で学んでおり，子どもたちに外国語や音楽，芸術，コンピュータなどを教えるため，多くの青年団体やNGO，NPOが国内で活動している[9]。

初等教育は1学年から4学年の4年間で，6歳もしくは7歳から始まる。初等教育に続く前期中等教育は10歳または11歳から始まり，5学年から9学年の5年間にわたって行われ，前述の通りその後3年間の後期中等教育へと続く12年間の義務教育制となる新制度の導入が1997年の教育法の改正により定められている。

この新制度では，初等教育4年間と前期中等教育5年間は共通の課程とされるが，その後の後期中等教育の3年間は，アカデミックリセと呼ばれる大学進学を希望する者のためのコースと職業カレッジのコースに分けられる。

全体の1割が進学するアカデミックリセは，大学へ進むための専門科目を学ぶ総合大学の付属機関として開設されている。例えば，国際関係学部や国際経済学部，文学部などがあるタシケント国立東洋学大学付属のアカデミックリセであるユヌサバッドリセでは，1，2年生次は数学や生物などの科目も学ぶが，3年次になると日本語，韓国語，アラビア語など大学入学に向けた語学などの専門科目に重点が置かれるようになる[10]。

一方，残りの9割が進学する職業カレッジは実際に生産現場の労働者となる人材の育成を主としており，独立時の職業技術学校や中等専門学校が職業カレッジに移行予定である。

このように，「後期中等教育・高等教育（高大接続）一貫性型による中等教育と高等教育の単線化」ともいうべき政策は，青年期の早期から自身の選んだ専門に特化した教育が受けられる反面，青年の知的好奇心や多様な領域について学ぶ機会を制限することにもつながることが懸念される。

これまで，この12年制義務教育の完全実施目標は2005年から2009年へ

と延期されてきた。現在の国民教育省タシケント市局長によれば，現在，タシケント市は11年制義務教育から12年制義務教育への移行の最終段階にあり，11年制義務教育の旧学校制度による教育を受けた11年生は市内の43校に在学するのみとなっている。旧学校制度による10年生は既におらず，初等教育（1～4年），前期中等教育（5～9年），後期中等教育（10～12年）への転換が進められている。タシケント市は，2007年から2008年にかけて，12年制義務教育の新学校制度へ完全移行予定であった[11]。しかし，地方では，現在も独立時の制度から1997年の教育法改定後の新制度への移行が引き続き行われている。

　高等教育は，通常18～19歳から始まるが，それは学士と修士の2段階に分割される。学士課程（bakalavr，バカラーブル）は高等教育の初期であり，4年以上続き，高等教育と専門の卒業証書の授与により終了する。修士課程（magistratura，マギストラトゥーラ）は特別の専門の高等教育コースとして，修士号を基盤とする2年間であり，学位は国家試験および研究報告後に与えられる。博士候補レベル（aspirantura，アスピラントゥーラ）は最長で3年間の研究が博士候補学位を受け取るのに必要とされる。さらに，博士の学位を得るためには，その後博士課程（doktorantura，ドクトラントゥーラ）で3年の研究が要求される。

　ウズベキスタンの高等教育は，17の総合大学と42の単科大学を含む全62の機関から成り，20万人近くの学生が学び，1万8,500人の教師が高等教育機関で働いている[12]。

　このような急激な教育改革の根底には，政府によるどのような教育理念が存在するのであろうか。カリモフ大統領の著作を中心に編集された，『国家独立の理念』では，教育と訓育という項目が挙げられており，その中で次に挙げる5つが今後の課題とされている[13]。

① 全般的な学習の基礎における住民の社会的評価は，全ての市民の意識内にまで国家独立の理念の効果的な手段や方法が確立することによってなされる。

② 国家独立のイデオロギーと理念による，児童や学生の人間形成にお

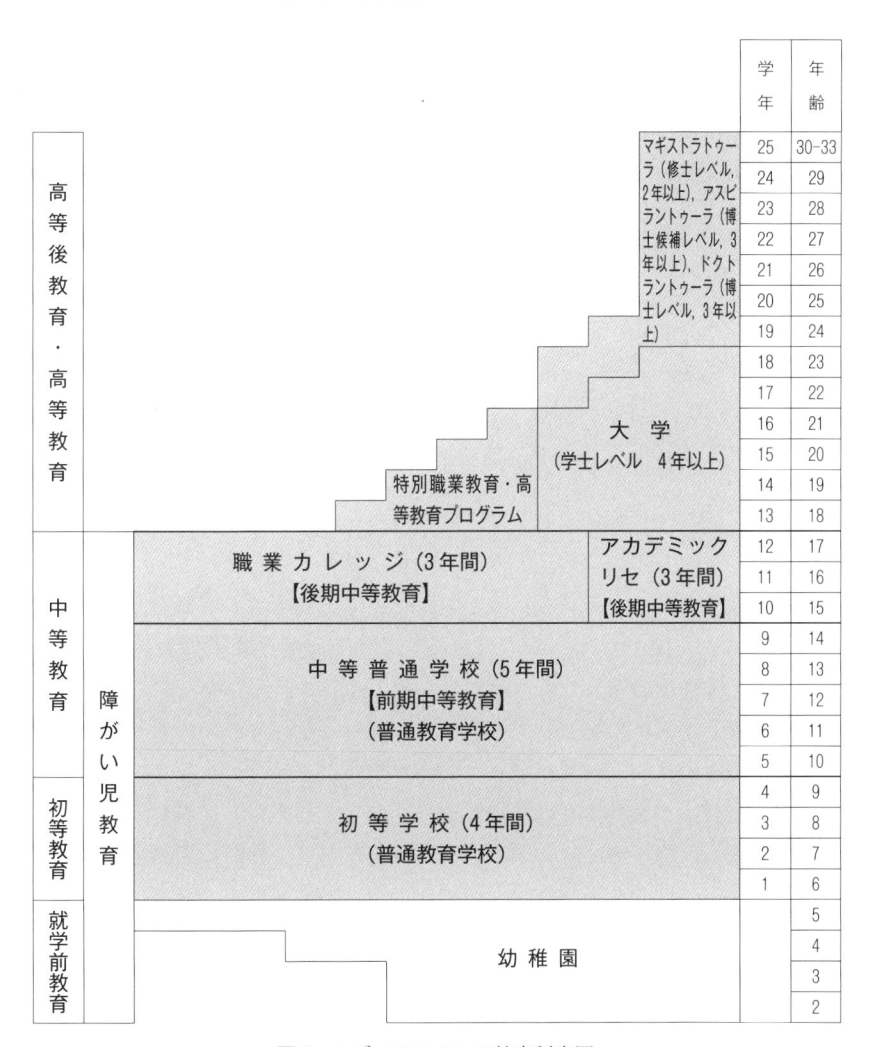

第4章　学校教育におけるマハッラ

		学年	年齢
高等後教育・高等教育	マギストラトゥーラ（修士レベル、2年以上）、アスピラントゥーラ（博士候補レベル、3年以上）、ドクトラントゥーラ（博士レベル、3年以上）	25	30-33
		24	29
		23	28
		22	27
		21	26
		20	25
		19	24
		18	23
		17	22
	大　学（学士レベル　4年以上）	16	21
		15	20
	特別職業教育・高等教育プログラム	14	19
		13	18
中等教育	職業カレッジ（3年間）【後期中等教育】 / アカデミックリセ（3年間）【後期中等教育】	12	17
		11	16
		10	15
	中等普通学校（5年間）【前期中等教育】（普通教育学校）	9	14
		8	13
		7	12
		6	11
		5	10
初等教育	初等学校（4年間）（普通教育学校）	4	9
		3	8
		2	7
		1	6
就学前教育	幼稚園		5
			4
			3
			2

（障がい児教育）

図4　ウズベキスタンの教育制度図

出所：*Ta'lim taraqqieti 2 maxsus son*, Toshkent : sharq, 1999, *O'rta maxsus, kac'-hunar ta'limining umumta'lim fanlari davlat ta'lim standartlari va o'quv dasturlari*, Toshkent : sharq, 2001., Tukhliev, Nurislom, Krementsova, Alla, eds., *The Republic of UZBEKISTAN*, Tashkent, 2003 及び国際協力機構「中央アジア（ウズベキスタン，カザフスタン，キルギス）援助研究会報告書現状分析編」第Ⅱ部各国編ウズベキスタン第9章教育，2001年，55頁を参考に筆者作成。

ただし，完全に上記のような12年制義務教育実施となってはおらず，都市部では，10あるいは11年制の一貫性の初等・中等教育，普通教育学校が一般的であるが，農村部では現在も初等教育のみの3あるいは4年制が多く見られる。

ける連続的活動を「人材養成システムの国家プログラム」の基礎において伝達すること。
③ 学習のプログラムや教科書，教材において，独立のイデオロギーや内容，本質を深く反映させる。
④ 学校やアカデミックリセ，職業カレッジ，単科大学，総合大学におけるイデオロギー教育は人々の要求を現代的な水準まで高めること。
⑤ イデオロギーの課題において，教育分野の知識は深められる。

　上述の5つの課題では，「イデオロギー」という言葉が複数回にわたって登場するが，これは子どもや青年の人間形成やその骨格となる教育に，国家独立のイデオロギーを据え置かなければならない点が強調されていることを意味する。すなわち，これまでの教育の礎とされてきたソビエト教育や旧体制による教育制度から脚却し，新たな教育理念や体制による教育を拡充しようということが謳われているのである。しかし，では国家独立のイデオロギーとは一体何なのか，という点に立ち返ると，イデオロギーそのものの定義や教育理念が厳密に記されているわけではなく，国家の教育理念が非常に曖昧で，具体的に明文化されていないことがわかる。
　現在，ウズベキスタンをはじめ，カザフスタン，キルギスなど中央アジア諸国は基本的に旧ソ連の教育モデルを踏襲しながら，各国独自の教育改革を行っているが，独立後の経済状況の悪化により国家予算が圧迫され，それに伴い教育予算が打撃を受け減少し，教育の質・量ともに低下している状態にある。

(2) 「人材養成システムの国家プログラム」による教育改革

　1991年の独立以降，ウズベキスタンでは，カリモフ大統領を中心に急激な市場化と民主化ではなく緩やかな市場経済化への転換が行われてきた。この過程で，独立後の国家建設や市場経済に対応した人材育成も目指されてきた。このような背景から，現在のウズベキスタンでは新国家を形成していく官僚や企業幹部のようなエリートの養成が目指されており，そのエリートに

は専門知識とともに国家意識や国民意識を有することも求められている。

　将来の政局を担うようなエリート育成の背景には，ソ連崩壊による予期せぬ独立の余波がある。ソ連期，ウズベク・ソビエト社会主義共和国の政権の大部分を握っていたのはソ連中央政府から派遣されたロシア人であり，外交や法整備，対外的経済関係などのほとんどはモスクワの中央政府が司っていた。ウズベキスタンの政府レベルでは，中央政府からの指示や指令にいかに忠実に応えることができるかということが重視されていたのである。

　そのような政治システムが成り立っていたウズベキスタンは，独立後，上記のすべての国家的機能を自らが果たさなければならなくなった。教育政策の立案などの教育行政についても同様であった。このような劇的社会的変化により，政局を担うエリートの育成が急務となったのである。

　しかし，ウズベキスタンに課せられたのは少数のエリート養成のみではなかった。彼らを支える，実際に現場で労働に従事する一般大衆の育成も同時に求められたのである。そして，エリートを育成する機能を付与されたのが大学進学を主目的とするアカデミックリセであり，彼らエリートを支える大衆を育てる役割を期待されているのが職業カレッジであった。

　また，「人材養成システムの国家プログラム」導入の理由は政治的エリートと国民育成だけではない。独立後，ウズベキスタンではソ連期の計画経済から市場経済への転換が段階的に進められている。このようななか，市場経済やマーケットの知識，外国との交渉を進めるための英語などの言語能力，インターネット等に対応するようなコンピュータやその他のハイテク機器に通じた知識などを有する人材が強く求められていることもその理由として挙げられる。

　このような改革期にあるウズベキスタンの教育は子どもたちにとってどうあるべきかについて，ウズベキスタン共和国国民教育省文部大臣であるショウマロフ氏は以下のように述べている。

「子どもの教育は，無償の義務教育でなければならない。国家の教育基準やプログラムは生徒の発育に応じたものでなければならないのである。生徒との関係は親しみを持ったものでなければならず，経験豊富な教育者

による教育が保障されなければならない。授業では，生徒と教員の対話型の教授法が必要である。皆の要求に対応したサービスも不可欠といえる。私はタシケントだけでなく，父の仕事の関係で地方にも住んだことがあるから，教育の地域格差は知っている。しかし，地方にも教育大学などがあり，そこで勉強することができる。今では地方の大学も発展していて，学士を地方で取り，その後タシケントの修士課程や博士課程で学ぶ人もいる。確かに，タシケントなどの都市部はいろいろなものが揃っており便利といえるが，その反面，地方の子どもたちの方が貪欲で，精神的にも勝っているのではないか」[14]。

文部大臣も教育の地域格差を指摘するが，首都タシケントと地方の教育格差の現実は彼の言葉以上のものがある。例えば，綿花の収穫期になると，地方の子どもたちは摘み手として畑へ駆り出され，その間学校も閉鎖される。さらに前期中等教育段階になると，子どもたちは泊まり込みで綿花摘みを強いられる。春の農繁期にも，子どもたちは重要な働き手として農作業に動員されている。タシケントの子どもたちが9月2日から翌年の5月25日までの約9ヵ月間勉学に励んでいるのに対し，農村部の子どもたちはその大部分を綿花の収穫や農作業に割かれているのである[15]。

また，前出の後期中等教育段階の教育機関にあたるアカデミックリセと職業カレッジの比率も都市部と農村部では大きく異なる。概して，ウズベキスタン全国の後期中等教育段階の生徒の約1割が大学進学を主目的とするアカデミックリセに通い，残りの約9割が実際の労働現場で働く人材を育成するための職業カレッジに進学する。都市部と農村部との人口の相違も考慮しなければならないが，タシケントと比べ地方では職業カレッジが多くみられるのが一般的である。

例を挙げると，アカデミックリセと職業カレッジの校数の割合が地域によって著しく異なっており，職業カレッジはウズベキスタン全域に亘って設置されているのに対し，大学進学コースであるアカデミックリセは首都であるタシケントを除く各地方都市には1校から3校程度しか設置されていない。ウズベキスタンにおいて第2の都市とされるサマルカンドでは，職業カ

レッジ25校に対し，アカデミックリセは2校が設置されている。そのサマルカンドに対し，首都タシケントにおいては，職業カレッジ25校に対し，18校のアカデミックリセが開設されている[16]。学校数だけではなく，教員や教材，教育予算の面においても地域格差は顕著である。

　このような教育の地域格差に関連して，シルダリヤ州の州都グリスタンの市立図書館で，この町の大学には修士課程や博士課程はないのか，と尋ねたところ，図書館司書から印象的な答えが返ってきた。「修士課程や博士課程？　必要ないでしょ。学士で十分」[17]。

　現在のウズベキスタンにおいて，上述のような教育の地域格差は学生の就職機会や高等教育へのアクセスの制限など，さまざまな場面で大きな障害となっている。この教育の地域格差という問題を解決するためには，学校教育だけではなく，家庭教育や社会教育との連携，即ち学校で欠如した部分を補完するような学校と家庭，地域社会の協働が求められる。「教育は学校で行うものである」といった固定化された認識ではなく，学校外の家庭や地域社会の教育的役割を重視し，さまざまな教育課題に対し，3者共通の取組みを行うこと，つまり学社連携・融合体系への移行の必要性が望まれるのである。

第2節　学校教育におけるマハッラ導入の政治的社会的背景
――「強い国家から強い市民社会へ」，社会基盤としてのマハッラ――

　第2節では，学校教育におけるマハッラ導入の政治的社会的背景に関して，政府のマハッラ重視政策を中心に検討する。

　ソ連期と独立後の現在，ソ連政府や現ウズベキスタン政府がマハッラを「ソビエト国民」や「ウズベキスタン国民」形成のための組織として利用している点は共通している。しかし，ソ連期と現在のマハッラ政策で根本的に異なるのは，マハッラの伝統的部分を否定しているかどうかという点である。ソ連期には，政府はマハッラの仕組みを利用しながらも，マハッラの伝統文化やそこでの教育を時代遅れのものとみなした[18]。ソビエト政府は，マハッラの伝統的側面，前近代的部分を否定し，ソ連の国家体制の近代性，先進性を強調することで，「ソビエト国民」を形成し国家統合を図ったのであ

る。

　一方,独立後のウズベキスタン政府は民族文化による「ウズベキスタン国民」の形成や国家統合政策の一環として,マハッラ古来の伝統的機能を強調している。それだけでなく,政府は次に述べるような新たな行政的機能を前面に押し出すことも忘れていない。

　まず,脱ソ連化を行うためにソ連やロシアの文化と主にテュルク系,ペルシャ系から成る中央アジア諸民族の文化とを分断する。なぜ,ウズベク民族独自の文化ではなく,中央アジア諸民族に共通する文化を取り上げるのか。それには,1924年の民族・共和国境界画定[19]までは,それほど各民族意識がはっきりしておらず,現在も多様な民族が混在して居住しているという内情がある。また,同国に内在するカラカルパクスタン共和国も民族を異にする人々であるという複雑な事情から,ウズベク民族の文化や価値観のみを強調するわけにはいかないのである[20]。

　次いで,中央アジア諸民族とウズベク民族の文化を曖昧にした上で,新しい独立国家の行政的枠組みを国内に浸透させ,国民を統合する。マハッラは,ウズベキスタン以外のムスリム社会にも存在する地域共同体であり,隣国タジキスタンなどでもその存在が指摘されている。ムスリムの多い中央アジア諸民族をまずはマハッラという宗教的共通性で束ねる。次に,マハッラ運営委員会やマハッラ基金などを通し,国民に対する政策の浸透を図る。「民族文化の復興」の名のもとで,脱ソ連化を図り,ウズベキスタン国内の中央アジア諸民族をまとめ,なおかつ新国家体制を拡充させる点で,マハッラは絶好の存在だったのである。

　学校教育へのマハッラ導入の背景には,以上のようなマハッラの伝統的側面と独立後における行政的側面を生徒たちに浸透させるための目的があったのである。

第3節　学校教育におけるマハッラ像と理念

　第3節では学校教育において,どのようなマハッラ像と理念が示されているのかについて,「ウズベキスタンの国家スタンダード」や関連のコンセプ

トを用い,分析を行う。

(1) ウズベキスタンの国家スタンダード
――ウズベキスタンの継続教育基準の国家システム

まずここでは,後期中等教育段階のアカデミックリセと職業カレッジについて,高等中等専門教育省によって制定された,「ウズベキスタンの国家スタンダード――ウズベキスタンの継続教育基準の国家システム(以下,国家スタンダード)」でのマハッラの位置づけを検討する。マハッラは「道徳の基礎」科目で,「マハッラの環境と家族の道徳――国家発展の基礎」と題され,生徒に教えられている。国家基準の中で,マハッラは以下のように記述されている。

> 住民を統合する居住形態は,基本的に労働組織と同義のものである。具体的に,畜産業者にとってのアウル(村),農民にとってのキシュラク(村),手工業者にとってのシャハル(町)・マハッラの形態がそうである。これは,ウズベキスタンの歴史上独特のものであり,生活形態にも住民の思考にも影響を及ぼしている。マハッラには人々の交流による連帯があり,それは東洋的精神と一致する。コミュニティとオクソコル(長老)に従うことは最も重視されている点である。『マハッラは父であり,母である』,『1人の子どもに対し7つのマハッラが父母になる』という諺が本質を表している。独立により,マハッラ自体で住民を統率・管理するという素晴らしい連帯が機能している[21]。

国家スタンダードではマハッラの東洋的側面が強調されているが,この「東洋的精神」とは,前述の中央アジア諸民族に共通する文化やアイデンティティと同義であると考えられる。同側面の強調は,脱ソ連化と中央アジア諸民族の連帯,「中央アジアの一員としてのウズベキスタン国家」という国家意識の高揚と連結している。

この点は,国家スタンダードだけでなく教科書にも見られる。後期中等教育段階の教科書では,国家スタンダード中の「マハッラには人々の交流によ

る連帯があり，それは東洋的精神と一致する。コミュニティとオクソコルに従うことは最も重視されている点である」[22]の部分がほぼそのまま記載されている。

さらに，独立後のマハッラの行政的機能の強化政策が国家スタンダードに直接現れているのも特徴である。政府は全国のマハッラの中核として，マハッラ基金を大統領令により創設したが，国家スタンダードも同基金について触れている。当然ながら教科書も同基金を扱っており，歴史教科書で基金の活動に関する記述がみられる[23]。

以上から，国家スタンダードにおける政府のマハッラ観には，以下の3点が挙げられる。すなわち，①ウズベキスタンの文化復興と連結した，中央アジア諸民族に共通するような東洋的側面を含有する「伝統的空間」としてのマハッラ，②独立国家の基盤となるような新たな行政的機能を付与された「国民統合の基礎的空間」としてのマハッラ，そして，③「マハッラの子どもはマハッラ全体で育てていこう」といった意味を持つ，前述の「マハッラは父であり，母である」，「1人の子どもに対し7つのマハッラが父母になる」という2つの諺にみられるような「相互扶助の空間」としてのマハッラ観である。以上のようなマハッラ観を中心に，政府はこれまで伝統的な近隣関係や慣習による活動が中心であったマハッラを，関連法やマハッラ運営委員会の整備により，最末端の行政組織へとフォーマル化し，学校教育に導入したのであった。

(2)「成熟した世代育成における家族，マハッラ，学校の連携」コンセプト

では，現在学校教育でマハッラはどのような目的で導入され，どう扱われているのであろうか。「成熟した世代育成における家族，マハッラ，学校の連携」コンセプトは，その導入目的を「国民に対する国家イデオロギー教育の活動を完全なものにすることが，コンセプトの基本的な目的である。コンセプトの中では，家族とマハッラと学校の課題の提示，生徒の教育における家族，マハッラ，学校の連携活動を増強することとそのシステム創設の必要性を挙げる」[24]としている。

ここでの「国家イデオロギー教育」とは，道徳教育やイデオロギーの授業

「国家独立の理念」などを指すといえる。また，マハッラの課題には，「強い生徒や子どもを育成するために，学校へ国家からの社会的経済的な見解をよく反映させること」[25]が提示されている。つまり，マハッラは生徒たちにウズベキスタン国家について教えたり，国民としての資質育成を行う上で，学校の補完的な役割を持つものとしてみなされている。そのため，教育や社会保障の政策を浸透させるためのチャンネルとして，学校教育へ導入されたのであった。それは，ミルザ・ウルグベク地区の小中高一貫校であるA学校の「家族，マハッラ，学校」の2005‐2006年度学校行事の公式報告に如実に表れている。そこには，次のように記されている。

> 「毎月の学校公開日において，マハッラ運営委員会と教育団体の代表者を招待した。クラスのリーダーがマハッラ・学校・家族の問題を検討する活動を実施した。未成年の窃盗に関し，未成年や市場の抜き打ち調査を区域内において共同で行った。3つのマハッラで，12月1日の『エイズとの闘い』デーにスポーツイベントを実施した。貧困家庭に対し冬用の衣服を提供する支援を行った。12月3日の『障がい者の日』に，生徒を障がい者のもとへ連れて行き支援やプレゼントの提供を行った。学校区のマハッラのハシャル（*hashar*，相互扶助の意）に生徒が参加した。クラスの時間，行事，12月8日の『憲法記念日』にマハッラ運営委員会の代表者を招待した」[26]

上記から，マハッラを介したさまざまな行事の開催やマハッラ関係者の影響力の大きさがわかる。政策を浸透させる上でマハッラは，子どもの生活の場という非常にリアリティを持ったチャンネルとして学校教育に導入されたのであった。

第4節　学校教育におけるマハッラ導入実態とその意義

第4節では授業や学校行事における参与観察結果に基づき，学校教育におけるマハッラ導入実態とその意義を分析する。最後にまとめとして，学校教育へのマハッラ導入にはどのような課題が残されているのか，マハッラ導入のメリットについて明らかにする。

写真14 調査対象となったタシケント市ミルザ・ウルグベク地区 A 学校
(2006年3月, 筆者撮影)

　予備調査において, 2つの都市のマハッラを訪問し, マハッラ運営委員会関係者を対象に, マハッラ運営委員会の業務やマハッラ内における教育活動, そして学校との連携についてのインタビューを行った。タシケント市中心部に位置するUマハッラでは, 後述する伝統的な春の祭りナウルーズのスマリャク作りに参加し, 住民の参加の様子やマハッラ運営委員会の業務, 住民のマハッラに対する姿勢をインタビューと参与観察の方法により探った。また, タシケント州アングレン市のZマハッラでは, マハッラ運営委員会事務所を訪れ, マハッラの代表や運営委員会委員に, マハッラの日々の業務や住民の様子, 学校との連携状況について聞取り調査を実施した。

　それにより, マハッラで開催される行事への住民の参加度や学校との連携活動には民族的要因が絡んでいることが次第にわかってきた。これらのインタビュー結果は, 主にマハッラの代表やマハッラ運営委員会幹部, そしてマハッラ内における各種行事に積極的に参加している住民の立場からの意見や印象であり, むろん, これらが現在のウズベキスタンにおけるマハッラに対する世論や, 人々がマハッラに期待する教育的役割を表象することには直結しない。しかし, 本調査における仮説の構築やマハッラと学校の選定に際し, 大きな指標を与えるものであった。そして, 上記の予備調査により, 以下の仮説と研究設問が浮かび上がってきた。

(1) ウズベク語学校でウズベク民族の伝統文化を教えることはしごく自然なことであるが, ではウズベク語以外を教授言語とする学校では, ウズベク民族の文化を教える際に, 何らかの齟齬が生じているのではないか。例えば, ウズベク語学校の次に学校数が多いロシア語学校では, ウズベク的なものすなわちマハッラをどのように教えているの

か。
(2) マハッラと学校の連携活動にも，民族的要因が何らかの影響を及ぼしているのではないか。ロシア語学校とウズベク語学校の両方が領域内に存在するマハッラにおいて，ロシア語学校との連携とウズベク語学校との連携に格差は存在するのだろうか。

以上の2点について，タシケント市に位置するウズベク語以外を教授言語とする学校を選定し，同校でどのようにマハッラが扱われているのか，マハッラと学校の連携活動はどのように行われているのかについて，調査を実施することとした。

現在のウズベキスタンでは，学校教育は7つの言語で教授することが教育法により定められている。国民教育省によると，7教授言語の内訳は表3の通りである。

数値上では，ウズベク語を教授言語とするウズベク語学校が90％と，圧倒的多数を占めているが，前述の(1)の仮説および研究設問を例証するため，ウズベク語学校の次に校数の多いロシア語学校を選定することとした。また，(2)の仮説ならびに研究設問について検討するため，ロシア語学校とウズベク語学校がその領域内に存在するマハッラを選出した。上記の要件を満たす学校およびマハッラのなかから，タシケント市ミルザ・ウルグベク地区のロシア語学校（以下，A学校），Aマハッラ，Gマハッラを選定し，そこでの調査を基に分析を実施した。

同地区は，1966年の大地震後に再整備された住宅地で，A学校には1,000人強の生徒が在籍している。旧ソ連式の学校教育制度を継承した，11年制の小・中・高一貫校である。現在のウズベキスタンで，11年制から12年制への移行が行われていることは既述の通りであるが，同校はまだ12年制への移行途中にある学校であった。教授言語はロシア語であるが，ロシア人のみならずウズベク，朝鮮，タジク，タタールなどの民族に属する，様々な階層の生徒が通う多民族の学校である[27]。ウズベク民族やムスリムといった要素に偏重することなく，マハッラがウズベク民族とその他の民族にどう教授され，どう受容されているかという実態を分析するのに同校は最も適し

表3 教授言語別普通中等教育学校数

ウズベク語学校	8,867校（90％）
カラカルパク語学校	739校（7.6％）
カザフ語学校	505校（5.1％）
カラカルパク語学校	383校（3.9％）
タジク語学校	267校（2.7％）
キルギス語学校	62校（0.6％）
トルクメン語学校	50校（0.5％）
計	9,765校

※表中2行目は「ロシア語学校」

出所：国民教育省資料（2007-2008年度）

表4 ウズベキスタンの学校教育におけるマハッラ導入体制

教育段階	該当科目
初等教育段階（4年間）	学習分野：道徳　学習科目：訓育
前期中等教育段階（5年間）	学習分野：道徳　学習科目：訓育，祖国意識，国家独立の理念と道徳の基礎
後期中等教育段階（2/3年間）	学習分野：一般教養　学習科目：ウズベキスタンの歴史，道徳の基礎

出所：*Ta'lim taraqqieti 2 maxsus son*, Toshkent：Sharq, 1999, b.10-13., *O'rta maxsus, kac'-hunar ta'limining umumta'lim fanlari davlat ta'lim standartlari va o'quv dasturlari*, Toshkent：Sharq, 2001, b.20-22.

た環境にあると考え，本調査の対象にすることとした。また，同校は，Gマハッラ，Bマハッラ，Aマハッラという3つのマハッラと教育活動やスポーツ，文化活動，学校行事，問題行動を起こす生徒への対応などに関して契約関係にあることも選出の重要な一因であった[28]。

(1) 授業におけるマハッラ

ここでは，主に歴史や「道徳の基礎」科目の教科書，国家スタンダード，授業後に生徒が書いたレポート，学校内部資料や教員，マハッラ運営委員会関係者への聞取り調査を基に，授業におけるマハッラの扱われ方を明確にする。

第4章　学校教育におけるマハッラ

表5　後期中等教育機関であるアカデミックリセと職業カレッジの一般教養科目の授業時間配分

科　目	総時間数／年	アカデミックリセ			職業カレッジ		
学　年		1年生	2年生	3年生	1年生	2年生	3年生
スピーチの文化と国語の扱い方	80			80		40	40
母国語と文学	120	120			80	40	
外国語	160	80	80		80	40	40
ロシア（ウズベク）語	120	80	40		80	40	
歴史	160	80	80		80	60	20
個人と社会	40			40			40
数学	200	120	80		80	60	60
情報学	120	80	40		80	40	
物理学	160	100	60		80	80	
天文学	40			40			40
化学	80	80			80		
生物学	80	80			80		
経済地理	40	40			40		
兵役への準備	140		60	80		70	70
体育	160	80	40	40	80	40	40
情報技術	40			40		20	20
国家と法律の基礎	80		80				80
道徳の基礎	40	40			40		
家族心理学	40			40			40
芸術	40	40			40		
合計	1,940	1,160	420	360	920	530	490

出所：*O'rta maxsus, kac'-hunar ta'limining umumta'lim fanlari davlat ta'lim standartlari va o'quv dasturlari*, Toshkent: Sharq, 2001, b.20-22.を参考に筆者作成。
　なお，アカデミックリセ1年生と2年生における合計時間数が実際の合計と異なっているが，原著に掲載されている数字に則った合計の数値とした。

表6 後期中等教育段階における「道徳の基礎」科目の授業テーマ一覧

テーマ	時間数 (課業) 理論/実践	合計
1. 序論,「道徳の基礎」,概念,成り立ち	2/1	3
2. 道徳 ── 人間性の発展,精神的遺産,価値,それらの形態と相互関係	2/2	4
3. 宗教と道徳,イスラームと神秘主義についての学習の道徳的完成と人間の問題	2/2	4
4. 社会の政治生活,イデオロギーと道徳	2/1	3
5. 道徳と経済,それらの相互関係,社会生活発展の維持	2/2	4
6. 道徳と教育,知識・専門芸術の選定 ── 人間の条件	2/1	3
7. 人類愛,愛国心と平和 ── 個々の道徳の基本的指標	2/2	4
8. 自然,人間と道徳	2/1	3
9. マハッラの環境と家族の道徳 ── 国家発展の基礎	2/1	3
10. 個人の道徳の外面・内面と相互関係	2/1	3
11. 儀式 ── 国家と個人の道徳の反映	2/1	3
12. 結論,独立を増強する国民各々の義務	2/1	3
合計:	24/12 ママ	40

出所:*O'rta maxsus, kac'-hunar ta'limining umumta'lim fanlari davlat ta'lim standartlari va o'quv dasturlari,* Toshkent: Sharq, 2001, b.212.を参考に筆者作成。
なお,(課業)理論/実践の部分の合計時間数が不整合であるが,高等中等専門教育省が発行する国家スタンダードの原文通り掲載することとした。

表4に示したように,マハッラはウズベキスタンの歴史で,「独立後の新しい社会保障のシステムで,子どもや暮らしが豊かでない家庭の支援に不可欠なものである」[29]と定義され,生徒に教えられている。地方行政府の指導下にあるマハッラでは,1994年から社会的弱者支援が,1997年から子どもに対する手当ての支給がマハッラを介して行われるようになったが,ウズベキスタンの歴史ではそのようなマハッラの行政的側面についても教えている。また,「国家独立の理念と道徳の基礎」の科目でもマハッラが扱われている。同科目は,前期中等教育にあたる7,8,9学年では週1コマずつ,3年間で計102コマの授業を行うことが国家スタンダードで定められている[30]。後期中等教育段階のアカデミックリセや職業カレッジでは,3年間で

計 40 コマが「道徳の基礎」という科目に充てられており，その中でマハッラについては，表 6 のように計 3 コマが割り当てられている。

　教科書では，「マハッラの環境を向上させる要因は何か，マハッラと隣人は国家発展の基盤であるという表現は何を意味するか，『1 人の子どもに対し 7 つのマハッラが父母になる』のような諺へのコメントをせよ」[31]という課題が課されていた。特に，2003 年の「マハッラの年」においては，「国家独立の理念」の授業で，生徒たちはマハッラの存在意義などを学んだ。授業後にはレポートが課され，生徒たちは自身のマハッラの特徴や誇りに思う点などについて書いた。以下は，教員による評価が高く，保存・公開されていたレポート[32]からの抜粋である。

「国家独立の理念」の授業における課題レポート
1）「マハッラ ── 民主主義の最初の学校」 7 年生 B クラス生徒のレポートより

　2003 年は「マハッラの年」と宣言された。マハッラは道徳と教育の源流だ。マハッラには大きな教育機能があり，私たち民族の古くからの伝統による。長老の智恵のある忠告，お年寄りの豊かな経験，住民意識による近所づきあいの良い調和は，感謝の気持ちを根づかせる。家族の調和は住民づきあいに対し大きな意味を持ち，若者の教育にはマハッラ活動家や女性委員会が大きな影響力を持っている。

　我が国の憲法では，はっきりと人権の布告や社会的正義の下に，私たちの国家の民主主義の原則が宣言されている。基本法と呼ばれる揺ぎ無い根本的な法律は，民主的な法治国家と市民社会の建設のために現れた。強い市民社会の形成において，特にマハッラは偉大な役割を果たす。従って，「マハッラの年」宣言は大きな意味を持っている。イスラム・カリモフ大統領は，「私たちは，個人や家族，国家と社会の運営，人々の団結，権利の強化，自治システムの拡充において，マハッラの全ての役割と意義が日々向上していることを知っている」と述べている。

　平和の維持と民族の安定を図るため，私たちには自己，住民，広範な社会における献身的な義務の遂行が求められている。

2）「私のマハッラ」　8年生Gクラス生徒のレポートより

タシケント市マハッラ基金と長老会議代表者アクラモヴィム氏との会談より：

マハッラでは精神的な教育と啓蒙活動が始められた。2003年は「マハッラの年」とイスラム・カリモフ大統領は宣言している。祖国に対する愛の教育である自国文化や歴史，伝統，自身の権利の知識，義務などに対する敬意の育成は，学校だけでなく子ども同士やマハッラに居住する人々との間において育成される。

私はGマハッラに住んでいる。私たちのマハッラはとても友好的なマハッラである。私たちは，ミルザ・ウルグベク地区に住んでいるが，その地区はタシケントの中でも最も美しい地区である。マハッラの女性委員会の委員長は，問題解決や若者の教育，躾に対する支援を行っている。今日では，マハッラは住民社会の創設に多大な役割を果たしている。独立後において様々な課題の克服をする際，マハッラの持つ意味はより大きなものとなっている。

上記レポートでは，既述の「伝統的空間」，「国民統合の基礎的空間」，「相互扶助の空間」としてのマハッラが，それぞれ「私たち民族の古くからの伝統」，大統領の言葉を引用した「人々の団結」，「自己，住民，広範な社会における献身的な義務の遂行」と表現されている。教科書だけでなく，生徒のレポートも国家スタンダードに沿うような形で記述されている。授業におけるマハッラは，歴史的伝統的な側面と独立後の国民統合を進展させる行政的機関としての側面，独立後の社会保障システムやマハッラ運営委員会を中心とした相互扶助的側面に象徴される，まさに現在政府が推進するマハッラ重視政策に基づくものとして扱われているのである。

生徒は新聞記事やインターネットによる，大統領の「マハッラの年」宣言や政府関係者，マハッラ関係者の話を参考にレポートを作成している。特に後者の生徒のレポートは，同宣言や国家機関の政策，マハッラ基金と自分の住むマハッラの女性委員会の活動をリンクさせたものとなっている。授業後に，生徒自身の住むマハッラと関連させたレポートを課すことで，生徒は学

校で学ぶ，換言すれば政府の提言するマハッラ像をよりリアルに受容できるといえる。加えて，この「国家独立の理念」の授業ではAマハッラから代表者が招かれ，「イデオロギー —— 統一された国旗，社会」のテーマで講義をするなど，授業に関与した[33]。

(2) 学校行事におけるマハッラ —— 春の祭り「ナウルーズ」に関する行事

A校では，各マハッラとの契約書に基づき，学校とマハッラ共同で多様な学校行事が実施されている。ここでは，同校で開催された春の祭りナウルーズ[34]の行事の中でマハッラがどう扱われているかを現地調査により明らかにする。筆者はこの行事にゲストとして招待され，参与観察を行った。

まず，ナウルーズ当日の行事に先立って，KVNのイベントが開催された。KVNとは，旧ソ連圏で人気のあるジョークのコンテストである。「こんにちは，ナウルーズ！」と大きく書かれた横断幕が掲げられた玄関を通り，学校の食堂兼ホールの会場に入ると既にKVNが始まっていたが，ジョークではなく7年生の7つのクラスの代表者が歌や詩の朗読，伝統舞踊，寸劇などを披露し，点数を競っている。

詩や寸劇のテーマは「マハッラでのナウルーズ」であり，頻繁に「私のマハッラ」，「私たちのマハッラ」という表現が繰り返されている。ナウルーズの伝統とマハッラは直結しており，その歴史や習慣が詳細に説明されていた。あるクラスの寸劇では，4人の男子生徒が，マハッラ住民が世間話をしながら，婚礼でご馳走するプロフに使う人参を切る場面を演じた。婚礼では，数百人の客を迎えるため，マハッラ内での助け合いが欠かせず，住民同士の相互扶助が伝統的に行われてきた。「相互扶助の空間」としてのマハッラが，生徒の寸劇でも表現されていたのである。

KVNイベントから数日後，A校のナウルーズの行事が行われた。行事は学校の中庭で朝8時から開始され，生徒や教員，父母，マハッラ住民など，参加者は200人強程であった。前回のKVNと同様に，詩の朗読や伝統舞踊が披露された。会場の端には，生徒たちが作った伝統料理や布製の作品も並んでいた。

午後からは，父母やマハッラ住民も参加しての競技大会が毎年行われてい

写真15 ナウルーズにちなんだ絵の展示。中央には,「こんにちは,ナウルーズ!」と書かれている。なかには,マハッラでのスマリャク作りの絵もみられる(2006年3月,筆者撮影)

写真16 4人の男子生徒による人参切りの寸劇(2006年3月,筆者撮影)

写真17 さまざまな民族の生徒たちがウズベクの民族衣装を着て詩の朗読を行う(2006年3月,筆者撮影)

る。競技大会では，マハッラ住民の出し物，民族舞踊アンサンブルの出演，ウズベク民族の習慣・伝統・儀礼の紹介，生徒の詩の朗読，「パパ，ママ，私――スポーツの家族」という各マハッラから選出された家族の対抗競技，スマリャク[35]に関する詩の朗読，「繁栄するマハッラ」，「こんにちは，ナウルーズ」のテーマで生徒が作成した壁新聞の表彰などが実施されている。このプログラムのほとんどが，Aマハッラ，Bマハッラ，Gマハッラの3マハッラの対抗戦となっており，各マハッラ代表の生徒や父母は出し物，詩の朗読，家族競技，壁新聞の作成で優勝を争う。これは他のマハッラに対する競争心を醸成する場ともなっているという[36]。校内には，ナウルーズをテーマとした絵が飾られており，マハッラでのスマリャク作りの様子や伝統衣装など，自分のマハッラを描いたものも多数みられた。

　ナウルーズの学校行事では，生徒の寸劇や伝統料理，伝統舞踊などで，マハッラの伝統的側面と伝統的な儀礼内での相互扶助的側面が強調されていた。この行事は，伝統文化や住民同士の助け合いが自分の居住するマハッラの中で現在も脈々と生きていることを実感し，自分自身のマハッラに対する知識や愛着をさらに高める機会となっているのである。生徒は授業だけでなく，詩や寸劇，舞踊の準備をするプロセスで伝統文化とマハッラへの知識と愛郷心を養う。そしてそれは，自分が実際に詩の朗読や寸劇の中でマハッラ住民の役を演じることによって，また他のマハッラと様々な分野で競争することによって，よりリアルに受容できるのである。また，マハッラ運営委員会の来賓との交流により，それまで授業の中だけの存在であったマハッラの行政的側面の理解も促進されると考えられる。

　このような学校行事には，ウズベク民族のみならず，ロシア人や朝鮮人，タタール人，タジク人，アルメニア人など，さまざまな出自からなる生徒たちが参加していたことから，学校でのマハッラについての教育は，在籍するすべての民族に満遍なく教授されていたといえる。仮説および研究設問として設定した，(1)「ウズベク語学校でウズベク民族の伝統文化を教えることはしごく自然なことであるが，ではウズベク語以外を教授言語とする学校では，ウズベク民族の文化を教える際に，何らかの齟齬が生じているのではないか。例えば，ウズベク語学校の次に学校数が多いロシア語学校では，ウズ

写真18 生徒たちが準備した，ナウルーズに関する伝統料理や道具の展示。スマリャク作りの材料となる麦の芽も飾られている（2006年3月，筆者撮影）

写真19 マハッラからの来賓を招いてのナウルーズの祝賀行事における生徒たちのダンスの披露。女子生徒はウズベクの民族衣装を着ている（2006年3月，筆者撮影）

ベク的なものすなわちマハッラをどのように教えているのか」については，学校行事で，ロシア人の女子学生がウズベク民族の民族衣装を着て司会をしたり，多様な民族の生徒がウズベクの民族衣装を着て校庭でダンスを披露するなど，生徒たちは自身の民族によらず，伸び伸びと行事を楽しんでおり，そこに突出した離齬は認められなかった。

以上から，学校教育におけるマハッラは，伝統文化が息づく場として自己のマハッラへの愛着を育成するもの，独立後の国家を支える行政的基盤となるもの，古くからの伝統的相互扶助と独立後の新たな行政システム内の相互扶助を促進するものとしてみなされているといえる。「伝統的空間」，「国民統合の基礎的空間」，「相互扶助の空間」としてのマハッラが，学校教育でも顕著にみられるのである。

国家と民族の連関について，坂本は以下のように述べる。

　国家が特定の領土の上に成立するものであることから，国民は通常，その領土内の複数の民族を包摂するものとなる。そこに，民族を超えた普遍的人権の観念が国家を支えるゆえんが生じるが，しかし，その国家の制度や国民のアイデンティティーの具体的なあり方は，その地域のマジョリティである民族を基盤とするものになることが多いため，少数民族問題が発生するのである[37]。

このような民族衝突を出来る限り回避するため，「道徳の基礎」科目では，「人間性，東洋と中央アジアの民族，ウズベク民族が創造してきた精神的知識の増強，偉大な祖国を振興させる思考，イスラム文化と道徳的知識」[38]などが注目されている。このように，民族や国の枠を超えた人間性と伝統文化，宗教を主とした民族的メンタリティの学習により，生徒の人間性を育成しつつ，ナショナル・アイデンティティの形成を行い，最終的に国民統合をも推進することが可能となる。マハッラは，民族の歴史性，伝統性，宗教性や相互扶助の人間性，国家の現代的末端行政システムなど，実にさまざまな要素を持った恰好の教材である。それは歴史教科書の「マハッラのようなシステムは，人間の規範や民族のメンタリティと合致するものである」[39]とい

う叙述にも明らかである。

特に,「相互扶助の空間」としてのマハッラは,儀礼での住民の助け合いや現マハッラ運営委員会主導のもとに実施されている社会保障など,民族的メンタリティにおいても,人間性においても強調されている。「相互扶助の空間」としてのマハッラは「ウズベキスタン国家の伝統的な助け合いの空間」,「民族の壁を超えた助け合いの空間」として,ウズベク民族へも他民族へも働きかけることが可能である。このようなマハッラの側面は,住民の共同生活推進や社会的弱者の救済と同時に国民統合を進める上で政府により重視され,学校教育に導入されたといえよう。

(3) ウズベキスタンにおける「学社連携・融合」
1) 学社連携政策と学校のスリム化

学社連携政策を議論する際に,しばしば用いられるのが学社連携と学校のスリム化の理論である。「学社連携」は,「学校と地域社会（社会教育関係部所を指す時もある）がともに手を携えて,子どもたちや学習者を支援していこうという考え方であり,地域教材や人材の活用,地域の行事への子どもたちの参加・地域の活性化等」[40]を意味する概念である[41]。一方,学校のスリム化は,「教育における学校至上主義を廃し,学校本来の職務を越えて抱え込みすぎた仕事を,地域社会や家庭に戻し,それぞれの責任の元に子どもを育てていく」[42]ことである。

このような「学社連携」や「学校のスリム化」を進めるなかで重要となってくるのは学校や家庭,地域社会本来の教育的役割とは何かを再考し,三者が連帯して子どもたちの教育に関わっていくことである。換言すれば,それまで学校教育に依存しがちであった部分を家庭や地域社会の教育力に頼ることで,家庭や地域社会の教育力の回復や活性化,発展を図ることが求められてくるのである。

しかし,学校のスリム化を推進する場合,その受け皿となる家庭や地域社会の教育力不足が見受けられるのであれば,急激なスリム化は避ける必要がある。まずは家庭や地域社会の教育力を高めるべきか,あるいは学校のスリム化により家庭や地域社会の教育力を向上させるかは各々の地域状況を吟味

第 4 章　学校教育におけるマハッラ

しなければならないのである。

　では，現在のウズベキスタンではどのような学社連携政策が実施されているのであろうか。

　既出の学校とマハッラ，家庭の三者の連携を目指した，「成熟した世代育成における家庭，マハッラ，学校の連携」コンセプトは，その導入目的を「国民に対する国家のイデオロギー教育の活動を完全なものにすることが，コンセプトの基本的な目的である。コンセプトの中では，家庭とマハッラと学校の課題の提示，生徒の教育における家庭，マハッラ，学校の連携活動を増強することとそのシステムの創設を挙げる」[43]とする。

　ここでの「国家のイデオロギー教育」とは，学校教育における道徳教育やイデオロギーの授業「国家独立の理念」などを指すといえる。また，マハッラの課題には，強い生徒や子どもの育成のために，学校へ国家からの社会的経済的な見解を十分に反映させること[44]が明言されている。換言すれば，マハッラは生徒たちに国家について教えたり，国民としての資質育成を行う上で，学校の補完的な役割を持つものとして位置づけられている。

　一方，タシケント市ミルザ・ウルグベク地区の A 学校の「家庭，マハッラ，学校」の 2005-2006 年度学校行事の公式報告には，学校の補完的役割のみならず，互いの機能の一部を共有したり，二者・三者間における共通の活動を協働で取り組むといった「学社融合」の萌芽が如実に表れていた。このことから，マハッラが学校の授業や行事に招かれるだけではなく，マハッラ内の行事や相互扶助にも生徒や教員が参加していることがわかる。三者の連携を促すコンセプトを基点とした学社連携活動が，実際には学社融合的な活動としてさまざまな場面で展開されていたのである。

　以上から，学校とマハッラの連携活動は，生徒たちにとって，伝統文化が息づく場として自己のマハッラへの愛着を育成し，独立後の国家を支える行政的基盤や古くからの伝統的相互扶助と独立後の新たな行政システム内の相互扶助についての学びを促進するものとなっていることが理解できる。

　これに対し，マハッラ住民の立場からみると，学校におけるナウルーズの行事は，さまざまな出し物における自己表現の場であり，家族やマハッラ対抗競技などでの住民間交流や自身のマハッラへの愛郷心を高めるための場で

あるといえる。普段は自身のマハッラ内で行われている上記の活動が，学校というより広範で公的な場で実施されることで，効果的な，また多様性を持った活動となっているのである。生徒や住民の愛郷心の高揚や伝統の学びを促進するといった互いの機能の共有や，ナウルーズの行事の開催というような共通の活動を協働で取り組むという，学社融合の活動がここでも見受けられたのである。

　しかし，このような学社連携・融合活動には，少なからず「マハッラ間の意識格差」なるものが存在するのも事実であった。これは，本章中で提示した(2)の仮説および研究設問である，「マハッラと学校の連携活動にも，民族的要因が何らかの影響を及ぼしているのではないか。ロシア語学校とウズベク語学校の両方が領域内に存在するマハッラにおいて，ロシア語学校との連携とウズベク語学校との連携に格差は存在するのだろうか」につながるものである。先述のように，A学校は3つのマハッラと契約を結んでいるが，マハッラによって学校との連携の取組みへの温度差がある。例えば，Gマハッラの代表は，「私たちは，A学校とは関係がない。ウズベク語で教えているB学校と大きなつながりがある」と述べている。逆に，Aマハッラの代表は，同マハッラとA学校との関係の深さを強調した[45]。学校側が様々な取組みをマハッラ側に対して働きかけても，マハッラ側の意識によっては取組みが進展しない場合がある。学校の取組みやマハッラからの支援が特定のマハッラに偏重することなく，生徒たちが多様なマハッラと交流することが可能となるような配慮が必要となろう。

小　　結

　以上から，マハッラは「伝統的空間」，「国民統合の基礎的空間」，「相互扶助の空間」として教科書や授業，学校行事を介し，学校教育に導入されているといえる。その背景には，脱ソ連化や国内の中央アジア諸民族の統合，新国家体制の拡充という政府の企図があった。マハッラの学校教育への導入には，マハッラの伝統的側面と独立後の行政的側面を生徒たちに浸透させ，政府の企図を実現させる目的があったのである。実際に，学校教育でマハッラ

は，伝統文化が息づく場として自己のマハッラへの愛着を育成するもの，独立後の国家を支える行政的基盤となるもの，古くからの伝統的相互扶助と独立後の新たな行政システム内の相互扶助を促進するものとして扱われている。特に，「相互扶助の空間」としてのマハッラは，民族的メンタリティや人間性において強調されている。マハッラのこのような側面は，ウズベク民族のみならず，他民族への働きかけを可能にし，住民の共同生活推進や社会的弱者の救済，国民統合を進める上で政府に重視され，学校教育に導入されたといえる。しかし，導入過程では様々な問題も生じてきている。

1点目は，「マハッラ間の意識格差」である。A学校は3つのマハッラと契約関係にあるが，マハッラによって学校との連携の取組みへの温度差が認められた。それは，Gマハッラの代表がロシア語学校のA学校ではなく，ウズベク語学校のB学校とのつながりを強調したことに顕著であった。

2点目は，「民族によるマハッラ観の相違」である。本書で詳しく論じられなかった民族にスラブ系民族や朝鮮系民族がある。先行研究の調査では，スラブ系民族でマハッラを支持するのは2割に満たなかったという[46]。一方，学校教育ではロシア人やその他の民族全てにマハッラに関する教育が行われているが，学校教育へのマハッラの導入が他民族への押しつけとなる恐れもある。伝統的存在，「ウズベキスタン国民」や愛郷心の醸成装置，行政組織の末端，相互扶助の場とされるマハッラが，逆にウズベク民族と他民族の歪みをより広げることも考えられるのである。

最後に3点目として，「連携活動の独自性の喪失」の問題を挙げたい。授業で取り扱われる内容や生徒のレポートの大部分は，政府のマハッラ重視政策によるマハッラ観に基づいたものであった。また，学校も国民教育省や地区の教育局のマハッラ政策に合致した取組みを行っている[47]。そのため，学校とマハッラの連携を進めることにより，学校や政府の要求に合わせた活動を行うマハッラや，全国的に画一的なマハッラの活動が増え，連携活動の独自性の喪失も起こり得る。

さらに，本章では，現在のウズベキスタンにおける学社連携政策とその実態についても，「成熟した世代育成における家庭，マハッラ，学校の連携」コンセプトや学校行事を通し，検討を行った。

コンセプトではマハッラに要求された課題,「強い生徒や子どもを育成するために,学校へ国家からの社会的経済的な見解をよく反映させること」にみられるように,マハッラが独自の教育機能を果たしながら,かつ学校の教育活動を補完するといった「学社連携」の体制が強調されていた。換言すると,政府によって管理された公教育主導の一方向的な連携活動が文部行政によってイメージされていたのである。

しかし,現実の連携活動のなかでは,マハッラは学校の補完的役割のみならず,生徒や住民の自己表現や学びのような互いの教育的機能を共有したり,各種行事など,両者間における共通の活動を協働で取り組むといった「学社融合」の活動がなされていた。

このような現況において,文部行政のイメージと学校や地域社会の活動の実践の場で,「学社連携」と「学社融合」に係る若干の乖離が生じているといえるのではないだろうか。今後,ウズベキスタン政府が「学校,家庭,マハッラの連携」政策を推進していく場合,このような実践の場の現状を把握し,既にその萌芽がみられる「融合」による活動をより発展させていく学社連携・融合政策が必要である。

以上のような問題点を内包した学校教育へのマハッラ導入の取組みは,近年始まったばかりであるが,全国に存在するマハッラを学校教育へ導入することは問題点ばかりではなく,一方で,地方における都市部との人材育成格差を是正する可能性も秘めている。今後は,歴史的経緯や民族構成の異なる国内の複数地域における,学校教育へのマハッラの導入についての地域間比較が検討課題である。

［注］

1) 水谷邦子「ウズベキスタン —— 高校レベルの教育改革を中心に —— 脱ロシアのための人材育成」『Science of humanity Bensei』Vol. 36, 勉誠出版, 2001 年, 44 頁。
2) O'zbekiston Mahalla xayryya jamg'armasi, *Mahalla,* Toshkennt, 2003, b.333.
3) リズワン・アブリミティ「ウイグルの子どもの発達におけるマハッラ（地域共同体）の役割」『生活体験学習研究』Vol. 1, 日本生活体験学習学会, 2001 年, 39-47 頁。他に, Bendrikov, K.E., *Ocherki po istorii narodnogo obrazovaniya v Turkestane*

(*1865-1924gg.*), Moskva: Akademiya Pedagogicheskikh Nauk RSFSR, 1960, s.27-28. も家庭・社会生活での宗教儀礼が子どもに与える影響について扱っている。
4) Kabinet Ministrov Respubliki Uzbekistan Gosudarstvennyi Tsentr Testirovaniya, Zakon Respubliki Uzbekistan "Ob obrazovanii", 1992. http://www.test.uz/index.php?exid = 3&PHPSESSID = 73c42e8456e1a19bc685e34496bcc188.（2004年12月20日アクセス）
5) 澤野由紀子「市民社会への移行を促す生涯学習体系の構築──ウズベキスタン共和国の教育改革」『ロシア・ユーラシア経済調査資料』1998年11月号、2頁。
6) 澤野由紀子、前掲論文、1998年、2-3頁。ペレストロイカのもとで、これまでのソビエト教育の何が批判され、どのような教育改革がなされようとしたのかについては、村山士郎、所伸一編『ペレストロイカと教育』大月書店、1991年、に詳しい。同書では、ペレストロイカ期の教育改革について、歴史教科書の書き換えや『生徒の権利法典』が例挙され、検討がなされている。
7) 川野辺敏『各年史／ソ連　戦後教育の展開』エムティ出版、1991年、246頁。
8) 国際協力機構（JICA）、「中央アジア（ウズベキスタン、カザフスタン、キルギス）援助研究会報告書現状分析編」、第II部各国編ウズベキスタン第9章教育、2001年、56頁。
9) Tukhliev, Nurislom, Krementsova, Alla, eds., *The Republic of UZBEKISTAN*, Tashkent, 2003, pp. 258-264.
10) タシケント国立東洋学大学付属ユヌサバッドリセ（Yunusobod Lyceum）校長へのインタビューによる（2004年8月13日実施）。
11) タシケント市国民教育局局長（当時）に対するインタビューによる（2004年8月23日実施）。タシケント市国民教育局局長へのインタビューによる（2007年12月13日実施）。
12) *Ibid*, Tukhliev, Nurislom, Krementsova, Alla, 2003, pp. 258-264.
13) *Ideya natsional'noi nezavisimosti: osnovnye ponyatiya i printsipy*, Tashkent: O'zbekistan, 2003, s.61-62.
14) ガイラト・ショウマロフ氏（ウズベキスタン共和国国民教育省文部大臣）に対するインタビューによる（2008年8月19日実施）。
15) 例えば、地方のある町の子どもたちは、春は農作物の種蒔きに、秋になると農作物の収穫に駆り出される。特に綿花摘みの作業は過酷であり、普通教育学校中学年から大学生までが、農場に泊まり込んで綿花の収穫を行う（シルダリヤ州グリスタン市における調査より、2008年9月実施）。
16) Atlas 8 klass, Tashkent, 2003, s.29. における2001-2002年度の統計による。
17) グリスタン市図書館司書に対するインタビューによる（2008年9月9日実施）。
18) これについて、ソ連期にマハッラの影響力が強い地域で育った子どもを表す、「マハッラ育ち」という言葉がネガティブで前近代的な意味合いを有していた点が指摘されている（ティムール・ダダバエフ『マハッラの実像──中央アジア社会の伝統と変容』東京大学出版会、2006年、70-71頁）。
19) 1924年に実施された民族に基づく中央アジアの領域区分を指す。これは、ソ連の

民族理論に根ざした行政区分を導入しようとしたものであったが、その背景には中央アジア民族の団結やテュルク・ソビエト共和国のような政治統合案を抑止する狙いもあったとされる。これが、現在の中央アジア諸国の民族と国家の原型となったのであるが、さまざまな民族が混在して境界が引かれているため、それに起因した複雑な問題も包含されている。小松久男他編『中央ユーラシアを知る事典』平凡社、2005 年、486 頁。

20）関連の指摘は、関の研究に詳しい（関啓子「ウズベキスタンにおける民族・宗教・教育 —— 人間形成の視点からの考察」『ロシア・ユーラシア経済調査資料』No. 812、2000 年、12-27 頁）。また、後期中等教育段階の『母国語と文学』教科書に、ウズベク民族だけでなく、カザフやカラカルパクの民族にも共通する英雄叙事詩「アルパミシュ」の記述がある点も同種の事例として挙げられる（Rafiyev A., G'ulomova N., *Ona tili va adabiyot*. Toshkent : Sharq, 2007. b. 113.『母国語と文学』）。カラカルパクスタンはウズベキスタン共和国内に存在する独立国であり、アラル海の北西、アムダリヤ川の南に位置し、15 のトゥマンと呼ばれる行政単位や 12 の都市（シャハル）、16 の町（シャハルチャ）、112 の村（アウル）から構成されている（Tukhliev, Nurislom, Krementsova, Alla, eds., *The Republic of UZBEKISTAN*, Tashkent, 2003, pp. 258-264.）。カラカルパク人は頑強なモンゴロイドの特徴を持った中央アジアの民族のひとつであり、テュルク語グループに属し、アルタイ山脈地域に関係するキプチャクのサブグループに属する言語であるとされるカラカルパク語を使用する。宗教はイスラム教スンニ派が大部分を占めている。19 世紀になると、現在のアムダリヤ川周辺に見られる領域をほぼ掌握したが、19 世紀後半にはロシアによって併合された。1920 年にはアムダリヤ川部分が、カラカルパク人の自治州であるトルキスタン自治政府のアムダリヤ川地域へ再編成された。

1925 年に、カザフ自治共和国を構成する一民族自治地域（自治州）とされた後、1930 年にはロシア連邦共和国の直轄となった。1932 年にはカラカルパク自治州がカラカルパク自治共和国へと昇格され、最終的に 1936 年にウズベキスタン共和国との合併が行われた。1990 年の主権宣言（カラカルパクスタン・ソビエト共和国）を経た後、92 年 1 月に現在のカラカルパクスタン共和国に改称している（小松久男他編著『中央ユーラシアを知る事典』平凡社、2005 年、141、145 頁）。

21）*O'rta maxsus, kac'-hunar ta'limining umumta'lim fanlari davlat ta'lim standartlari va o'quv dasturlari*, Toshkent : Sharq, 2001. b.220.（『ウズベキスタンの国家基準 —— ウズベキスタンの継続教育基準の国家システム』）

22）Nosirxo'jayev, S. H. *Ma'naviyat asoslari*, Toshkent : Sharq, 2005. b. 192.（『道徳の基礎』）

23）Dzhuraev, N., Faizullaev, T., *Istoriya Uzbekistana 11*, Tashkent : Sharq, 2002, s.117-120.（『ウズベキスタンの歴史 11 年生』）

24）O'zbekiston Respublikasi xalq Ta'limi Vazirligi., Yo'ldoshev, H. Q., *Barkamol avlodni tarbiyalashda oila, mahalla, maktab hamkorligi kontseptsiyasi*, Toshkent, 2004. b.7.（「成熟した世代育成における家族、マハッラ、学校の連携」コンセプト）。毎年ウズベキスタンでは、「マハッラの年」のようなスローガンが掲げられている。同様に、

国民教育省も年毎のスローガンを提示しており，2005-2006年度は，「家族，マハッラ，学校の連携促進の年」であった。
25) 前掲（「家族，マハッラ，学校連携」コンセプト），2004. b. 11.
26) タシケント市ミルザ・ウルグベク地区A学校内部資料。
27) タシケント市ミルザ・ウルグベク地区A学校内部資料。
28) タシケント市ミルザ・ウルザベク地区A番学校内部（マハッラとの契約書）資料。
29) 前掲書（『ウズベキスタンの歴史11年生』），2002. s. 117-120.
30) *Ta'lim taraqqieti 2 maxsus son,* Toshkent : Sharq, 1999. b. 12.（『教育の発展』）。「国家独立の理念と道徳の基礎」科目は，前期中等教育段階では道徳分野に含まれ，訓育や「祖国意識」とともに生徒に教えられている。一方，後期中等教育段階における「道徳の基礎」科目は，歴史，数学，物理などとともに一般教養分野に含まれている。
31) 前掲（『道徳の基礎』），2005, b. 204-205.
32) A学校内部資料，2003年の「マハッラの年」の際のレポートより。
33) Aマハッラ代表へのインタビュー（前出，2006年4月26日実施）。
34) ナウルーズはカザフスタン，キルギス，タジキスタン，トルクメニスタンでも公の祝日である（小松久男他編『中央ユーラシアを知る事典』平凡社，2005年，208頁）。慣習はKarabaev, U., *Etnokul'tura,* Tashkent : Sharq, 2005, s.40.を参照。
35) スマリャクは，麦の芽を大鍋で煮詰めて作るナウルーズの風物詩ともいえる伝統的な食べ物である。毎年3月21日のナウルーズが近づくと，マハッラの住民や高校のクラスメート，親戚などが思い思いに集まりスマリャクを作る。大鍋に入った大量のスマリャクを焦がさないようにかき混ぜなければならないため，夜通しスマリャク作りが行われる。マハッラでのスマリャク作りの合間には，マハッラ住民は持ち寄りのプロフを食べたり，おしゃべりを楽しんだり，ダンスを踊り，春の到来を喜び合う（本書表紙カバー写真参照）。
36) A学校副校長へのインタビュー（2006年3月10日実施），「Aマハッラ，Bマハッラ，Gマハッラとの連携によるA学校でのナウルーズの祝日行事計画」，ナウルーズの学校行事の参与観察（同年3月20日実施）による。
37) 坂本多加雄「国民と民族」リーディングス日本の教育と社会 第5巻『愛国心と教育』，日本図書センター，2007年，177頁（坂本多加雄著『国家学のすすめ』筑摩書房，2001年，第3章）。
38) 前掲書（『ウズベキスタンの国家スタンダード』），2001. b. 207-208.また，ナウルーズも教材とされている（Qarshiboyev, M., Nishonova, S., Musurmonova, O., *Milliy istiqlol g'oyasi va ma'aviyat asoslari 8-sinf,* Toshkent : Ma'naviyat, 2003. b. 101-110.『国家独立の理念と道徳の基礎8年生』）。
39) 前掲書（『ウズベキスタンの歴史11年生』），2002. s. 118.
40) 笹沼隆志「生涯学習社会における学校教育の在り方をめぐる一試論——学社連携・融合の理論的考察を切り口にして——」宇都宮大学生涯学習教育研究センター編『宇都宮大学生涯学習教育研究センター研究報告』，宇都宮大学生涯学習教育研究センター，1999年，124頁。
41) 山本恒夫は，「従来から言われてきた連携は，学校教育と社会教育がそれぞれの立

場で協力することであり，お互いが共有するところがあるわけではなかった。(中略) それに対し，融合は学校教育でもあり社会教育でもあるような活動を作り出したり，現にどちらかで行っている活動を両者共有のものとして認めたりすることである」と，「連携」「融合」について定義している。山本恒夫「学社融合の仕組み」『週間教育資料』No. 489, 1996 年，36 頁。

42) 笹沼，前掲論文，125 頁。

43) 前掲，「成熟した世代育成における家族，マハッラ，学校の連携」コンセプト，2004, b. 7.

44) 前掲，「家族，マハッラ，学校連携」コンセプト，2004, b. 11.

45) G マハッラ代表へのインタビュー（2006 年 3 月 16 日実施）。A マハッラ代表へのインタビュー（前出，同年 4 月 26 日実施）。また，卒業式においても，A マハッラからのみ，来賓が来て祝辞を述べていた（A 学校卒業式における参与観察，同年 5 月 25 日実施）。

46) ティムール・ダダバエフ，前掲書，2006 年，188-189 頁。

47) ミルザ・ウルグベク地区国民教育局「ミルザ・ウルグベク地区国民教育局 2003 年『マハッラの年』での家族，マハッラ，学校と社会団体の連携における教員の道徳・教育活動計画」，A 学校内部資料「ミルザ・ウルグベク地区 A 学校による 2003 年の『繁栄するマハッラの年』における行事計画」による。

第5章

マハッラと学校の連携による「市民」意識の育成

　1991年のソビエト連邦崩壊に伴う独立以降,ウズベキスタン共和国では,教育改革とともに,「ウズベキスタン国家とは何か」,「ウズベキスタン国民とは誰か」ということが模索されてきた。それまで同国やそこに居住する人々を包含してきた,「ソビエト連邦」や「ソ連人」という概念が消失し,その代替となる新たな枠組みが必要とされ始めたからである。

　もともとシティズンシップは,「福祉国家体制のもとで,社会のメンバーである人々が持っている権利——市民権あるいは公民権——」[1]であり,「福祉国家における国民としてのメンバーシップ（国籍）を持っていれば,生まれながらにして,最低限度の生活を営むことができる生存権がすでに保障されている,つまり,国民である以上すでに備わっている権利」[2]とする見解や,「主に政治的概念から創りだされたものであり,国家共同体（＝国民国家）として形成される近代社会の構成員を意味する「国民」（＝市民)」[3],「近代社会の成立以降に誕生した国民国家が自らの構成員を規定し,彼らに付与する権利と義務に関する法的かつ政治的な概念」[4]という解釈が一般的な理解とされるが,その多くは,マーシャルの唱えたシティズンシップ概念である「政治的共同体（political community）としての国家によって正規構成員として認知され,平等な権利と義務を授与された個人の地位（status)」[5]を起点としてなされたものである[6]。これらの解釈に共通しているのは,「国家（state)」や「国家体制（national system)」,「国民国家（nation state)」,そして「国民（nation)」というキー概念である。つまり,シティズンシップについての概念や定義の根底には,国家や国民,国民国家という概念がア・プリオリに存在していたのである。

しかし，冷戦後の社会のグローバル化やヒト・モノ・カネの流動化の劇的加速により，ひとつの国家に民族や国籍を異にするさまざまな人々が「市民」として共生し，国家や国民といった概念に揺らぎが生じている現在，「国民＝市民」あるいは「国家＝国民国家」という等式はもはや成立し得ず，改めて，現代におけるシティズンシップとは何か，またそれはどうあるべきかという課題に対峙しなければならない時期を迎えている。それゆえ，シティズンシップを国家から与えられる権利としてのみならず，その権利自体を主体的に行使できる資質，国家の一員としてだけでなく社会の一員としての義務や責任を果たす資質として理解しようとする議論やシティズンシップ教育の必要性が高まっている。

例えば，イギリスでは，1997年に発足したブレア政権において，その理論的政策ブレーンであるギデンズは，それまでのサッチャー政権が掲げた新自由主義，新保守主義に代わるものとして，「第三の道」という新たな社会民主主義の潮流を打ち出した。彼が掲げる「旧式の社会民主主義と新自由主義という2つの道を超克する道，という意味での第三の道」では，それを体現するプログラムとして，「『コミュニティの再生』によって，『アクティブな市民社会』をつくること，そして，『シティズンシップの尊重』や『公共空間に参加する権利を保障すること』などを骨子とする『包含（inclusion）としての平等』」[7]が提言されている。この流れを受け，クリックを議長とするシティズンシップに関する諮問会（The Advisory Group on Citizenship）が設立され，1998年には「学校におけるシティズンシップのための教育と民主主義の教育」といういわゆるクリック・レポート[8]が政府に提出された。このクリック・レポートにより，翌99年にはシティズンシップ科目のナショナル・カリキュラムが制定され，これによりシティズンシップは初めて初等・中等教育における独立したひとつの必修科目となった[9]。このように，イギリスだけでなく，近年，世界のあらゆるところでシティズンシップやそれにかかるシティズンシップ教育の焼き直しとも呼ぶべき現象が巻き起こっている。

そういったなか，日本においてもシティズンシップについて新たな定義が構築されつつある。「多様な価値観や文化で構成される社会において，個人

が自己を守り，自己実現を図るとともに，よりよい社会の実現に寄与するという目的のために，社会の意思決定や運営の過程において，個人としての権利と義務を行使し，多様な関係者と積極的に（アクティブに）関わろうとする資質」といった定義は，その一端であるといえよう[10]。

　日本国内では，先駆的な試みとして，東京都品川区で2006年度から区立の小中学校全校で9年間一貫教育のカリキュラムが実施され，全学年に対し，自ら学ぶ主体性を重視して，「道徳」と「特別活動」および「総合的な学習の時間」を合わせた「市民科」が設けられ，全区域の小中学校で実施されている。この「市民科」は，内閣府から教育改革特区として定められた品川区独自の科目であり，教科書も品川区教育委員会が作成する。「市民科」指導の手引きの冒頭では，これまでの日本の教育における市民性教育の軽視が指摘され，「社会の構成員としての役割を遂行できる市民性を身につけることが重要」だとされている[11]。このような事例において，シティズンシップ教育は成熟した市民社会に向けた新しい動きとされ，自発的に社会と関わろうとする意識や具体的な社会参画の動きとも受け止められている[12]。

　以上のようなシティズンシップ教育や「市民」意識を育成する取組みは，ヨーロッパや日本だけでなく，中央アジアの一国であるウズベキスタンでも実施され始めている。その背景には，①旧ソ連の体制から独立国家の建設を推進するため，「国民」意識や「国家」意識を有する人材を養成する必要があること，②しかし，国内にカラカルパクスタン共和国が内在するウズベキスタンでは国家という枠組みが曖昧であり，さらに様々な民族から構成される多民族国家であるため，他の多くの国家同様，「一国家＝一民族」という図式は成立しえず，それらの諸民族を包摂する枠組みの形成が求められていることが挙げられる。また，ソ連期に人為的に画定された国境による民族の分断に起因する，各民族の帰属意識も大きな問題となっている。このような国家的，社会的，地政的背景により，ウズベキスタンでは国家意識や国民意識と同時に，市民社会の一員としての，「市民」意識の育成が求められるようになった。

　第5章では，第1に，ウズベキスタンの社会状況を踏まえながら，なぜ，現在，同国で「市民」意識の育成が求められているのかに関連する社会的政

治的背景について説明し，それが国家の教育政策にどのように位置づけられているか，実際の学校教育ではどのように反映されているのか，について考察していく。第2に，「市民」としての資質を学習する場，「市民」意識を醸成する場としての，マハッラの取組みや学校との連携活動について取り上げ，それらの内容を検討していく。最後に，「市民」意識を育成する上で，学校と地域社会が連携することの意義や可能性，今後の課題を探る。

　研究の方法としては，現地の教科書や国民教育省，高等中等専門教育省の定める「ウズベキスタンの国家スタンダード――ウズベキスタンの継続教育基準の国家システム」(以下，国家スタンダード)，法令の分析，マハッラ運営委員会や学校関係者，生徒などへのインタビューを実施している[13]。

第1節　独立後のウズベキスタンと若者の「市民」意識の育成

　イギリスにおけるシティズンシップ教育の導入背景には，若者の政治への無関心，選挙の投票率の低下に対する不安，地域がコミュニティとして機能していないことや地域レベルの活動に市民が参加する機会が減少していることに対する懸念があった[14]。

　第1節では，独立後のウズベキスタンとその教育政策に「市民」がどのように位置づけられているのかについて検討する。ここでは，ウズベキスタンの社会状況を踏まえながら，なぜ，現在，同国で「市民」意識の育成が求められているのかについて述べる。そして，それが国家の教育政策にどう位置づけられているか，実際の学校教育ではどのように扱われているか，について検討していく。

(1) 独立後のウズベキスタンにおける「市民」

　2002年8月29日，カリモフ大統領はオリー・マジリス (*Olii Majlis*, 国会) にて，「ウズベキスタンにおける民主化と市民社会の基盤形成の深化についての基本的方針」と題した演説を，9月1日の独立記念日に先駆けて行った。この演説では，近年，ウズベキスタン政府が盛んに宣揚する「強い国家から強い社会へ」概念が述べられており，市民社会の形成の最も重要な機能

のひとつに，社会生活における非政府組織の役割と課題が強調されている。また，「我々の認識の中心には，常に問題の解決と市民自治組織としてのマハッラの発展が存在しなければならない」[15]と，住民自治組織としてのマハッラの名も挙げられている。

　この演説に象徴されるように，近年のウズベキスタンでは非政府組織やマハッラの法的・行政的整備が具体化されているが，この一連の動きは独立後の新国家建設に行政機関だけではなく，非政府組織やマハッラを取り込み，それらにさまざまな機能を移管することを狙ったものである。こうした政策は，現ウズベキスタン政府の力量不足を補完するとともに，都市部・農村部に限らず国内全体を住民組織というミクロでローカルな単位から掌握することができ，かつ「住民自治」や「住民のエンパワーメント」，そして住民主体の「民主化」を国内外にアピールすることができるため，二重三重に有効であるといえる。このような社会的・政治的背景により，現在では強い社会のみならず，それを支える「強い市民」も求められるようになっている。この「市民」の育成に関して，カリモフ大統領は前出の演説で次のように述べる。

　　市民社会の基盤形成にとって最も重要な点は，教育や精神，個々の成熟における永続的な営為である。これは，恒常的な政令や基礎，社会発展の礎，活動の一貫したシステムの構築，（我々が）精神性や道徳，教育といった３つ（の資質）を獲得することに帰する。これら３つの価値は，常に我々の国民の間で，最も尊ばれてきたものである[16]。

　つまり，彼は，「市民」の育成や，国民自身が「市民」となるためには，精神性や道徳，教育における知識や技能が不可欠であると主張しているのである。学校教育へ目を転じてみると，この大統領の演説は，「礼儀」や「祖国意識」，「道徳の基礎」，「国家と法律の基礎」，「個人と社会」などの諸科目で，子どもたちが「市民」になるための３原則を習得する必要があることを暗に示している。当然ながら，現在のウズベキスタンの学校教育では，大統領演説や教育省令により，「祖国意識」や「道徳の基礎」が独立科目として

存在し，初等教育段階の1年生から後期中等教育段階にある12年生まで必修化されている。それに加えて，この背景には，先の社会的・政治的要因の他に，移行経済期にある同国の人材育成の課題も潜んでいる。

ウズベキスタンでは，カリモフ大統領の方針により，急激に市場経済化と民主化へと転換するのではなく，穏健改革路線と権威主義体制を保持しながら，ゆるやかな体制の切り換えが目指されてきた。この一連のプロセスにおいて，これまでの旧体制下で必要とされた人材ではなく，独立後の国家建設や市場経済に対応した人材育成が急務となった。ソ連期において，国家機関や産業，学術・研究部門，企業の幹部などの主要ポストはほとんどロシア人によって占められていたが，独立後の彼らの国外への流出により，管理職，専門職の分野では深刻な人材不足が起こった。それに加え，ウズベキスタンは，制度的・人的基盤の整備も覚束ないまま独立したため，独立国家としての外交や経済交流，安全保障，法整備，行政改革などを突如として，ウズベキスタン自身で行わなければならない状況に陥り，それに伴う人材も求められている[17]。

このような理由から，現在のウズベキスタンでは新国家を形成していく際の根幹となり得る官僚や企業幹部のようなエリートの養成が目指されており，そのエリートには専門知識とともに国家意識や国民意識を有することが求められている[18]。まさに，「国家にとって，人は城，人は石垣」ともいうべき人材育成の国家戦略が推し進められているのであるが，人材育成はなにもエリート層だけに求められているわけではない。彼らを支える，実際に現場で労働に従事する一般大衆の育成も行われている。そして，そこでも，国家意識や国民意識を持った人材の育成が図られている。大統領演説で謳われているような「強い市民」の育成が進められているのである。

(2) 教育政策における「市民」の位置づけ

その代表的なものが，1997年10月に発表された「人材養成システムの国家プログラム」である。独立後の同国における教育改革は，旧ソ連の教育制度から新国家の新制度への転換であり，1997年の教育法の改正により，4-5-3制の計12年間が無償義務教育とされている。特に，後期中等教育は1

割の大学進学希望者が通うアカデミックリセと9割の職業カレッジに分けられ，アカデミックリセでは専門科目，職業カレッジでは職業技術の習得が目標とされる。換言すれば，アカデミックリセでは国家を先導していくエリートの養成が行われる一方，職業カレッジではそれらを支える一般大衆の育成が企図されているのである。両コースに共通しているのは，国家意識や国民意識を有する人材の育成，新国家の社会における「市民」という意識の育成といえる。

　この「市民」意識の育成は，国家スタンダードで定められている科目内容や教科書の記述から，ウズベキスタンでは4つの側面において行われていることが読み取れる。それは，①選挙などの政治参加に関する政治的能力，行政や政治的知識，法的知識を有する「市民」，②愛国心や愛郷心を有する「市民」，③民族や国家の言語，伝統文化の復興を支える「市民」，④多民族，多文化国家，中央アジア，国際社会の一員としての「市民」，の4つである（表7）。

　ハーンは，民主主義国での効果的なシティズンシップ教育には4つの要素が生徒にとって必要不可欠であるとし，「綿密に計画された指導のもとで知識を獲得すること」，「公共的な論点について議論し，決定を下すこと」，「市民活動に参加すること」，「ローカルなコミュニティ，国というコミュニティ，国を超えたコミュニティ，グローバルなコミュニティに対して積極的な帰属意識を養うこと」を提示している[19]。ハーンが例示するような欧米民主主義国とウズベキスタンは，歴史的背景も現況も異なるため，上述の要素をそのままあてはめることは困難であるが，前述の4側面による「市民」と共通する部分もあるのではなかろうか。とりわけ，ローカルなコミュニティと関連して，同国に伝統的に存在するマハッラが道徳や歴史の授業で扱われており，学校とマハッラ運営委員会により，教育上の様々な連携活動も実施されている。

　以下では，上述の4側面が学校教育で，実際にどのように扱われているのかを踏まえながら，特に生徒の政治性の涵養に連結する①「選挙などの政治参加に関する政治的能力，行政や政治的知識，法的知識を有する『市民』」を例に挙げ，教科書と国家スタンダードを中心に検討を行う。

表7 学校教育における「市民」意識の育成

「市民」育成のための4側面	科　　目	教　科　書
①政治的能力，行政・政治的知識，法的知識を有する「市民」	初等教育段階:「礼儀」 前期中等教育段階:「国家と法律の基礎」 後期中等教育段階:「国家と法律の基礎」,「個人と社会」	初等教育段階:「憲法初歩」,「礼儀」 前期中等教育段階:「憲法の世界への旅」 後期中等教育段階:「国家と法律の基礎」,「法律」
②愛国心や愛郷心を有する「市民」	初等教育段階:「礼儀」 前期中等教育段階:「礼儀」,「祖国意識」,「国家独立の理念と道徳の基礎」 後期中等教育段階:「道徳の基礎」	初等教育段階:「礼儀」 前期中等教育段階:「祖国意識」,「国家独立の理念と道徳の基礎」,「ウズベキスタンの歴史」 後期中等教育段階:「道徳の基礎」,「ウズベキスタンの歴史」
③民族や国家の言語，伝統文化の復興を支える「市民」	初等，前期・後期中等教育段階:「母国語と文学」,「音楽文化」,「ウズベク語」,「ウズベキスタンの歴史」	初等，前期・後期中等教育段階:「母国語と文学」,「音楽文化」,「ウズベク語」,「ウズベキスタンの歴史」
④多民族，多文化国家，中央アジア，国際社会の一員としての「市民」	初等教育段階:「礼儀」 前期中等教育段階:「外国語」,「文学」,「世界史」 後期中等教育段階:「外国語」,「文学」,「世界史」「個人と社会」	初等教育段階:「礼儀」,「憲法初歩」 前期中等教育段階:「外国語」,「文学」,「世界史」 後期中等教育段階:「外国語」,「文学」,「世界史」

出所：O'zbekiston Respublikasi Xalq Ta'limi Vazirligi., *Ta'lim taraqqieti 2 maxsus son*, Toshkent : Sharq, 1999, b.10-13., *O'rta maxsus, kac'-hunar ta'limining umumta'lim fanlari davlat ta'lim standartlari va o'quv dasturlari*, Toshkent : Sharq, 2001.を参考に筆者作成。教科書や教授内容から，科目によっては重複するものもある。

第2節　ウズベキスタンの学校教育における「市民」意識の育成

　第2節では，ウズベキスタンの学校教育における「市民」意識の育成について考察を行う。具体的には，「人材養成システムの国家プログラム」と各科目の指導要領について定めた「国家スタンダード」，「道徳の基礎」，「憲法初歩」，「礼儀」科目の教科書の分析を行う。

　①「ウズベキスタンの国家スタンダード」にみる「市民」意識の育成
　表7は，義務教育にあたる初等教育段階，前期・後期中等教育段階の科目における4側面の教授状況を表にしたものである。①では，主に国家の法律や選挙制度，人権，国家の軍隊などが扱われている。②では，国家と社会に関する内容や愛国心が生徒たちに教えられている。③では，文学や音楽などの芸術分野と言語を中心に，古くからの伝統を認識し，それを復興する人材の育成が目指されている。④では，ウズベク民族以外の民族と意思の疎通を図り，ともに1つの国で生きていくための知識や力量形成のための歴史，言語の習得，特に中央アジアの一員としての自覚を高めることが目標とされている[20]。

　②「道徳の基礎」，「憲法初歩」，「礼儀」科目の教科書にみる「市民」意識
　その特徴としては，各科目や教科書間で教授内容の相互補完が図られていることが挙げられる。例えば，初等教育段階にあたる2年生の「憲法初歩」の教科書では，憲法に関連した内容だけでなく，国章や国旗，大統領，選挙についての説明が，国章や国旗の塗り絵，国家シンボルの名前のパズルという作業を通してなされている。
　以下は，2年生の「憲法初歩」の教科書における憲法と選挙についての記述である。

> 3. 憲法 —— 国家の基本法
> 　1992年12月8日は，私たちの祖国の偉大な日のひとつです。この日に，国の基本法であるウズベキスタン共和国憲法が制定されました。憲法は，ウズベキスタンに住む全ての人々の権利と義務について書かれた，私たちの最も重要な法です。
> 　　　　　　　　5. 投票
> 　ウズベキスタン共和国の首長は，イスラム・カリモフ大統領です。1992年に，彼は私たちの国家の全ての住民により，大統領に選ばれました。
> 　　　　　　　　選挙
> 　私たちの前に，ハミダとコスチャがいます。私たちは，彼らのうちの誰かをクラスの代表として選ばなければなりません。クラスの代表としてハミダを選ぶ人は誰ですか。手を挙げてください。では，コスチャにクラスの代表になってほしい人は誰ですか。クラスの生徒の大多数が投票した人が，代表として選ばれます。このような活動は，投票と呼ばれます。
> 　私たちの政府の大統領もこのように投票によって選ばれます。彼に，ウズベキスタン共和国の住民の大多数は投票しました[21]。

　この教科書では，まずイスラム・カリモフ氏が大統領として選ばれたことに触れ，次に生徒たち自身のクラスの代表を選ぶ例を提示している。投票とは，どのような行為なのかを身近な例を挙げ理解させ，最後は国家における大統領選挙の説明も行っている。教科書には，カリモフ大統領や教室内で挙手をする子どもたちの写真も掲載されている。

　その一方で，「私たちの祖国 —— ウズベキスタン」，「これは私たち！」，「国家の言葉 —— ウズベク語」，「ウズベキスタン共和国の市民」，「学問は光」，「友達は君とは違う」，「健康でいよう！」，「ウズベキスタン共和国の軍事力」などもテーマとして取り上げられており，随所に出てくる憲法の条項とともに，表4の①，②，③，④の内容も学ぶことができるようになっている。また，学年が進むにつれ教科書の内容を自身のものとして考えることができるような工夫もされており，2年生で「ウズベキスタン共和国の市民」，3年生で「国家の市民」とされていたテーマが，4年生時では「私はウズベキスタン共和国の市民」と変化している点も注目に値する[22]。これまで

学んだ「市民」という概念を自身に投影するための仕組みが，ここには内在しているのである。

さらに，ウズベク語や英語，ロシア語などの語学科目においても，伝統的な春の祭りである「ナウルーズ」や「憲法」,「国旗」,「国章」,「国家の祝日」,「私たちの祖国——ウズベキスタン」,「国民・公民の精神」などのテーマが取り上げられており，各言語能力の習得と同時に，ウズベキスタン国民や社会の一員としての人材育成が並行して行われている[23]。

このように，学校は知識や体験をシステマティックに学習する場としては適している。しかし，新憲法や選挙など独立後，新たに求められているような知識，能力を生徒が身につけるためには，学校外の場や人材を通じて，身近な社会の変化に主体的，自発的，積極的に対応する知識やスキル，社会への参画の場の提供が欠かせない。この要請に対し，別言すれば，生徒の「市民性」の習得には，学校で学んだことを体現する「実践の場」が求められるのである。現在のウズベキスタンでは，マハッラが独自の活動を通し，学校と連携しながら「市民」意識を有する人材育成のための活動を行っている。

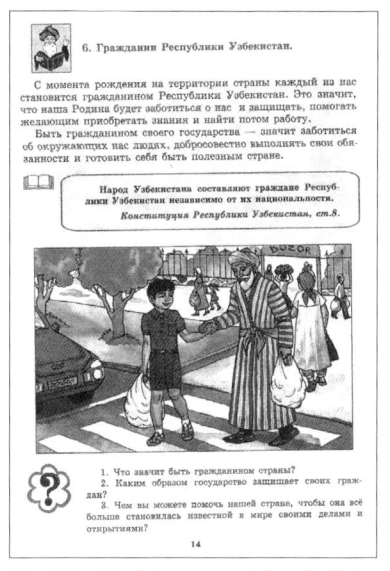

写真20　『憲法初歩2年生』の教科書。同書では，「ウズベキスタンの市民」についても，憲法の条項とともに学ぶことができるようになっている（出所：Kostetsukii, V. A., Chabrova, T., *Azbuka konstitutsii 2 klass*, Tashkent: Sharq, 2004, s.14）

第3節　マハッラによる「市民」意識の育成

独立後のウズベキスタンにおけるマハッラ独自の活動に関しては，春の祭

りナウルーズや旧戦勝記念日である「追悼の日」,「子どもを守る日」,「国際婦人デー」などに際して，マハッラの広場やマハッラ運営委員会の事務所などで，様々な地域行事が実施されている。また，大学に進学していない無職の若者や無職の女性を対象とした，パソコンや理容，美容，お菓子作りの講座を設け，職業技術を身につけさせる取組みも行っている[24]。1992 年に制定された新憲法でもマハッラが重視される傾向にあり，ウズベキスタン共和国法「教育について」では,「地方行政府ホキミアトの教育部門における全権委任（第 27 条)」という条項も定められている[25]。さらに，2003 年は大統領令によって「マハッラの年」と宣言され，伝統競技の大会など，マハッラ内で様々な行事が計画された。

　近年においても，政府の方針によりマハッラと学校の連携活動が奨励されており，前出のミルザ・ウルグベク地区 A 学校では，同校の公式報告（第 4 章 123 頁参照）に記述されているように，12 月 8 日の憲法記念日にマハッラ運営委員会の代表者が招待されたり,「国家独立の理念」の授業にマハッラから代表者が招かれ,「イデオロギー —— 統一された国旗，社会」のテーマで講義をするなどの活動が実施されている[26]。その他,「国家独立の基礎」ウィークの際も，マハッラの活動家が参加しての学校行事が開催されている。

　カークホフスは，学校と地域社会の関わり方として,「町議会の議員と面会する」ことや,「お年寄りに歌を披露するための合唱団による慰問や，同い年の障害を持った子どもたちのための劇団を作ることや，写真・映画・絵画などの展示会の開催や，自分たちの学校の雑誌を作り，自ら編集者となること」[27] を列挙している。

　ウズベキスタンの学校とマハッラの連携活動においても，実際にマハッラ内を調査し，パスポートと呼ばれる自身のマハッラの記録（人口，事務所の住所，マハッラを構成する通りの名称，マハッラの代表，マハッラ内のモスクや博物館などの施設，マハッラの歴史）を作成する，マハッラ運営委員会関係者にインタビューを行い，レポートを作成する，障がい者のもとへ行き，プレゼントを贈る，自身の住むマハッラについての壁新聞や作文を書くなどの類似の活動が行われている。

以下では、実際の学校行事を取り上げ、「市民」意識を育成する上で学校と地域社会が連携することの意義について考察したい。

特に本節では、「追悼の日」の学校行事におけるマハッラと学校の連携事例とマハッラ内行事における「市民」意識の育成について検討する。

(1) 「追悼の日」の学校行事におけるマハッラと学校の連携

カリスは、ヨーロッパの歴史教育における自民族中心主義に関して、「ナショナル・アイデンティティの強度は、誇りや強い達成感から生じるものなので、第2次世界大戦に関する指導では、個々の国家が顕著な貢献を果たした点を注意深く詳しく述べるのはもっともなこと」とし、欧州諸国の多くの教科書の共通点として、共同の軍事作戦への自国の参加に言及していることを指摘する[28]。ウズベキスタンにおける教科書も例外ではなく、ウズベキスタン国民がどれだけ戦争に貢献したか、ソ連を防衛するためにどのような犠牲を払ったかが賞揚される内容が学校教育でも取り上げられている。それに関連し、第2次世界大戦に因んだ学校行事も毎年開催されている。

前出のA学校における第2次世界大戦（大祖国戦争）の貢献者を称える「追悼の日」の学校行事には、同校とつながりのあるマハッラから10人が来賓として招待された。ある来賓は胸にいくつもの勲章が付いた軍服を着ており、またある来賓はウズベキスタンの伝統的な帽子をかぶり行事に出席した。

まず、戦争をテーマとした詩の朗読が生徒によって行われ、続いてウズベキスタンの伝統舞踊が披露された。戦争の恐ろしさ、悲惨さを訴える女子生徒の詩の朗読を聞きながら涙を流す女性の来賓もおり、生徒たちはその様子を真剣に見つめていた。

来賓の代表として、退役軍人の男性と戦時中に様々な後方支援の活動を行った女性が戦争の体験を生徒たちに語った。両者とも「いかにして国を守ろうと努力したか」、「どのように前線で戦ったか」、「食べ物が少ない中でどのような苦労をし、それをどう克服しようとしたか」を強調した。

2名の来賓の戦争体験を聞いた後、再び生徒代表によるダンスが始まり、曲の最後にはマハッラからの来賓全員を巻き込んだ大きな踊りの輪ができ

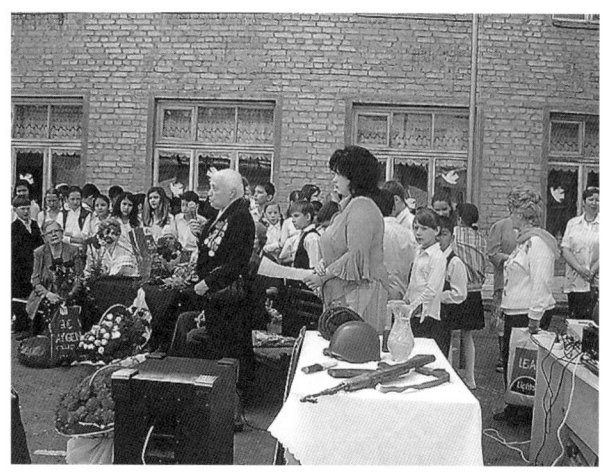

写真 21 ミルザ・ウルグベク地区 A 学校における「追悼の日」の学校行事で、戦争体験を語るマハッラからの来賓。女性の胸にはいくつもの勲章が付けられている。手前には、生徒たちが準備した戦争に関する展示台が設けられている（2006 年 5 月、筆者撮影）

た。行事の最後には、生徒たちから花や贈り物などが戦争貢献者へ贈呈された。行事終了後に生徒たちはいくつかのグループに分かれ、贈り物を貢献者の自宅へ運び、そこで再び戦争体験を聞き、貢献者にインタビューを行った。

　この行事の中で、戦争貢献者は「祖国を守った貢献者」とされており、生徒たちはその貢献者から、当時の様子を学ぶ。ここで重要な点は、「祖国を守った貢献者」がマハッラから来た、という点である。「追悼の日」の行事終了後、1 人の男子生徒は以下のように述べた。

　「ほら、あそこにいるのは○○さんだよ。さっきの行事に来ていた、あのおじいさんだよ。彼は喫茶店の経営者で、いつもあの店にいるんだ。G マハッラに住んでいるよ」。

　生徒たちは、祖国を守った人々が身近に存在することを知り、彼らの戦争

体験の語りを通し，マハッラの歴史や自己のマハッラについての知識を培う。また，学校行事が終わった後，自分たちの贈った花束やプレゼントを高齢者の家まで運ぶことで，高齢者を支え敬うといったマハッラの一員＝市民としての役割や責任を学ぶ。そして，それらを実践する場が自らのマハッラであることも認識するのである。

さらに，第2次世界大戦時，ウズベキスタンはソビエト連邦の一部であったため，2名の来賓は「ソ連の時代」という言葉を多用し，その当時を振り返った。生徒たちは，来賓の語りを通し，自分たちの知らないソ連という歴史に触れ，その時代に自分の国がどのような状況にあったか，同じマハッラに住む人々はその時代をどのように生きてきたのかを知ることができるのである。ここでのマハッラは，生徒たちと戦争貢献者との関係をつなぐ役割を果たしているといえる[29]。

「追悼の日」の学校行事は，表7の②「愛国心や愛郷心を有する『市民』」に連結するものであるといえるが，ここでマハッラは愛国心や愛郷心にリアリティを注入するものとして，その役割を発揮している。国家は，人々が身近に感じるにはあまりにもバーチャルな存在であり，国家への愛国心や愛郷心を育むには，より人々が親近感を湧かせることのできる存在が必要である。それゆえ，マハッラは国家と人々の狭間にある存在として，学校とともに「市民」意識の育成の中核に据えられることになったのであった。

アレントは，近代の特徴を，公的な領域と私的な領域の境界が崩壊し，その結果，「社会的なるもの」が生まれたとする[30]。ウズベキスタンにおけるマハッラをめぐる境界もまた，マハッラの法的・行政的整備により，これまでの私的な地縁ネットワークであったマハッラとの境界が漠然としたものとなっている。マハッラが，アレントのいう「社会的なるもの」なのか否かは今後の研究を待たねばならないが，少なくとも「市民」意識の育成においては，マハッラは学校教育とマハッラ内の活動という，公的・私的な領域の双方を覆うものとして，自己の役割を果たしている。

以上から，ウズベキスタンにおいて「市民」意識を育成する上で，学校と地域社会を介することの意義については以下の4点が考えられる。

まず1点目として，生徒たち自身が居住する身近な場で，政治的能力や政

治的，法的知識を学ぶことができ，学校の授業内容をリアルに受容しやすくなることが挙げられる。第4章で取り上げた，マハッラ関係者にインタビューを行い，国家機関の政策と自身の住むマハッラ運営委員会の活動をリンクさせたようなレポートの例がこれを示している。次に2点目として，学校の教員以外の地域の人材を活用して「市民」意識を育成できることが提示できる。「国家独立の理念」の授業にマハッラから代表者が招かれ講義をするなどの活動はこの一例である。続いて3点目として，学校の授業で扱われる内容をより幅広く学ぶことができることが挙げられる。ソ連期よりもティムール帝国期の歴史などが重視される独立後において，マハッラの戦争貢献者の話は生徒たちがソ連の歴史について触れる貴重な機会となっている。最後に4点目として，学校とマハッラで学んだ内容を実践する場がマハッラに用意されていること，それを通じ，生徒が地域の一員，社会の一員としての自覚を持てるようになることが挙げられる。貧困家庭に対する冬用の衣服の提供や，障がい者への支援やプレゼントの提供，学校区のマハッラのハシャル（相互扶助活動）への生徒の参加，「追悼の日」における高齢者のサポートなどはその好例である。

(2) マハッラ内行事と「市民」意識の育成

ウズベキスタンのマハッラは，子どもたち自身が住む学びの場であり，マハッラ運営委員会は子どもたちを様々な角度からサポートする重要なアクターとなっている。

例えば，ウズベキスタンにおいて，新年の祭り，春を祝う祭りであるナウルーズでは，マハッラ毎にナウルーズに由来するスマリャク作りが行われ，地域住民を集めての祝賀行事が開催される。祝賀行事は，子どもから大人までそのマハッラに住む多くの住民が参加するが，そこでお茶の準備やテーブルにお菓子や飲み物を並べる仕事をするのはマハッラの子どもたちである。子どもたちは，マハッラのお年寄りたちがお祝いに訪れれば，彼らにお茶を提供し，歌手が歌や踊りを披露している間も黙々と働く。そして，大部分の住民が帰ったあと，やっとテーブルに座り，お茶やお菓子を食べるのである。

第5章　マハッラと学校の連携による「市民」意識の育成　　　*161*

　このようなマハッラ内の祝賀行事は，子どもたちにマハッラの一員としての意識を醸成するとともに，自身がいなければ祝賀行事は順調にまわっていかない，といった自信や責任感を植え付ける。これは自身がマハッラを出発点とした社会の一部であり，また社会を構成する立派な成員であることをも認識させるものであるが，この

写真 22　ナウルーズのマハッラ内行事では，子どもたちが重要な働き手となっている（2007年3月，筆者撮影）

ような祝賀行事への参画で生まれる「マハッラ住民」意識が，やがては「市民」意識へとつながっていくのは想像に難くない。
　さらに，マハッラは，伝統文化や地域文化を継承する「伝統的空間」，マハッラ住民同士の助け合いからなる「相互扶助の空間」と考えることができるが，それだけではなく，「国民統合の基礎的空間」として独立後のウズベキスタンにおける国民意識や国家意識の高揚を支える存在となっていることも忘れてはいけない（第4章参照）。
　マハッラという地域社会の一員という「市民」意識を育成すると同時に，マハッラの歴史や伝統文化の復興，抽象的な愛郷心を涵養し，具体的にマハッラで民族の壁を超えた相互扶助的な活動がなされることが，貧困家庭や高齢者など社会的弱者の救済にもなり，ひいては国民形成や国民統合にもつながっていくと考えられるのである。さらに，「市民」意識の育成は「ウズベキスタン国民」という名称民族以外の民族の自己に対する異質感，疎外感をやわらげ，全国民への「市民」という新たなアイデンティティの注入を可能にする。それにより，政府は多民族により構成される同国の統合を推進できる。現在のウズベキスタンでは，「市民」は「国民」と同義のものという意味合いが強く，また，「市民」意識から「国民」意識への置換によって，政府の国家統合，国民統合の新たな手段ともなっているといえるのである[31]。

小　　結

　以上，本章では現在，ウズベキスタンで「市民」意識の育成が国家の教育政策にどう位置づけられているのか，実際の学校教育ではどのように扱われているのかについて触れ，そしてそれに対するマハッラの取組みや学校との連携活動について取り上げ，それらの内容を検討してきた。
　ウズベキスタンの学校教育では，「市民」意識を育成するために様々な科目が設置されており，それをより発展させるために，「追悼の日」に代表される学校行事やマハッラ内での子どもの活動において，学校とマハッラの連携活動が実施されている。マハッラは，それ自体が子どもたちの学びの場であり，マハッラ運営委員会は子どもたちを多面的に支援する重要なアクターであった。
　しかし，現在のウズベキスタンでは「市民」意識の育成が，政府によって想定された国民意識，国家意識の育成と同一視される傾向が強く，教授内容や学習方法も国家スタンダードによるもので，また教科書も各科目につき，1種類しか作成されておらず，全国的に画一的になりがちである。政府主導による「市民」意識の育成のみでは，政府のイメージする「市民」意識に偏重してしまうことが懸念される。
　そうしたなか，近年ウズベキスタンでは，学校，マハッラ，家庭以外で子どもや青年の「市民」意識の育成に関わるアクターとして，様々な青年団体やNGOが注目され始めている。各団体は各々の活動理念に基づき，タシケント市内での清掃や病院訪問などのボランティア活動を通し，市民社会を支える若者の育成に取り組んでいる[32]。これまでの政府主導型から青年団体やNGOなどを取り込んだ，多方面からの「市民」意識の育成の取組みが期待される。
　また，ウズベキスタンにおける「市民」意識の育成は，中央アジア域内協力の発展の可能性にもつながっている。近年，日本政府はODAなどを中心にウズベキスタンやカザフスタン，キルギス，タジキスタンなどそれぞれの国を対象に援助活動を実施しているが，そのなかで一国対象の支援だけでは

なく，中央アジア全域を対象とした対地域協力の可能性も模索している。これは，中央アジア各国がその地域内で，教育，インフラ整備，市場経済化など様々な分野の共通課題においてお互いに協力できるよう支援を行う，といったものであり，そのような支援が実施される場合，各々の国では国家意識，国民意識を有すると同時に，中央アジアや国際社会の一員という「市民」意識を有することも求められるようになると考えられる。

　ウズベキスタンにおける「市民」意識の育成の重要性は，今後も高まっていくと考えられるが，本章で詳しく扱うことのできなかった青年団体，NGO等の取組みの実態，成果，課題を明らかにすることに関しては，次章に譲ることとする。

[注]

1) 小玉重夫「シティズンシップ教育の意義と課題」財団法人明るい選挙推進協会『私たちの広場』291号, 2006年, 4頁。
2) 小玉重夫, 同上論文, 2006年, 4頁。小玉もマーシャルのシティズンシップ概念を取り上げ, シティズンシップ概念の変遷について, 「18世紀の個人的自由をあらわす市民的権利から, 19世紀の参政権や政治参加を表す政治的権利を経て, 20世紀の福祉国家段階における社会的権利へと, 市民権のシティズンシップは発展してきた」ことを明示している (小玉重夫『シティズンシップの教育思想』白澤社, 2003年, 12頁)。
3) 大野順子「地域社会を活用した市民的資質・シチズンシップを育むための教育改革　地域の抱える諸問題へ関わることの教育的意義」『桃山学院大学総合研究所紀要』第31巻第2号, 2005年, 100頁。
4) 不破和彦『成人教育と市民社会――行動的シティズンシップの可能性』青木書店, 2002年, 13頁。
5) 不破和彦, 前掲書, 2002年, 14頁。
6) シティズンシップ概念に加え, マーシャルは, シティズンシップの構成要素として, 「市民的 (civil), 政治的の (political) そして社会的権利 (social rights) と義務」を挙げている (不破和彦, 前掲書, 2002年, 14頁)。
7) 小玉重夫, 前掲書, 2003年, 14頁。アンソニー・ギデンズ『第三の道――効率と公正の新たな同盟』日本経済新聞社, 1999年。
8) The Advisory Group on Citizenship, *Education for Citizenship and the teaching of democracy in schools : Final report of the Advisory Group on Citizenship*, September 22, 1998.

9）蓮見次郎「英国のシティズンシップ教育——経緯・現状・課題——」『政治研究』55号，九州大学法学部政治研究室，2008年，68頁。
10）経済産業省「シティズンシップ教育と経済社会での人々の活躍についての研究会報告書」2006年3月，20頁。
11）品川区教育委員会，市民科カリキュラム作成部会編，小中一貫教育市民科セット『市民科指導の手引き』教育出版，2006年，1頁。
12）シティズンシップ研究会『シティズンシップの教育学』晃洋書房，2006年，1頁。品川区の「市民科」教科書について，原田は，1年生から9年生の自治的活動領域において，「政治」や「民主主義」，「議会」という言葉が一度も使用されておらず，また政治的な論争やそれをめぐる政治的な活動内容も同単元では全く存在しないことを挙げ，政治性を欠いている点が品川区「市民科」の「政治性」であり，それが同区におけるシティズンシップ教育の重大な欠陥につながると指摘する（原田詩織「品川区『市民科』教科書の政治学的分析」『学生法政論集』4号，九州大学法政学会，2010年，116-117頁）。
13）本章は，主に2006年9月28日から2007年9月27日までの現地学校やマハッラ，その他マハッラ基金事務所などの関連機関におけるフィールドワークや文献分析，国際会議資料によるものである。
14）「特集市民性教育を考える」財団法人明るい選挙推進協会『私たちの広場』291号，2006年，4頁。
15）Karimov, I. A., *Izbrannyi nami put'-Eto put' demokraticheskogo razvitiya i sotrudnichestva s progressivanym mirom*, Tom11, Tashkent: Uzbekistan, 2003, s.24, s.26.
16）Tam zhe, Karimov, 2003, s.28-29.
17）水谷邦子「ウズベキスタン——高校レベルの教育改革を中心に——脱ロシアのための人材育成」『Science of humanity Bensei』Vol. 36, 勉誠出版，2001年，43頁。
18）関は自著のなかで，「教育改革の民族語化は，ウズベク語を習得しなかったかつてのマジョリティであるロシア人をエリート層からはずす上で大いに役立つ」と指摘している（関啓子『多民族社会を生きる——転換期ロシアの人間形成——』新読書社，2002年，246頁）。
19）ハーン・L・キャロル「各国における『政治的になる』ということ」ロラン-レヴィ・クリスティーヌ，ロス・アリステア編著『欧州統合とシティズンシップ教育——新しい政治学習の試み』明石書店，2006年，126頁。
20）後期中等教育段階の「個人と社会」科目では，「中央アジアの哲学者の人間と社会についての見解」が授業テーマに挙げられている（*O'rta maxsus, kac'-hunar ta'limining umumta'lim fanlari davlat ta'lim standartlari va o'quv dasturlari*, Toshkent: Sharq, 2001, b.153.）。
21）Kostetsukii, V., Chobrova, T., *Azbuka Konstitutstii 2 klass*, Tashkent: Sharq, 2004, s. 12-13.
22）Tam zhe, Kostetsukii, V., Chabrova, T., 2004, s.12-13., Konstetsukii, V., Chabrova, T., *Azbuka Konstitutsii 3 klass*, Tashkent: Sharq, 2006, s.13., Konstetsukii, V., Chabrova,

T., *Azbuka Konstitutsii 4 klass*, Tashkent : Sharq, 2006, s.7.
23) Tolipova, R., Is'hoqova, M., Ikromova, N., *O'zbek Tili ta'lim boshqa tillarda olib boriladigan maktablarning 2-sinfi uchun darslik,* Toshkent : O'zbekiston, 2007, b.25, 27, 41, 46, 59, 61-65, 71., Talipova, R., Salikhova, M., Tsuvilina, E., Niyazova, Z., Nurmukhamedov, T., *Russkii yazyk 2 klass*, Tashkent : O'zbekiston, 2006, s.40-41, 46, 54-55, 56-59., Dzhuraev, L., Khan S., Kamalova, L., Hoshimov, U., Ganiyeva, H., Ziryanova, R., Ernazarova, S., Tursunova, T., *Fry High English* 5, Tashkent : O'qituvchi, 2007, pp.45, 73, 117, 124, 133-135., Dzhuraeva, Z.R., Kucharov, T.U., *Russkii yazyk kollej,* Tashkent : Sharq, 2007.
24) Aマハッラ代表，前代表（2006年4月26日，2007年3月10日，5月4日実施），Gマハッラ女性委員会顧問（2006年4月15日実施），Oマハッラ前代表（2007年6月7日実施），JICAシニアボランティアへのインタビュー（2007年3月19日実施）。
25) Barkamol ablod- O'zbekiston taraqqiyotining poydevori, sharq nashrie-matbaa konsternining bosh tahririyati, Toshkent, 1997, b.28.
26) タシケント市ミルザ・ウルグベク地区A学校内部資料。A学校副校長へのインタビュー（2006年3月10日実施）。
27) カークホフス・ジャン「ヨーロッパの価値と政治教育」ロラン-レヴィ・クリスティーヌ，ロス・アリステア編著，前掲書，2006年，258頁。
28) アリストテレス・A. カリス「歴史教育における自民族中心主義の叙述と『ヨーロッパの次元』」ロラン-レヴィ・クリスティーヌ，ロス・アリステア編著，前掲書，2006年，107頁。
29) A学校における参与観察（2006年5月7日実施，「追悼の日」は祝日で学校は休業となるので，行事自体は5月7日に行われた），Aマハッラ全代表（前出）へのインタビュー，A学校副校長（前出）へのインタビュー，A学校7年生Bクラス生徒へのインタビューによる。
30) アレント・ハンナ『人間の条件』ちくま学芸文庫，1994年，43-131頁。
31) 河野明日香「ウズベキスタンの学校における地域共同体（マハッラ）の教育——政府のマハッラ政策との関連で——」『比較教育学研究』第35号，2007年，166-182頁。
32) ウズベキスタンの青年団体カモロットや市民社会研究所により開催された国際会議，『市民社会の形成における若者の役割』では，Tsentr molodezhnykh initsiativ : "Kelajak ovozi"（青年イニシアチブセンター「未来の声」）やNGOであるNAN-NOUzからそれぞれの活動理念や活動内容が報告された。Mezhdunarodnaya konferentsiya, " Rol' molodezhi v *grazhdanskogo* obshchestva", 27 Sentyabrya 2007., Tashkent. 国際会議『市民社会の形成における若者の役割』2007年，9月27日，タシケント市。

第6章

諸機関の連携活動による青年教育
── マハッラ・NGO・国際機関の事例から ──

　青年教育の基本的な課題は，①青年自身の自立，②社会への参画であるということが様々な場で議論されている。「自立」とは，経済的自立としばしば混同されがちであるが，それとは別次元で，精神的に一人前の社会の一員になることであり，社会における自立と参画，そしてそれを促す教育は，青年の成長にとって重要な要素であるとされる。
　つまり，青年は自身の判断で社会と関係し合い，自身の意見を表出し，多くの課題において他の社会の成員と共同し，自身特有の能力や新たな能力，固有の役割を進化させる。そして，これらの過程におけるさまざまな経験を通して確かな自立を獲得していくのである。その際，「市民」意識のような，自らが生きる世界に関する認識，社会認識の確立が重要である。
　矢口は，青年期を「子どもから大人になるまでの時期，それは複数の移行期の連合であり，同時にそれ自体独自の意味を持つ時期である」[1]と定義している。ウズベキスタンの若者をめぐる環境も，ソ連解体から独立国家ウズベキスタンの誕生にともなって，またそれによる教育制度の転換によって，劇的な変化を遂げようとしている。それと相まって，現在，ウズベキスタンの若者たちには，さまざまな場面で精神的・社会的な揺らぎが見受けられるようになってきている。
　1991年の独立後，ウズベキスタンでは教育制度の改革とともに，国民のなかに「ウズベキスタンとは何か？」，「私たち ── ウズベキスタン人とは誰か？」という問題が起こった。以前は，ウズベキスタンはソビエト連邦の一部であり，そこに住む人々はソビエト連邦市民と考えられていたのが消失し，新しい概念を創造する必要が生じたのである。

これまでは，市民（シティズンシップ）は，「主に政治的概念から創りだされたものであり，国家共同体（＝国民国家）として形成される近代社会の構成員を意味する「国民」（＝市民）」[2]であった。しかし，ペレストロイカ後の社会のグローバル化により，国家や国民といった概念が揺らいでいる。

現在のウズベキスタンでは，独立国家の建設が続けられており，「市民」意識と国家意識を持った新しい世代の育成が必要とされている。しかし，ウズベキスタンは多民族国家であるため，「一国家＝一民族」という枠組みは存在しえないため，新しい基盤の構築が求められている。

このような社会的国家的状況において，ウズベキスタンでは国家意識だけでなく，特に，中央アジアの一員としての「市民」意識の育成が必要となった。なぜなら，国内に混在する中央アジアの民族の統合と，他の中央アジア4ヵ国（カザフスタン，キルギス，タジキスタン，トルクメニスタン）との協力による国家建設が求められているからである。そのため，現在のウズベキスタンの学校教育では，生徒や学生たちは，「中央アジアは私たちの共通の家」，「ウズベク人は中央アジア人」などのテーマを勉強するようになっている[3]。「中央アジア人」意識を伴う「市民」意識の強化政策が強く推進されているのである[4]。

一方，ウズベキスタンの独立以降，UNDPやユニセフ，ユネスコなどの国際機関やドイツのエベルト記念基金，アメリカのNDI（National Democratic Institute），オーストリアのSOS Children's Villages，日本のJICA，韓国のKOICAなどの外国機関による様々な支援活動が展開されるようになった。このような多様な機関による対ウズベキスタン支援には，技術支援や市民社会の形成，青年の社会参加の促進に対する支援などが挙げられる。

では，このようなウズベキスタンの状況において，マハッラ，青年団体，そして国際機関は，ウズベキスタンの青年教育にどのような役割を果たしているのだろうか。また，青年教育において諸機関の連携はどのような意義を持っているのだろうか。

本章では，マハッラや青年団体，国際機関などの諸機関が青年教育においてどのように活動しているのかという実態と，諸機関の連携の意義について考察を行う。

第1節　ウズベキスタンにおける NGO，青年団体の位置づけとその活動

　第1節では，ウズベキスタンにおける NGO，青年団体の位置づけとその活動実態について，具体的には，青年社会運動中央評議会「カモロット」，青年イニシアチブセンター「未来の声」，ウズベキスタン非国家非営利機関（NANNOUz）を取り上げ，そのなかでも特に，NANNOUz の活動について考察を行う。
　ここでは，まず，ウズベキスタンの教育政策において青年教育がどのように展開されているかについて概観したい。
　1997年9月，教育法（ウズベキスタン共和国法「教育について」）が改正され，現在も国内では教育制度の改革が継続されている。この新しい法律は，義務教育の制度を 4-5-3 制（計12年間）と規定しており，国家と市場経済建設の過程で，新しい世代の育成が実施されているのである。
　さらに，同年10月には新世代育成のための国家プログラムである，「人材養成システムの国家プログラム」が採択されている。特に，同プログラムはアカデミックリセと職業カレッジに分別された後期中等教育段階に焦点を当てたものとなっており，アカデミックリセでは特別科目が，職業カレッジでは職業技術の習得が目標とされている。
　2008年2月の時点においては，教育法改正の審議が下院教育関連委員会で行われており，同改正案は，これまでの国家プログラム「人材養成システムの国家プログラム」の発展と障がい者に対する支援の充実を目指す法案であるという[5]。
　現在のウズベキスタンにおける青年の定義は様々であるが，インタビューなどの調査を実施した機関の多くは，後期中等教育段階（日本の高等学校段階）から30歳までを挙げていた。例えば，青年団体カモロットは14歳から30歳までを青年と位置づけている[6]。
　国民教育省によると，国の人口の約40％が19歳未満で占められており，さらに，総人口の約64％が30歳以下であるという[7]。このため，青年教育

の基盤となる後期中等教育と高等教育，そして学校外の場における青年教育の整備が早急に求められているのである。以下では，学校外の青年教育を支える団体のうち，青年社会運動中央評議会「カモロット」，青年イニシアチブセンター「未来の声」，ウズベキスタン非国家非営利機関（NANNOUz）の組織形態やその活動を検討していく。

(1) ウズベキスタンにおける NGO，青年団体とその動向
① 青年団体「カモロット」

全国的な青年団体である，ウズベキスタン共和国青年社会運動中央評議会「カモロット（Kamolot）」は，2001年8月に大統領令により組織された。同団体は，ウズベキスタンの青年の団結や自由で発展した国家の建設，青年の権利や要求の保障など，青年の生涯における重要課題に重点を置いたプログラムに基づいて，独自の活動を実施している。そのなかでも，現在は特に，環境や健康，愛国心の育成に関する活動を重視しているという。

カモロットの支部は，全国に1万7千あり，大学やアカデミックリセ，職業カレッジなどの構内に設置されている。また，機関紙として，「トルキスタン」，「ウズベキスタンの青年」など，5つの出版物を発行している。

それらの活動に加えて，カモロットは共和国の子ども組織である「カマラク」（Kamalak）を組織し，活動を行っている。カマラクは，国内の5, 6歳から14歳未満の400万人以上の児童を統合し，特に，次世代を担う子どもたちへの愛国心教育や子どもたち自身が住む地域の歴史に関する知識向上のための活動を行っているという[8]。

以上のカモロットやカマラクの組織体や活動内容は一見すると，アクチャブリャータやピオネール，そしてコムソモール（第3章 85-87頁参照）のそれと酷似しているかのような印象を受けるが，この点について，カモロットが旧コムソモール共和国本部の建物を独立後の現在も引き続き利用し，政府主導の「民主化」を促進するという時代要請に合致した活動を行っている，という指摘もある[9]。いずれにせよ，大統領令や政府の強い指導体制のもとに青年組織が置かれていることはソ連期も独立後も変わりなく，それら組織が現在の青年教育に多大な影響を及ぼしているのである。

② 青年イニシアチブセンター「未来の声」

青年イニシアチブセンター「未来の声」は，2006年3月に創設された青年団体である。同センターは，自身の活動の意義について，「青年の自己信頼と能力発揮の実現を可能にする」と説明している。今日，同センターは6つの方針に基づいて，「興味のクラブ」や訓練されたセンターの活動家による活動を独自に組織し，多様な活動を展開している。

「未来の声」の骨格は，様々な青年プロジェクトと活動的な青年たち自身とされ，実際に，センターが主催するプロジェクトでは，自身の理念や創意を発揮できる可能性を持った2,000人以上の青年リーダーたちがさまざまな試みを始めているという。

また，センターは「青年と社会的課題」についてのプロジェクトにも活発に取り組んでおり，青年の知識レベルの向上と視野の拡大を目指したトレーニングやセミナー，会議などを企画・実施している。

さらに，同センターは前出のカモロットなど他の青年団体と連携すると同時に，センターの他のプロジェクト同士の協力も促進しており，組織の縦割り化を極力防ぐようにしている。その他，同センターは英語で大部分の授業を行うアカデミックリセ「インターナショナルハウス・タシケント」やタシケントの複数の大学とも協力関係にある[10]。

③ 国民連合「ウズベキスタン非国家非営利機関」

国民連合「ウズベキスタン非国家非営利機関」NANNOUzは，自身の活動の価値や課題について，次のように説明している。

NANNOUzの最も重要な活動は，民主主義の価値や権利，自由，そして社会の法の重要性を保障することである。つまり，私たちの国家の市民を守ることである。従って，NANNOUzは社会の民主化や社会生活の全ての領域における自由化，近代化，国家の改革に，全面的な支援を行うべきである。

同機関の具体的活動については，次で詳しくみていくこととする。

その他，共和国道徳普及センター「道徳と教育」も，地区行政府やマハッラ，大学，アカデミックリセ，職業カレッジ，さまざまな NGO と連携して，「ウズベキスタンの憲法」，「国民の義務と権利」，「ウズベキスタンの市民とは」，「政党」，「大統領選挙」，「ウズベキスタンの伝統文化」などのテーマについて，講義やイベント，集会を開催するなどの活動を行っている[11]。

(2) NANNOUz と他機関の連携事例

現在，NANNOUz は「空手連盟」，「全臨床医師協会」，ツーリズム発展センター（Zierat, ジヨラト），教師協会などのさまざまな団体と提携している。NANNOUz への加盟には，ボランティア団体であることが条件とされている。NANNOUz の一員と認可されると非国家非営利機関となる。加盟を希望する団体は，まず NANNOUz の規定に同意することが求められ，その後ウズベキスタン共和国内で登録がなされ，規定の法制度に従って入会金を納入する。加盟している団体には，タシケント市内に本部を置く団体だけでなく，サマルカンド州やカラカルパクスタン共和国など，ウズベキスタン国内のさまざまな地域の団体がある。

このように，NANNOUz とその加盟団体との間では，NANNOUz の定める規定や加盟団体としての義務の遵守，加盟団体として与えられる権利の保障と行使を基盤としたさまざまな活動を通じ，強固なネットワーク化が図られている。それは，NANNOUz にとっては，ウズベキスタン国内の地方状況の把握と加盟団体の統括・管理，加盟団体側にとっては，NANNOUz という全国組織への支援や指導の要請と全国的大規模団体との連帯によって得られる組織的安定という，双方へのメリットをもたらしていると考えられる。

具体的活動の 1 事例としては，ウズベキスタンで毎年祝われている祝日の 1 つである，5 月 9 日の「追悼の日」に際して，2007 年 5 月 11 日にガフール・グロム記念文化と休息公園で，NANNOUz の社会的人的プロジェクトに関する行事が開催されている。この行事は，戦時中のウズベキスタンにおける軍人や孤児，疎開者，またその他の国民を対象として実施された。「追悼の日」のみならず，NANNOUz はウズベキスタン国内の多様な祝祭日に

関し，多様な行事を企画・実施している。

　さらに，2007年は大統領令によって「社会保障の年」と宣言され，それにより政府機関と同様，非国家非営利機関も社会保障の問題解決のための行事を開催した[12]。

　また，同機関は前出の青年団体カモロットの開催する国際ラウンドテーブルに参加し，学生との意見交換も行っている。2008年2月に行われた国際ラウンドテーブル「市民社会の形成におけるウズベキスタンの青年政策の先鞭的意義」では，ある大学で青年クラブを主宰している学生数人から，次のような要望が出た。

　「私たちのクラブの活動を行うために，3つの分野での支援が必要です。まず1つ目は，設備についての支援です。クラブをより活性化するためには道具や場所などのハード面での充実が欠かせません。2つ目は，活動のための方法についての支援です。よりよい活動を行うために，活動方法の指導をして欲しいのです。3つ目は，情報面での支援です。他の機関の活動状況やよい活動事例などを紹介してもらえればと思います。また，そのような情報を知ることのできる機会を作ってください」。

　このような要望に対し，同ラウンドテーブルに参加していたNANNOUzからの参加者は，3つの側面についての支援は可能だ，今後意見交換しながら支援をしていきたい，と対応した[13]。

　また，同機関は国際機関とも協力し，諸々の活動を展開しており，2007年6月7日には，精神啓発セミナー「非国家非営利機関の代表，職員の教育的能力の向上」がNANNOUzとユニセフによって開催された。子どもと少年少女の保護の理念は恒常的な課題であり，国家も重点を置く課題であり，この問題に関して，子どもの権利条約に代表される国際規定は，ウズベキスタンにおける法律立案の作成においても採用されているという。また，現在のウズベキスタンでは，未成年に関する裁判制度の改正が試みられている。

　このような現在における社会的また法的基盤の変化は，弁護士や裁判官，検察官，権利保護機関職員，社会団体代表，その他の人々に対する専門教育

の必要性やその課題について示唆している。上述の精神啓発セミナーの事例にみられるように，NANNOUz は国家や国際機関とのパートナーシップによって，法的争議の場で未成年者を対象に活動する専門家の教育能力の向上を目標とする指導を行っている。同精神啓発セミナーは，ユニセフが主催したのではなく，NANNOUz のプロジェクトをユニセフの支援により開催したもので，国内外の専門家がトレーニングに参加したことが特に強調されている。

その他，2005 年から 2009 年にわたっての人材育成の課題に対する連携についての合意では，ウズベキスタン政府とユニセフとの連携強化が決定されている[14]。

UNAIDS（国連エイズ計画）なども，ウズベキスタン国内外の NGO，NPO と連携して青年に対する HIV/AIDS 知識の普及活動を行っている。この UNAIDS の活動でも，ウズベキスタン共和国女性委員会や NGO との連携が進められている[15]。

このように，現在の国際機関の支援活動は社会インフラ整備や学校環境の改善といった設備支援の活動だけではなく，青年や青年を支援する専門家の能力の向上といった，質的理念的支援の領域にも及んでいる。そして，それら国際機関の支援活動は対政府といった構図に止まらず，対青年団体，対 NGO，NPO と広がりを見せている点が近年の特徴であるといえる。

青年教育における諸機関の連携により，各機関は自身の活動をウズベキスタン全国で実施することがより容易となり，地方や小規模団体側はそれらの機関に，自身の要望を伝達することが可能となる。また，カモロットや NANNOUz などの大規模団体が小規模団体や地方団体の仲介役となることで，小規模団体同士，地方団体同士のつながりの深化も考えられる。それにより，実際の支援の受け手である青年にとっても，多様な支援を受ける機会や活動に参加する機会が増加することが期待できる。しかし，その反面，強固すぎるネットワークの形成や組織間の縦割り化が進んだ場合，大規模団体による小規模団体への締め付けが増加し，各組織のオリジナリティが欠落する危険性もある。その結果，全国的な組織の平準化が起こり，その地域の環境や青年のニーズに合った青年教育や支援が看過される恐れもある。

第2節　諸機関とマハッラの連携活動

次いで，第2節では各機関とマハッラの連携活動事例を検討する。

(1) マハッラにおける青年教育

今日のウズベキスタンにおけるマハッラの社会的・構造的転換は，さまざまな変化を引き起こしている。このような現況において，青年教育に対してマハッラはどのような役割を持っているのだろうか。また，マハッラ運営委員会はどのように活動を行っているのであろうか。

マハッラは古くから国内に存在し，モラルや歴史的伝統の保護，社会活動などに伝統的に携わってきた。独立後，住民自治の機関とされるマハッラは，国家の新しい基盤となることが求められた。それゆえ，1992年以降，地方行政の多くの課題の解決がマハッラに委任されるようになり，1999年4月14日には，ウズベキスタン共和国法「住民自治諸機関について」が改正された。マハッラの政治的法的基礎が強化され，マハッラは行政の末端機関としての地位を法的にも行政上の面でも確立したのである。

ソ連期においては，マハッラ運営委員会は就学年齢の子どもたちの数を正確に把握しており，彼/彼女らの学校を訪問することによって子どもたちを監督していたというが，ウズベキスタン独立後は，前出のウズベキスタン共和国法「住民自治諸機関について」などにより，マハッラ運営委員会の地位はさらに増大しているといえる。

現在，いくつかのマハッラでは大学に通っていない若い無職の男性や女性のためのパソコン講座や料理，裁縫コースなどが開講されており，住民に対する地域での教育機会を提供している。また，国家政策との関連でマハッラと学校の連携はより密接なものとなりつつある[16]。例えば，学校では，マハッラの代表が12月8日の憲法記念日のイベントやイデオロギー，「国家独立の理念」の授業に招かれ，授業を行うなどの活動が実施されている。

その他，あるマハッラでは，マハッラの代表やマハッラ運営委員会が中心となり，青年の教育のために大学教授や詩人などを招いてマハッラ内で講演

会を行っている。また別のマハッラでは，住民のためにスポーツ施設や機材を保有しており，マハッラの代表が指揮を取り，青年たちにスポーツを奨励している。このようなマハッラの活動の目的は，学業やスポーツに青年を集中させ，非行行動に走らないようにすることであるという[17]。

(2) 国際NGO「SOS Children's Village」とマハッラの連携活動

近年，ウズベキスタンではマハッラと国内NGOのみならず，国際機関や国際NGOとの連携活動が増加している。オーストリアの国際支援団体である，「SOS Children's Villages」は，タシケントとサマルカンドに孤児院施設を持ち，独自の活動を展開している。

一例を挙げると，現在タシケントの「SOS Children's Villages」では，「Schooling」と「FSP-Family Strengthen Program」が実施されており，施設内には14の家族コテージ，幼稚園，管理棟，ホテル，ガレージ，責任者と職員用の家が整備されている。特に，「FSP」はマハッラとの連携のもとに行われており，「SOS Children's Villages」に入居して，後期中等教育段階の学校を卒業し，進学あるいは就職する青年に対するマハッラの支援は，青年の進路選択や就職先を確保する上でも欠かせないものになっているという[18]。

近年は，このようなマハッラと国際機関や国際NGOとの連携活動が増加する傾向にある。国際的な組織がマハッラにおいて活動を活発にしていくと，資金面や活動のノウハウ，そして多彩な人材確保の面においても多くのメリットが生まれる。地域の人材を活用し，その地域の現況に即した支援を行うことが見込めるからである。しかしその反面，一つのマハッラで成功したことが別のマハッラでも成功するとは限らない。先に述べたように，マハッラの地域構造や住民の民族構成，男女比，学校の有無，そしてマハッラの代表のキャラクターやマハッラ運営委員会の性格などの諸要因が，諸機関とマハッラ各々の連携活動に絡んでいるからである。一コミュニティでの成功事例を一般化することが難しい点は，今後の国際機関や国際NGOがマハッラで活動を展開していくなかで，解決していかねばならない点であるといえよう。

第3節　ウズベキスタンの青年の地域社会観と諸機関の活動
──複数大学における質問紙調査から──

　第3節では，ウズベキスタンの複数大学で実施した質問紙調査に基づき，ウズベキスタンの青年の持つ地域社会像を描く。同調査では，「青年の中央アジア観と地域社会観についての研究」と題した制限回答法（closed-ended question）と自由回答法（open-ended question, open answer, free-answer）の双方を組み合わせた質問紙を作成し，ウズベキスタンの2つの大学において自記式・集合式の形式による質問紙調査を実施した。本調査の目的は，ウズベキスタンの青年がどのくらい地域社会の活動に参加しているのか，他の中央アジアの国々とどのような交流機会を有しているのか，地域社会や中央アジアをどうとらえているのか，すなわち，青年の地域への参加度と参加実態，青年にとっての地域社会像や中央アジア観について明示することであったが，青年の中央アジア観については，本書の根幹とは直接関わるものではないため，その結果の分析や考察は他日に期すこととし，質問紙の設問項目も省略している。
　一般的に，制限回答法と比較して，自由回答法は回答率が低くなることが多いが，本調査では回答者の自由なイメージによる地域社会観を探ることを主目的とし，不適切な選択肢を作ることや恣意的に回答者の回答を誘導する危険性を避けるため，制限回答法と自由回答法の両方を組み合わせて用いることとした。
　調査対象は，ウズベキスタンにおける共学の多民族の国立大学で，多様な専門の学部や大学院を擁する大学を選定することとした。そのため，結果として，医学大学や交通大学，航空大学など，あるひとつの専門に特化した大学ではなく，国際関係学部や経済学部，文学部や言語学部などの人文社会科学系の学部・学科が充実している①タシケント国立東洋学大学と②タシケント国立世界経済外交大学に調査を依頼することとなった[19]。
　調査は，タシケント国立東洋学大学の1年生から4年生の日本語学習者81人（男子18人・女子53人・設問には回答しているが，民族や性別の項

目は無回答10人），タシケント国立世界経済外交大学の1年生から4年生の日本語学習者33人（男子20人・女子12人・設問には回答しているが，民族や性別の項目は無回答1人）を対象に，2008年3月から4月にかけて実施した[20]。アンケート項目はロシア語で表記し，日本語の授業や歴史の授業後に出席している学生全員に配布し，ロシア語の意味や質問の内容がよくわからない学生に対してはその場で説明するようにした。授業のなかで配布し回答してもらい，学生たちの記入後回収を行ったため，質問紙の回収率は100％であった。

　サンプルの内訳は，①のタシケント国立東洋学大学がウズベク人37人，ロシア人13人，朝鮮系6人，タタール人5人，アルメニア人2人，ウイグル人3人，アゼルバイジャン1人，カザフ人3人，トルクメン人1人，無回答10人，②のタシケント国立世界経済外交大学がウズベク人28人，ロシア人1人，朝鮮系1人，タタール人1人，カザフ人1人，無回答1人であり，2大学の調査対象者は合計114人である。

　ウズベキスタンにおける調査に先立つ予備調査として，カザフスタンのカザフ民族大学の2年生と3年生の日本語学習者22名，キルギスのキルギストルコ・マナス大学の通訳学部と人文学部の4学生31名に対しても，同様の調査を2008年2月から3月に実施した。この両大学で実施した調査中に，学生から質問を受けた項目や回答欄に書かれた学生からの質問項目そのものに対するコメントやアドバイス，現地教員からの質問紙の構成や設問の方法についての意見を収集・分析し，ウズベキスタンで実施する最終版の質問紙

表8　質問紙調査の項目

a)　調査対象者自身に関する質問 　　本人の年齢，性別，民族，出生地（州・都市）：質問紙の最終部分 b)　青年の地域社会観に関する質問 　　地域社会の活動への参加度とその内容：設問(1), (2), (4) 　　社会への貢献に関しての姿勢：設問(3) 　　地域社会での活動についての姿勢：設問(5), (6) 　　地域社会の捉え方：設問(7), (8)

表9 回答者のエスニシティと性別　　　　（単位：人，%は合計人数に占める割合）

	ウズベク	ロシア	朝鮮系	タタール	アルメニア	ウイグル	アゼルバイジャン	カザフ	トルクメン	性別・民族等無回答	合計
男	32	2	1	0	0	1	0	1	1	—	38
女	33	12	6	6	2	2	1	3	0	—	65
合計	65 (57%)	14 (12%)	7 (6%)	6 (5%)	2 (1%)	3 (3%)	1 (1%)	4 (4%)	1 (1%)	11 (10%)	114

出所：ウズベキスタンにおける質問紙調査結果より筆者作成。

を作成した（本章180-182頁）。調査項目の内訳は，次の通りである。

　表8の調査項目に対する回答の分析枠組みとしては，エスニシティや男女による意見の違いを想定したが，表9で示すように，エスニシティや男女比に偏りがみられたため，サンプル数の少ない民族については個別に考察せず，ウズベク人とその他の民族に大別して検討している。なお，通常の設問には回答しているが民族や性別が無回答のものは，前述のサンプルの内訳など，調査結果の全体像を把握する必要がある場合はその数を加えたが，民族別視点から考察する場合はその数を除外した。また，男女間の差異については，女子の数が男子の倍近くになりその比較・考察が困難となったため，本書では男女間比較は特に行わないこととした。さらに，調査対象となった学生のほぼ全員が日本語の授業を大学で履修していたため，本調査結果とその分析が現在のウズベキスタンのすべての大学生や青年の志向を表すことは難しく，加えて，彼／彼女らが日頃から外国語や国外のニュース，外国留学のチャンスや外国人に頻繁に接していることも付記しておく。

(1) 青年の地域への参加度と参加実態

　質問紙において，まず青年の地域への参加度と参加実態を調査する設問として，「(1)あなたは地域社会の活動に参加していますか？　参加している場合は，具体的な行事，活動を書いてください」や，「(2)地域社会の活動に参加している人は，どのくらいの頻度で参加していますか」という質問を取り上げた。

アンケート

Цель анкеты: исследование взглядов молодёжи на Центральную Азию и общество. Ответьте на 14 вопросов, отметив один ответ из четырёх вариантов (a, b, c, d) или написав своё мнение.

アンケートの目的：青年の中央アジア観と地域社会観についての研究

14の質問に答えてください。4つ（a, b, c, d）の中からひとつの答えを選び，○で囲んでください。あるいは，自身の意見や考えを書いてください。

(1) Принимаете ли Вы участие в деятельности местного сообщества жителей (местной организации жителей)? Если участвуете, напишите в каких мероприятиях (например: празднование Навруза, волонтёр, уборка и т. д).
  a. Сейчас участвую b. Раньше участвовал(а) c. Буду участвовать d. Совсем не участвую
  (Конкретныемероприятия   )

(1) あなたは地域社会の活動に参加していますか？ 参加している場合は，具体的な行事，活動を書いてください。（例：ナウルーズの行事，ボランティア活動，清掃など）
  a. 現在活動している b. 以前参加したことがある
  c. これから参加する予定 d. 全く参加していない
  （具体的な活動名：   ）

(2) Если Вы участвуете в деятельности местного сообщества жителей, то как часто?
(Например: один раз в неделю, один раз в месяц, только во время конкретных мероприятий)

(2) 地域社会の活動に参加している人は，どのくらいの頻度で参加していますか？
（例：1週間に1回程度，1ヵ月に1回程度，行事が行われるときだけ，など）

(3) Обычно хотите ли Вы быть полезным обществу?
  a. Всегда b. Иногда

　　　　c. Не задумываюсь над этим вопросом
　　　　d. Совсем не думаю о том, чтобы быть полезным обществу
(3) 日頃，社会の一員として，何か社会のために役に立ちたいと思っていますか？
　　　　a. いつも思う　　b. ときどき思う　　c. あまり思わない
　　　　d. 全く思わない

(4) Бывает ли, чтобы Вы делали что-либо совместно с жителями своего района или города?
　　　　a. Постоянно делаю　　b. Иногда делаю
　　　　c. Делаю, но не часто　　d. Совсем ничего не делаю
(4) 普段，自分が住んでいる町や地域の人々と一緒になって何かすることはありますか？
　　　　a. よくある　　b. ときどきある　　c. あまりない　　d. 全くない

(5) Когда представляется возможгость, хотите ли Вы сделать что либо совмстно со жителями вашего райлна?
　　　　a. Обязательно хочу　　b. Иногда хочу
　　　　c. Не особенно хочу　　d. Совсем не хочу
(5) 機会があれば，地域のなかで大人たちと一緒に何かしたいですか？
　　　　a. ぜひ一緒にやりたい　　b. 時々やりたい
　　　　c. あまりやりたくない　　d. 全くやりたくない

(6) Когда Вы участвуете в деятельности местного сообщества жителей, то какие преимущества (положительные стороны) Вы видите для себя и для общества?
(6) 地域社会の活動に参加すると，どのようなメリットがあると思いますか？

(7) Какие у Вас ассоциации со словом 《сообщество》 (community)? (что Вы представляете себе при этом слове?) Напишите своё мниение.
(7) 地域社会やコミュニティ（community）という言葉で，イメージする（想像する）ものは何ですか？　自由にあなたの意見を書いてください。

(8) Что такое《сообщество》для Вас?
(8) あなたにとっての地域社会, コミュニティとは何ですか？

Допишите, если у Вас по данному вопросу есть свое собственное мнение или пожелания.
その他, 何か意見, 要望がありましたら, 自由に書いてください。

Возраст (на 1 Февраля 2008 г.) 年齢（2008年2月1日時点）	Пол 性別 1. М 男 2. Ж 女	Национальность 民族	Место роджения 出生地 Область：州 Город：都市

Спасибо за ответы！ ご回答, ありがとうございました。
Асука Кавано, (ТГПУ имени Низами, Университет Кюсю)
河野　明日香　(タシケント国立教育大学, 九州大学)

　分析の過程では, ウズベキスタンにおける全回答者114名のうち, 性別や民族を正確に記述した103人を分析対象としたが,「(1)あなたは地域社会の活動に参加していますか」という設問に対し,「a. 現在活動している」と答えたのは23名,「b. 以前参加したことがある」が31人,「c. これから参加する予定」が15人,「d. 全く参加していない」と回答したのが34人であった。
　分析対象者計103人中34人（全分析対象者の33％）が地域社会の活動に「全く参加していない」と回答しており,「現在活動している」と答えた23名（分析対象者全体の22％）を上回り, 青年の地域への参加度の低さを露呈する結果となっている。また, 民族や性別の回答のなかった無回答扱いのものを除いた母数（ウズベク人65人, その他の民族38人）を考慮しても, 実にウズベク民族以外の民族38人中17人（ウズベク民族以外の民族の約45％）が「全く参加していない」を選んでおり, 地域社会の活動への参加

表10　地域社会の活動への民族別参加度　　（単位：人，分析対象者計103人に占める割合%）

回答	ウズベク	ロシア	朝鮮系	タタール	アルメニア	ウイグル	アゼルバイジャン	カザフ	トルクメン	合計
a	14	4	1	0	1	1	1	1	0	23(22%)
b	23	1	1	4	0	0	0	1	1	31(30%)
c	11	1	1	0	0	2	0	0	0	15(15%)
d	17	8	4	2	1	0	0	2	0	34(33%)

出所：調査結果に基づき筆者作成。

度が低いことが明らかである。しかし，当初の予想に反し，ウズベク人の26％も「全く参加していない」と回答しており，「現在活動している」と答えたウズベク人の22％を上回る結果となっている。

　以上から，ウズベク民族以外の民族の半数近くは地域社会，すなわちマハッラにおける活動に参加していないが，ウズベク人の約4人に1人もまたマハッラでの活動に参加していない現状が明らかとなった。これは，ウズベク民族とその他の民族の地域社会，つまりマハッラでの活動への参加度には民族的差異があることを示すものであるが，ウズベク民族内に限って考察すると，ウズベク民族においても地域社会での活動参加率はそれほど高くないことを表すものであった。

　さらに，(1)の設問に関連して，「(2)地域社会の活動に参加している人は，どのくらいの頻度で参加していますか」という設問に対しては，「行事が行われるときだけ」という回答が大多数であり，全部で53人（ウズベク人41人，ロシア人5人，カザフ人1人，朝鮮系3人，タタール人1人，トルクメン人1人，アルメニア人1人）であった。また，月に1回が9人（ウズベク人8人，ウイグル人1人），月に2回が1人（ウズベク人1人）であった。その他の回答には，「時間があるとき」，「ハシャル（相互扶助）のとき」，「ときどき」，「3か月に1回から6回」といった回答がそれぞれ1人ずつであった。「行事が行われるときだけ」参加するという学生が大多数を占めるなか，「週に1回参加する」という学生も5人おり，「清掃」や「ハシャル」，

「ボランティア活動」,「ナウルーズ」が主な参加の内容として挙げられていた。加えて, アムール・ティムールの生誕記念の祭りや国際婦人デーの祝賀行事, 教師の日（毎年10月1日）の祝い, 地域の集会など, ウズベキスタンならではの祝祭日にちなんだ行事も少数ながら回答として取り上げられていた。

また, 青年が周囲の人々とどのくらいの頻度で, 協力して活動を行っているかの実態について問う,「(4)普段, 自分が住んでいる町や地域の人々と一緒になって何かすることはありますか？」の設問に関しては,「a. よくある」が5人,「b. ときどきある」が28人,「c. あまりない」が44人,「d. 全くない」と答えたのが25人であった。このことから, 青年は地域の人々と協力して活動を全く行っていないということはないが, かといってそれが日常的に行われているわけでもないことが明らかとなった。また, 地域の人々との連携度合いについては, ロシア人や朝鮮系などの民族と比べ, ウズベク民族の学生たちの地域の人々との連携度合いが若干高いことが認められた。

それにしても, 高等中等専門教育省, 地方行政府やマハッラ基金, 青年団体「カモロット」, そしてマハッラ内の教育機関やマハッラ運営委員会がマハッラ内の活動への青年の参加を促進するような取組みを盛んに行っている現在, なぜこのように大学生の参加率が低いのであろうか。

1つの理由としては, 大学の勉学やその他の活動で忙しい日常を送るようになったという日常生活の場の変化が考えられる。初等教育や前期中等教育段階のように, 放課後, 地域のなかで時間を過ごすことが少なくなり, その代わりにマハッラ外の大学や飲食店, 映画館などの娯楽施設など, 若者が多く集まるような場所で自由な時間の大部分を過ごすことが多くなったことがその原因のひとつであるといえる。また, 2つ目には, 青年を取り巻く人間関係の変化が挙げられよう。大学（または後期中等教育機関）に入学するまでの子どもの生活世界は, 主に家族や親戚, 地域住民, 学校での友人など, 基本的に自身の居住するマハッラの範囲に収まるものである。換言すれば, 子ども期には限られた範囲の人間関係しかなく, それは自身のマハッラに根ざしたものであったのが, 大学入学と同時に新たな生活世界や人間関係が構

表11　周囲の人々との連携の度合い　　（単位：人，分析対象者計103人に占める割合%）

回答	ウズベク	ロシア	朝鮮系	タタール	アルメニア	ウイグル	アゼルバイジャン	カザフ	トルクメン	合計
a	4	0	0	0	0	1	0	0	0	5（5%）
b	22	2	1	0	0	1	0	2	0	28（27%）
c	29	4	4	2	1	1	1	1	1	44（43%）
d	9	8	2	4	1	0	0	1	0	25（24%）
その他	1	0	0	0	0	0	0	0	0	1（1%）

出所：調査結果に基づき筆者作成。

築され，それによりマハッラへの帰属心が子ども期よりも薄れていったのではないだろうか。

　特に，本調査の実施対象であった大学生は日本語という外国語を専攻あるいは第2外国語とする学生であり，それゆえ外国への興味・関心や留学希望など，マハッラやウズベキスタン国外などへ目を向ける機会に恵まれていることも，地域社会（マハッラ）離れの一要因であるといえる。

　マハッラでの活動への参加頻度にもその傾向が顕著に表れている。定期的にマハッラ内活動に参加する大学生はわずかであり，自分はこのマハッラの住民であったことを改めて認識することのできる行事の際のみ，マハッラ内の活動に参加するという学生が増加しているのである。

　遊牧民族を祖先に持ち，マハッラのような伝統的地域共同体が少ないカザフスタンやキルギスの大学生の回答も類似性を有していた。

　カザフスタンの大学生22人のうち，現在も活動に参加しているのはわずか2人で，残りの学生は，「以前参加していた（15人）」，「全く参加していない（5人）」であった。また，これから参加しようと考えている学生はいなかった。

　一方，キルギスの大学生31人は，「現在も参加している」が6人，「以前参加していた」学生が9人，「これから参加する予定」であるのが2人，「全く参加していない」が最も多い11人，不明が3人であった。

```
            d．全く参加していない              a．現在活動している
                 33 ％                        22 ％




            c．これから参加する予定      b．以前参加したことがある
                 15 ％                        30 ％
```

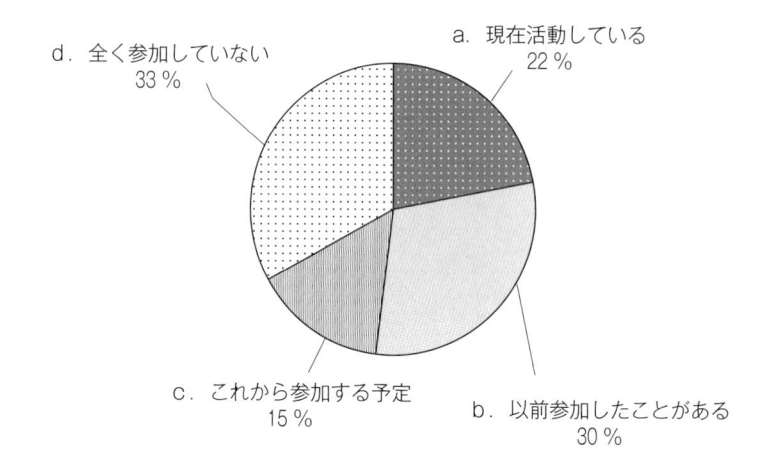

図5　青年の地域社会の活動参加状態
出所：調査結果に基づき筆者作成。

　一方，社会への貢献に関しての姿勢を問うた設問「(3)日頃，社会の一員として，何か社会のために役立ちたいと思っていますか」では，「a．いつも思う」と答えたのは計40人であり，そのなかではウズベク人が31人と圧倒的多数を占めた。また，「b．ときどき思う」と答えたのは，計51人であり，ウズベク民族に限ってみると，「いつも思う」と「ときどき思う」と答えた学生の数が拮抗していた。その他，「c．あまり思わない」と答えた学生が12人，「d．全く思わない」と答えた人は皆無であった。

　この傾向からは，ウズベク民族の学生の大多数が，社会に対して何らかの貢献をなしたいと考えていることが明らかとなった。ウズベク民族以外の学生の回答を分析すると，「a」，「b」，「c」の回答ともに満遍なく志向がばらついているが，ウズベク人の場合はほぼ全員が「a」あるいは「b」を選択し，「c」を選んだ学生はわずかに2人であった。

　地域社会での活動についての姿勢については，設問(5)と(6)で問うこととした。まず，設問「(5)機会があれば，地域のなかで大人たちと一緒に何かしたいですか」という質問には，「a．ぜひ一緒にやりたい」，「b．時々やりたい」，「c．あまりやりたくない」，「d．全くやりたくない」の4つの選択

表12 社会への貢献に関しての姿勢　　（単位：人，分析対象者計103人に占める割合％）

回答	ウズベク	ロシア	朝鮮系	タタール	アルメニア	ウイグル	アゼルバイジャン	カザフ	トルクメン	合計
a	31	1	1	1	1	3	1	1	0	40(39%)
b	32	7	4	4	1	0	0	2	1	51(50%)
c	2	6	2	1	0	0	0	1	0	12(11%)
d	0	0	0	0	0	0	0	0	0	0 (0%)

出所：調査結果に基づき筆者作成。

表13 地域の人々との連携に対する姿勢　　（単位：人，分析対象者計103人に占める割合％）

回答	ウズベク	ロシア	朝鮮系	タタール	アルメニア	ウイグル	アゼルバイジャン	カザフ	トルクメン	合計
a	28	2	2	0	0	2	0	1	0	35(34%)
b	24	3	2	4	0	1	1	2	1	38(37%)
c	12	7	2	1	2	0	0	1	0	25(24%)
d	1	2	1	1	0	0	0	0	0	5 (5%)

出所：調査結果に基づき筆者作成。

肢を設定した。「a. ぜひ一緒にやりたい」と答えたのは計35人，「b. 時々やりたい」が計38人，「c. あまりやりたくない」が計25人，「d. 全くやりたくない」を選んだのは計5人であった。

(5)の設問では，大半の青年が，地域社会の人々と協力・連携して何らかの活動を行うことを希望していることが明示された。ここでも，ウズベク民族の学生の地域の人々との連携活動に対する前向きな姿勢が認められる。

設問「(6)地域社会の活動に参加すると，どのようなメリットがあると思いますか？」の問いには，自由記述式で学生各々に自由な発想で回答してもらうようにした。ここでは，「周囲の人々とともに学べること」，「地域住民との連携活動」，「相互理解」，「意見交換」，「地域間において親しさが増すこ

と」，「理解」，「立派な人間になれる」，「相互扶助」などの意見が聞かれた。以上から，青年たちはある一定の価値を地域社会での活動に見出していることが認識できよう。このような志向に反し，実際に地域社会の活動に参加する青年が少ないのは先述のとおりである。

以上の大学生の回答からも，政府やさまざまな機関が青年に対し，マハッラ内活動への参加を盛んに呼びかけている反面，青年自身は生活環境の変化に伴い，次第にマハッラから離れつつあることが明らかとなった。

(2) 青年にとっての地域社会

このようなマハッラ離れが進む中，青年はマハッラ，ひいては地域コミュニティをどのように考えているのだろうか。

質問紙では，青年のマハッラ観を調査するための設問として，「(7)地域社会やコミュニティ（Community）という言葉で，イメージする（想像する）ものは何ですか」，「(8)あなたにとっての地域社会，コミュニティとは何ですか」という2問を設定した。形式は自由記述式としたため，回答しない学生も多数であった。

回答には，「人々のグループ」，「共同体の人々のグループ」，「善良な人々のグループ」，「全てが一緒になった社会」，「興味が一緒の人々のグループ」，「家族」などの意見があった。また，回答にマハッラを挙げる学生も数名いたが，同じ地域に住む人々のグループ，地縁から形成される社会，といった回答はみられなかった。

以上から，質問紙に回答した大学生は，基本的に共同体やコミュニティを人々のつながりからなるグループと位置づけているようである。マハッラは通りから形成される共同体であり，同じ地域に住む人々という地縁から構成されている。もちろん，マハッラは通りとともにそこに住む人々の相互関係から構成されるものであるが，学生の回答から，現在はマハッラの構成要素と青年の持つ地域社会像やコミュニティ観との乖離が次第に広がっていく傾向にあると考えられる。

このような現在において，マハッラや青年団体，NGOなどの諸機関がマハッラと絡めて青年に対する活動を行う際は，青年の地域社会像やコミュニ

ティ観を把握しながら活動を進めていくことが不可欠であるといえる。

小　結

　以上，本章ではウズベキスタンの青年教育における，マハッラ，青年団体，国連機関を中心とした国際機関の活動状況の考察を行った。考察の結果として，それらの機関による連携活動の意義としては，以下の点が挙げられる。

(1)　各機関のネットワーク化
　まず1点目は，マハッラや青年団体の間で強固なネットワーク化が図られている点である。小規模団体や地方団体は，自身の団体のみでは経済的，また活動範囲の関係でも，活動に制限がかかることがある。それらの問題を克服するためカモロットやNANNOUzなどの大規模かつ全国的な機関が中心となり，それぞれの団体に支援や指導を行っている。これらの大規模な機関は，小規模団体や地方団体をつなぐ，いわば中継点ともなっているのである。
　独立後に，多様な団体が創設され，活動を開始し始めたばかりのウズベキスタンにおいては，このような中心的な団体により指導，支援が実施されることは小規模団体や地方団体の活動を活性化させる意味で有効であると考えられる。また，諸機関と青年が実際に居住するマハッラが連携することで，青年により密接なレベルでの支援活動も可能となるといえる。国際機関や国際NGOも，これらの大規模機関と連携し，自身の支援活動をウズベキスタン全国に浸透させる手段としている点も，同様の意義として挙げられよう。

(2)　活動の公開性
　2点目には，各機関の活動が国際会議や各種行事を介して，開かれたものになっているという点がある。前述のカモロットや市民社会研究所，ドイツのエベルト記念基金が共催した国際ラウンドテーブルでは，NANNOUzの発表者に対して，大学の学生クラブの代表が，3つの支援を要請した。

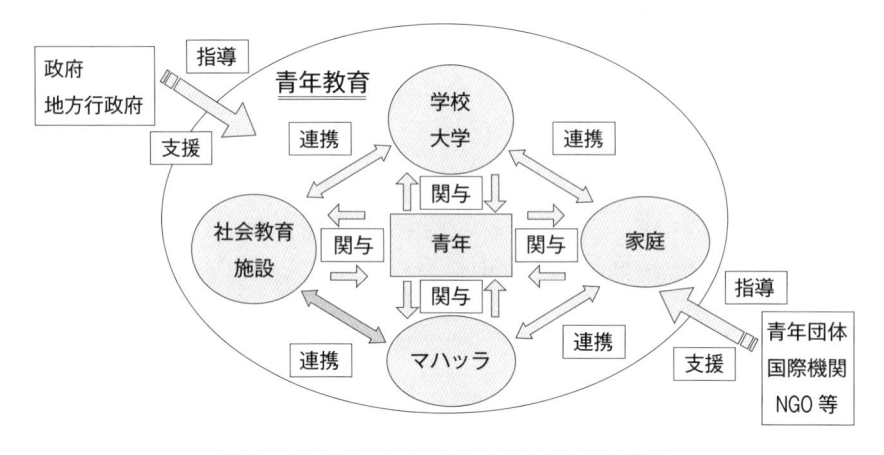

図6 青年教育における青年を中心とした相関図
筆者作成。

NANNOUz やカモロット，青年イニシアチブセンター「未来の声」など，各機関同士の横のつながりを，支援の受け手である青年に公開しようという姿勢を垣間見ることができる。

(3) 独自活動の減少と諸機関，青年との間における温度差

しかし，これらの機関の活動には，いくつかの課題も残っている。例えば，強固なネットワーク化によって，各機関の独自性が喪失する恐れがある点と各機関によって活動参加の度合いが異なる点である。全国的な機関からの支援や指導に依存し，自身の機関の独自性が失われてしまうことも考えられるのである。また，各機関による活動参加の温度差は，青年教育の機会の格差や地域格差を生む場合もある。

さらに，マハッラを中心的な活動場所とする際は，質問紙調査の結果のような青年の地域社会像やコミュニティ観と青年のニーズ，ライフスタイルなども考慮した計画を作成していく必要がある。

今後は，各機関とも大規模機関からの支援，指導と各自の機関の独自活動とのバランスを取りながら，青年教育における多様な活動を展開していくこ

とが重要であるといえる。そして，国際機関や国際 NGO は，このようなウズベキスタンの状況を踏まえ，実際の支援の受け手である青年が自身のニーズや意見を発信し，自発的に参加できるような支援活動を行っていくべきであろう。

なお，本章ではマハッラ，カモロットや NANNOUz，国際機関などの大規模団体側の活動を主に扱った。小規模団体や地方団体が，上記の大規模団体の指導や支援活動をどのように受容し，自身の活動に活かしているか，小規模団体や地方団体の要望や意見がどのように大規模団体に伝達されているか，そして，小規模団体のマハッラ内での諸活動と青年の参加実態，その受容などの点の解明については今後の課題としたい。

［注］

1) 矢口悦子「人間的自立と青年教育」『講座 現代社会教育の理論 II　現代的人権と社会教育の価値』東洋館出版社，2004 年，224 頁。
2) 大野順子「地域社会を活用した市民的資質・シチズンシップを育むための教育改革　地域の抱える諸問題へ関わることの教育的意義」『桃山学院大学総合研究所紀要』第 31 巻第 2 号，2005 年，100 頁。
3) *O'rta maxsus, kac'-hunar ta'limining umumta'lim fanlari davlat ta'lim standartlari va o'quv dasturlari,* Toshkent : Sharq, 2001, b.209.
4) なお，カザフスタンのカザフ民族大学の大学生を対象に行った質問紙調査（2008 年 2 月 29 日実施）において，「あなたにとって，中央アジアとは何ですか」の問に対し，「私の家」，「私の国，祖国と隣人」と回答する学生もいた。
5) ウズベキスタン共和国下院，科学・教育・文化・スポーツ問題委員会所属の下院議員に対するインタビューによる（2008 年 2 月 12 日実施）。
6) カモロット国際関係・広報課長へのインタビューによる（2008 年 1 月 7 日実施）。
7) ガイラト・ショウマロフ氏（ウズベキスタン共和国国民教育省文部大臣）に対するインタビュー（2008 年 8 月 19 日実施）および国民教育省資料による。
8) Xalqaro ilmiy- amaliy konferentsiya, *Fuqarolik jamiyatini shakllantirishda yoshlarning roli,* Toshkent, 2008. 国際会議「市民社会の育成における青年の役割」報告集，タシケント，2008 年 2 月 18 日。
9) NHIU プログラム・イスラーム地域研究東京大学拠点・グループ 2「中東政治の構造変容」「中東の民主化」データベース「ウズベキスタン・政党」http://www.l.u-tokyo.ac.jp/~dbmedm06/me_d13n/database/uzbekistan/political_party.html（2010 年 6 月 10 日アクセス）。執筆は須田将による。

10) 青年イニシアチブセンター「未来の声」サイト http://www.kelajakovozi.uz/?section = trends&subsection = pmim,
http://www.kelajakovozi.uz/?section = trends&subsection = it_club, http://www.kelajakovozi.uz/?section = trends&subsection = education, (2008年2月16日アクセス), TSMI《Kelajak ovozi》proekty（青年イニシアチブセンター「未来の声」プロジェクト集).
11) タシケント市ユヌサバッド地区行政府職員へのインタビュー（2007年12月11日実施），共和国道徳普及センター「道徳と教育（Ma'naviyat va ma'rifat)」タシケント市局長へのインタビュー（2007年12月13日実施）による。
12) NANNOUz サイト http://ngo.uz/gn204.php?Lang = ru, http://www.ngo.uz/zadachi.php?Lang = ru（2008年2月16日アクセス）.
13) カモロット・市民社会研究所・エベルト記念基金（ドイツ）共催，国際ラウンドテーブル「市民社会の形成におけるウズベキスタンの青年政策の先鞭的意義」，ウズベキスタン共和国青年社会運動中央評議会カモロット共和国本部，での議論による（2008年2月23日開催）。
14) NANNOUz サイト http://www.ngo.uz/projects_1.php?Lang = ru（2008年2月16日アクセス）。
15) *Strategicheskaya programma protivodeistviya rasprostraneniyu VICH- infektsii v Respublike Uzbekistan na 2007-2011gg.*, Tashkent, 2007. UNAIDS, HIV/AIDS Programme Officer へのインタビューによる（2008年3月13日実施）。
16) O'zbekiston Respublikasi xalq Ta'limi Vazirligi., Yo'ldoshev, H. Q., *Barkamol avlodni tarbiyalashda oila, mahalla, maktab hamkorligi kontseptsiyasi*, Toshkent, 2004, b.7.（「成熟した世代育成における家族，マハッラ，学校の連携」コンセプト）。毎年ウズベキスタンでは年毎のスローガンが掲げられており，2003年は「マハッラの年」，2007年は「社会保障の年」と宣言されていた。同様に，国民教育省も年毎のスローガンを提示しており，2005-2006年度は，「家族，マハッラ，学校の連携促進」の年であった。なお，2008年は「若者の年」とされ，青年教育や青年に関する諸政策の発展が目指されている。
17) タシケント市ミラバード地区 U マハッラ代表に対するインタビュー（2006年5月16日実施），タシケント市シャイハンタフル地区 C マハッラへのインタビューによる（2006年5月24日実施）。同マハッラには，トレーニング機材が揃ったスポーツ施設やサッカー場，テニスコートなどが整備されており，同代表によると同地区の49のマハッラの中で最もスポーツの盛んなマハッラであるという。
18) SOS Children's Villages 資料。SOS- detskie derevni Uzbekistana, *Informatsiya o detel'nosti assotsiatsii*, 2008. Who We Are-Roots, Vision, Mission and Values of SOS Children's Villages, 同団体教育者に対するインタビューによる（2008年3月13日実施）。
19) タシケント国立東洋学大学は，タシケント国立大学から分化した文系に特化した単科大学とされるが，実際には文学部，言語学部などとともに，国際関係学部や国際経済学部が開設されている。また，タシケント国立世界経済外交大学は，その他の大学

が高等中等専門教育省の管轄の4年制大学であるのとは異なり，外務省付属の5年制大学となっており，将来の官僚を育成するウズベキスタン随一のエリート大学である。なお，現在のウズベキスタンにおける私立大学は，イギリスのウエストミンスター大学分校など外国の大学の分校に限られており，その教育内容も全授業や学位論文執筆が英語で行われるなど，一般的なウズベキスタンの大学教育とは異なるため，本調査では対象外とした。

20) タシケント国立東洋学大学とタシケント国立世界経済外交大学での質問紙調査は2008年3月15日から4月15日の間，複数回にわたって実施された。一方，カザフスタンのカザフ民族大学における調査は，2008年2月27日，キルギスのキルギストルコ・マナス大学での調査は2008年3月2日に実施している。

終　章

ウズベキスタンにおける
マハッラの教育的役割

第1節　諸機関における教育的役割の連関性

　本書では，現在のウズベキスタンにおいて，マハッラに関する教育政策にはどのような目的があり，学校教育においてマハッラはどのように扱われ，マハッラと学校はどう協力しているのか，あるいは，マハッラ内における教育的活動はどう行われ，子どもたちや青年の教育にどのような役割を果たしているのか，さらに，マハッラとNGOや青年団体，国際機関の連携活動にはどのようなものがあるのか，について考察してきた。そして，これらの考察を通して，現代マハッラの有する教育的役割を解明することを目的とした。

　まず，第1章ではマハッラとその教育的側面の変遷を歴史的に明示した。ここでは，帝政ロシアの支配が始まるまでマハッラは人々の紐帯を基礎とした地域コミュニティであり，そこではマハッラの役職者が様々な教育的役割を担い，モスクなどに代表されるマハッラ内の共同施設において多彩な教育的活動が展開されてきたことを述べた。ソ連期や独立後のマハッラ運営委員会のようなマハッラ管理組織の萌芽は見いだせるが，現在のマハッラ運営委員会のような全国的に画一的な組織はまだ存在していなかったといえる。換言すれば，当時，民族別や宗教別，職業別に形成されたマハッラの中では，それぞれのマハッラ独自の教育的活動が行われ，マハッラ住民はそのような諸活動に接することで同じマハッラの住民というアイデンティティを培っていったのである。また，マハッラの各々の独自性による教育的活動は，子ど

もたちの人間形成においても重要な役割を果たしていた。

　しかし，ロシア帝国を経てソ連期になるとマハッラは住民を監視・管理し，ソビエト連邦の一員へと育成していく機能を担わされることになった。帝政ロシアの近代学校制度の系譜を引き継いだソ連式の学校制度が普及すると同時に，マハッラ内ではソビエト政府の政策や共産主義の拡充を理想に掲げた活動が繰り広げられた。例えば，ソ連政府はこれまで人々の交流の場であり，マハッラ内における人々の生活の中心の場のひとつであったチャイハネを「赤いチャイハネ」へと変え，そこにソビエト政府を信望し，政策を擁護するような住民を育てるための書物を置き，同じマハッラに住む教師らを迎えた講演会などを開催した。住民同士の相互関係によって，地域社会の一員，マハッラの一員としての意識を有する住民の育成というマハッラの教育的役割は薄れ，代わりにソビエト国民生成のための機能がこの時期のマハッラには課せられたのであった。

　ウズベキスタン共和国の独立後は，「ソビエト国民」という意識から脱却し，「ウズベキスタン国民」という意識への転換が現政府によって目指されている。マハッラ以外のウズベキスタンや中央アジアの伝統文化の復興が推進されるとともに，マハッラを核とした教育改革も行われている。同時に，ソ連期にも存在したマハッラ運営委員会の行政的機能が強められ，マハッラ基金などのマハッラ関連団体の設置，整備も急速に行われている。このような現代的背景から，現在のマハッラにはマハッラ運営委員会の行政的権限の高まりを基とした「ウズベキスタン国民」形成のための機能が付与されており，それがマハッラの教育的役割のひとつとなっている点が指摘できる。

　第2章では，独立後におけるマハッラの構造と教育的活動の具体的実態が明らかとなった。1991年の独立後，政府は憲法やウズベキスタン共和国法「住民自治諸機関について」などの法令により，マハッラの法的・行政的基盤を固めてきた。マハッラ形成時からこれまで，存在の法的根拠などの曖昧さを有していたマハッラであったが，上記のような法令に明記されるような行政組織がウズベキスタン全国に満遍なく設置されることになり，政府によるマハッラの制度化がより一層進められることとなった。

　その一方で，これまでマハッラが保ち続けていた伝統や人々の相互関係に

よる諸活動とそこで展開される成人の学びは，マハッラが制度化され始めても失われることはなかった。現在，各マハッラでは行政の末端組織として，住民管理や女性支援，家庭問題の解決などの諸活動が行われているが，その裏側ではマハッラのオリジナリティを活用した様々な活動も実施されていたのである。マハッラ内における住民の慰安旅行やスポーツ振興活動などはその一例であるといえ，マハッラはそこに居住する成人にとって，重要な学びの場であった。

このような現在のマハッラを巡る構図から，マハッラにおける国家「統合」と地域住民「自治」の両立がなされているのではないかという仮説が生まれる。しかし実際には，マハッラ運営委員会やマハッラ住民は，政府の策定した枠内での自治活動を行っているのであり，政府の想定する枠外での活動を行うことは現実的には困難であるといえる。なぜなら，マハッラ運営委員会の資金源が政府や政府系諸団体からのものであり，マハッラ内での住民の活動，ひいてはマハッラ自体を地方行政府やマハッラ基金などの機関が逐一管理しているからである。換言すれば，マハッラの活動には，政府に迎合した活動となっている側面も見受けられ，それは，「（マハッラは）地域の役人が来る時以外は大した活動もやっていない。マハッラ住民に対する支援にはなっていない」[1]といったあるマハッラの前代表の声にも表れていよう。このことから，現在のウズベキスタンのマハッラでは政府の枠内に収まった地域住民「自治」は行われているが，結果としてそれは政府主導の住民管理やマハッラに対する愛郷心を触媒とした愛国心の高揚による国家「統合」に向けられた活動であるといえる。つまり，現在のウズベキスタンのマハッラにおいて，国家「統合」と地域住民「自治」は決して両立されているとはいえず，住民の自治活動が緩やかに国家統合に組み込まれていく段階にあると考えられる。

第3章では，マハッラにおける子どもの社会化と文化継承について，ラマザンやハイトの事例を取り上げ，子どもの社会化や文化継承，成長儀礼や宗教儀礼にマハッラがどのような関わりを持っているかについて明確にした。ウズベキスタンにおいて，子どもたちは自身のマハッラの内部で行われるさまざまな儀礼を通じ，社会性や宗教，伝統文化などについて学んでいる。例

えば，ラマザン時には日暮れまで食事をせず，食事を始める際もまずどのように祈ればいいのか，何を口に含み，何から食べ始めればいいのか，などを両親や祖父母，兄弟，姉妹などを模倣することから習得している。また，マハッラ内のモスクでの近所の住民との交流を介し，宗教や世代間の人間関係などについて学ぶのである。そのような子どもたちの学びはハイトの儀礼においても同様で，近所の住民との接触を通じ，儀礼やマハッラ内の住民との付き合い方，マハッラ内にどのような人々が住んでいるのかなどについて知る貴重な機会となっている。

　上述のような子どもたちの成長儀礼やマハッラ内の宗教儀礼，人生儀礼において，マハッラ運営委員会は儀礼を行うことができないような恵まれない家庭に対しては金銭的，人的支援を行っている。その反面，豪奢な儀礼を執り行おうとしている家庭に対してはその規模を縮小するよう圧力をかける。また，地方行政府内に事務所を置く文化団体である「精神と文化」支部はマハッラの代表やマハッラ運営委員会に対し，どのように儀礼を執り行えばいいのかについての指導を行っている。そして彼らを介し，各家庭に平準化された儀礼の執り行い方が十分に浸透するよう多彩な活動を推進している。このような「精神と文化」の活動は，ウズベキスタンや中央アジア，ひいてはイスラーム圏に共通するような伝統文化の広範囲にわたる伝達を可能とする一方，全国的に画一的な儀礼の強要や宗教的儀礼に関する政治的コントロールに結びつく恐れも否めない。以上のようなマハッラ運営委員会の活動実態から，マハッラは一方で「支援者」としての，また他方で「介入者」としての両面を持っているといえる。いわば，子どもの社会化に対する「支援」と「介入」の教育的役割の双方をマハッラは有していると考えられるのである。

　第4章では，学校教育においてマハッラがどのように取り扱われているか，その社会的政治的背景には何があり，マハッラの学校教育への導入の結果，子どもたちにどのような影響を与えているのかについて明らかにした。現在，政令によりマハッラと学校，家庭各々の連携が図られており，マハッラ運営委員会の代表が学校の授業に参加するなど，独立後の国家建設においてマハッラは非常に重要視されている。その代表例として，学校教育へのマハッラの導入政策が挙げられる。ウズベキスタンの教育制度やカリキュラム

終　章　ウズベキスタンにおけるマハッラの教育的役割

の骨格となっている「国家スタンダード」や「成熟した世代育成における家族，マハッラ，学校の連携」コンセプトから，政府はマハッラを「伝統的空間」，「国民統合の基礎的空間」，「相互扶助の空間」として位置づけ，教科書や授業，学校行事を介し，学校教育に導入している。そして，その背景には脱ソ連化や国内の中央アジア諸民族の統合，新国家体制の拡充という政府の企図があるということが明らかとなった。つまり，マハッラの学校教育への導入にはマハッラの伝統的側面と独立後の行政的側面を生徒たちに浸透させ，上述の政府の企図を実現させる目的があったのである。

　特に，「相互扶助の空間」としてのマハッラは，民族的メンタリティや人間性において強調されている。マハッラのこういった側面は，ウズベク民族のみならず，他民族への働きかけを可能にし，住民の共同生活推進や社会的弱者の救済，国民統合を進める上で政府に重視され，学校教育に導入されたといえる。

　このような政府主導による学校教育へのマハッラの導入の影響は，例えばマハッラに関する生徒のレポートや春の祭り「ナウルーズ」の学校行事での生徒たちの活動実態に明確に表れている。自身のマハッラを誇りに思う内容のレポートを書き，また学校行事でマハッラにおける婚礼の儀礼の寸劇を披露する生徒たちの姿からは，学校教育におけるマハッラを介した「ウズベキスタン国民」の形成は着々と成果を上げているかに見える。現在の学校教育においてマハッラは，生徒たちの国民意識の醸成装置として導入され，それをもとにした国民統合がなされているのである。しかし，マハッラを中核に据えた国民形成は必ずしも盤石な基盤の上にあるわけではなく，生徒によって，また学校を支援する側のマハッラによっても，学校教育へのマハッラの導入についての意識には温度差が見受けられることも見過ごしてはならない点であるといえる。

　次の第5章においても，学校教育の視点からマハッラの教育的役割の一つを明示した。独立後のウズベキスタンでは，ウズベク人やロシア人，タジク人，朝鮮人といった生まれついての民族とは関係のない「ウズベキスタン人」という「市民」の形成が目指されている。多民族からなる国家であるウズベキスタンの主要民族はウズベク民族であるが，民族問題に端を発した国

家分裂を防ぐために，ウズベク民族以外の民族を軽んじることができない状況にある。そのような状況を打開するための対策として浮上したのが，「ウズベク人」ではなく，「ウズベキスタン人」という「市民」意識の育成であった。

現在の学校教育で使用されている教科書，とりわけ「道徳の基礎」や「憲法初歩」，「礼儀」科目の教科書では「市民」という言葉が繰り返し掲載されており，「市民」としての振る舞いや礼儀，正しい生活習慣などについての記述がなされている。また，教科書のみならず，「追悼の日」などの学校行事では，学校近辺のマハッラから住民が招待され，第2次世界大戦の経験や大戦時のマハッラの様子などについて語るなど，実際のマハッラ住民を介しての「市民」意識の育成の取組みも顕著である。このような学校とマハッラの連携活動の背景には，学校教育における「市民」意識の育成を行う際に生徒たちの生活の場であるマハッラを活用することで，よりリアリティを包含し，より生徒たちに受容されやすい「市民」意識の育成を行うことが政府によって目指されていることが挙げられる。それだけでなく，マハッラという地域社会の一員という「市民」意識の育成と並行して，マハッラの歴史や伝統文化の復興，抽象的な愛郷心を醸成し，具体的にマハッラで民族の壁を超えた相互扶助的な活動の実施も目指されている。その一連の取組みが，社会的弱者の救済になり，やがては愛国心の生起や国民形成，国民統合にも連なっていくからである。マハッラは生徒たちにとってリアリティがあり，学校教育における「市民」意識の育成活動を補完するものとして，そして「市民」意識から国民意識への転換点，中継点としての教育的役割を政府によって付された存在であったのである。

第6章では，マハッラやNGO，国際機関などの諸機関の連携活動による青年教育への支援活動の取組みについて明らかにした。近年ではマハッラとNGOやカモロット，青年イニシアチブセンター「未来の声」などの青年団体，ユニセフなどの国際機関の連携活動が活発化している。国際機関は，社会インフラ整備や学校環境の改善といったハード面の支援だけではなく，青年や青年を支援する専門家のエンパワーメントのような質的理念的支援も実施し始めている。

とりわけ，それら連携活動の特徴としてはマハッラや青年団体，NGO，国際機関の間における強固なネットワーク化と国際会議や各種行事を通した活動の公開性が挙げられる。各機関は，マハッラを連携活動や各々の活動の場，それらの活動を実施する機能を有するものとしてみなしているといえるのである。

　しかし，本書にかかる調査としてウズベキスタンの2大学とカザフスタンの1大学，キルギスの1大学の大学生を対象に実施した質問紙調査では，学生は地域の活動にあまり参加しておらず，初等・中等教育段階と比較しても地域の諸活動への参加が減少しているということが明らかとなった。ウズベキスタンの青年はある一定の価値や期待を地域社会の活動に見出しているが，実際の活動に参加する者は少なく，生活環境の変化に伴い，次第にマハッラから離れつつあることがわかったのである。今後，マハッラやNGO，国際機関が連携して青年教育を展開する場合，上記調査の結果に見られるような青年のマハッラ離れの原因や実態を十分に考慮した活動を行う必要があるといえる。また，現在のウズベキスタンのNGOは，政府系NGOが各都市に拠点を置き，首都や地方のNGOを管理している場合が多い。つまり，NGOの独自的活動も実際は政府系NGO，換言すれば政府によって監視されている部分が多いといえるのである。ここにおいても，マハッラやNGOを核とした青年リーダーを育てる上での政府のコントロールが及んでいることがわかるのである。

　以上，これまでの各章において明らかとなった点から，現代マハッラの有する教育的役割には政府の視点による国民形成の場，マハッラ自身の視点によるマハッラ住民相互支援の場，そして青年団体やNGO，国際機関による各機関の活動実施の場という役割があることが明確となった。換言すれば，「私たちウズベキスタン国民のマハッラ」と「私のマハッラ」，国際機関など外部からの視点による，「ウズベキスタンのマハッラ」などの多岐にわたるマハッラ観に基づく教育的役割が存在するといえるのである。

　そして，上述の国民形成や住民相互支援，外部団体の活動実施という3つの教育的役割は個々に独立しながらも，相互に影響しあうという連関性を持っていることが明らかとなった。例えば，国民形成はマハッラの住民同士

がお互いに助け合うことで地域の一員意識を認識することから始まる。また，青年リーダーを育成するという各機関の活動実施の役割は，青年を地域社会の一員や一国民へと育成することにもつながるといえよう。

　マハッラや政府，NGO や国際機関などはこのようなマハッラの持つ教育的役割の連関性に裏打ちされ，あるときには連携活動を行い，またあるときには指導し，それを受容し，さらにはお互いを牽制しあうような関係を持っている。例を挙げると，「精神と文化」団体によるマハッラの代表に対する割礼方法の指導や，マハッラにおける国際機関の支援活動チャンネルの模索，大規模な婚礼の開催に対するマハッラ運営委員会の圧力，マハッラの女性委員会による住民の離婚の阻止などの場面に，マハッラを舞台とした様々なアクターのマハッラ観や各アクターの存在意義自体を包含する思惑を孕んだ多様な関係性を見出すことができるのである。

第2節　「教育」する共同体

　マハッラの教育的役割には，多彩なアクターを基礎とした連関性が内包されているが，その節々に政府の監視や管理の目が潜んでいることも見逃してはならない。現在のマハッラの教育的役割は，古くからのマハッラの伝統に基づく教育的役割を政府の容認する範囲内に収めたものになっているといえる。つまり，先に挙げた国民形成，住民相互支援，各機関の活動実施という3つのマハッラの教育的役割は，最終的には国民形成という教育的役割に集約されるものであるといえるのである。かつて，フィヒテが国民とは，国家に先んじるものであり，またア・プリオリに存在するのではなく，教育によって創出されなければならないと説いたように[2]，現在のウズベキスタンにおける教育は，新国家や国民を新たにあるいは再び創り出す一翼を担っている。そして，その過程においてマハッラは，人々を「ウズベキスタン国民」へと「教育」する共同体であったのである。本書の冒頭で示した，旧体制において学校教育を受けた人々と新国家創生後の現在に学校教育を受けている人々との間の「教育格差」を生じさせないよう，あらゆる年代の人々に満遍なく新国家のイデオロギーを伝達する組織主体として，マハッラは「教

育」する共同体なのであった。現在のマハッラでは，政府が掲げるマハッラの教育的役割とマハッラ内の住民の主体的教育活動による教育的役割が拮抗している状況にあり，今後この両者のバランスがどのように変化していくのかにより子どもたちや地域の青年・成人の教育も変動し，ひいてはマハッラと国家の関係も変貌していく可能性がある。

　加えて，このようなマハッラの教育的役割には個々人の持つマハッラ観が大きな影響を及ぼしているといえる。これらのマハッラ観がどのように形成されているのか，さらに，これらのマハッラ観が相互にどのような関係を有しているのかについては，マハッラを構成する民族，マハッラの歴史などに見られる民族性，宗教性，地域性による部分が大きいと考えられる。つまり，人々がマハッラにどのような教育的役割を付与しているのかについては，そのマハッラにおける住民の民族性，宗教性，地域性と歴史的背景が多大な影響を及ぼしているといえるのである。

　現在のウズベキスタンでは，マハッラの持つ包摂性を利用した地域づくり，そして国家建設が進められており，その理由でマハッラが学校教育に取り込まれたり，マハッラを介した住民管理が行われている。「マハッラの包摂性」から「国家の包摂性」へのすり替えは，社会教育学の領域で松田が指摘した，個人のコミュニティへの帰属が画一的な国家への帰属に接続する危険に直属するものであり，ウズベキスタン政府の視点からは，まさにこの住民の帰属意識の転換を図るためにマハッラが利用されているといえる。松田が挙げた「コミュニティ的価値」は，現在のウズベキスタンのマハッラの現況に即していえば，「外見的にはマハッラ的価値，実際には国家的価値」ともいえるほど，政府に操作された概念となっているのである。

　このような概念を基盤として政治的に再構築されつつある現在のマハッラでは，マハッラが伝統的に有していた民族性，宗教性，地域性がないがしろにされる恐れもある。多様な民族，宗教，地域からなる国家をマハッラの包摂性でもって統合するのではなく，マハッラ住民の教育活動や地域づくりの自由な取組みを尊重した地域行政が望まれる。そして，そのためにはマハッラ住民自身の自発的，主体的な活動が求められることは言うまでもない。

結　語 —— 今後の展望と課題 ——

　本書にかかるこれまでの研究では，法令，公文書，フィールドワークをもとにウズベキスタンのマハッラの教育的役割について研究を進めてきた。しかし，文献や限定的なフィールドワークによる調査だけでは，マハッラの教育的役割の解明に限界がある。第2節で示したように，住民毎・地域毎に，マハッラ観やそれに基づくマハッラの教育的役割観が異なるためである。
　この問題点解決のためには，ウズベキスタンを含む中央アジア5ヵ国に居住する各民族が，地域社会をどう捉え，地域社会政策をどう受容しているかが大きな鍵となる。ウズベキスタンのマハッラのような伝統的地域共同体のない国々で，何がその代替となっているのかを探ることは，ウズベキスタンに居住するさまざまな民族の地域社会観を考察する上で，重要となってくるはずである。
　中央アジア5ヵ国は，定住民としての歴史的背景と，遊牧民としての歴史的背景を持つ国々に大別でき，前者に属するウズベクやタジクなどの定住民の町や村落では，マハッラのような伝統的地域共同体が発達した。一方，後者のカザフやキルギスの遊牧民，半遊牧・半定住的なトルクメンの間では，伝統的な部族制度が現在も色濃く残っている。
　しかし，中央アジア5ヵ国で定住民の国家に分類されるタジキスタンを例にとっても，国内には遊牧民のキルギス系民族も居住するなど，地域毎の民族構成には多様性がある。一方，遊牧民の国家の一つに数えられるキルギスにもウズベク系民族が多く居住する地域があり，そこにはマハッラが存在し，ウズベキスタン同様マハッラの委員会を中心に様々な活動を行っていることがこれまでの調査により明らかとなった。
　例えば，キルギス第2の都市オシュのウズベク民族のマハッラでは，「国際婦人デー」の祝賀行事がマハッラ全体を挙げて開催され，女性評議会のさまざまなメンバーが活発に活動を行っていた。マハッラ全体を挙げて「国際婦人デー」を祝おうという地域の管理組織の意気込みや，彼/彼女らに協力しようとする住民たちの信頼がそこにはあった。これに対し，キルギス民族

を中心に構成された集合アパートの地区では，女性評議会の代表である女性が「国際婦人デー」を祝うために1人で住民の家を訪ねていた。住民の中から，「ウズベク民族のマハッラのように，私たちも『国際婦人デー』のお祝いがしたい」という要望が出たが，代表の女性以外に協力する住民がいないため，代表の女性が自費で香水やハンカチなどのプレゼントを買い，アパート各戸を訪問していたのであった。

　前述の事例における各民族のコミュニティでの女性委員会の活動実態の相違は，各民族によって地域社会観が異なり，それが女性委員会の活動内容にも影響を及ぼしていることの一例を示しており，数値や公文書等には表れない質的差異であるといえる。そしてこれは，中央アジア5ヵ国を単純に遊牧民，定住民あるいは○○民族の国家として分類し，研究を行うことの危険性を表すものでもある。

　今後は，ウズベキスタンの国内比較だけでなく，既述のような中央アジア5ヵ国の各国内比較，中央アジア域内5ヵ国間比較による分析・考察によって，各民族の持つ地域社会像やコミュニティ観を探っていくことが課題である。そのような各民族の地域社会意識やコミュニティ観が明示されたとき，本研究におけるマハッラの教育的役割やウズベキスタンのマハッラの新たな側面が，より明らかになってくるといえよう。

［注］

1) タシケント市ミラバード地区Oマハッラ前代表に対するインタビューによる（2007年6月7日実施）。
2) フィヒテ「ドイツ国民に告ぐ」『国民とは何か』河出書房新社，1997年，76頁。

あとがき

「ウズベキスタンってどこにあるんですか？」，「なぜ，ウズベキスタンの研究をしているんですか？」。

私が本格的にウズベキスタンにおける教育を研究し始めた2004年以降，自身の研究について紹介するときは，きまってこのように尋ねられた。「旧ソ連圏の，特にアジア地域のことが研究したかったから」，「独立後間もない国における国づくりにおいて，教育の持つ意味とは何なのかを考えてみたかったから」，「父がファンだったシルクロードに関するテレビ番組の影響を受けた」。と，これまで思いつく限りのさまざまな答えを返してきた。しかし，大概，彼/彼女らは首をかしげ，納得のいかない顔をし，私にこう言うのである。「珍しいんですね」。

それだけでなく，ウズベキスタン留学中に現地の人々にウズベキスタンの教育について研究していると話すと，目を丸くされ，「なんでウズベキスタンなのか。日本の教育の方が進んでいるだろうに……」といった反応ばかりが返ってくるのであった。

このような反応とは裏腹に，近年，日本国内外ではウズベキスタンや中央アジアに関する学際的・国際的研究プロジェクトが数多く組織され，多くの学術書が刊行されるようになっている。旧ソ連中央アジア諸国に留学する日本人学生も徐々に増えつつある。しかし，こと私が専門とする教育学の世界では，かつて「教育学における中央アジア研究は前人未到」といわれたように，いくつかの研究プロジェクトや論考は見られるものの，それらはいまだ萌芽的なレベルにとどまっている。

生まれ出でた国における教育を研究することで，そのような新国家における国づくりに何らかの貢献ができればと考えたのも，中央アジア地域教育研究を志した理由のひとつであるが，その思いを揺るがす事件が本書を上梓する直前に起

こった。ウズベキスタンの隣国キルギス・オシュの民族衝突である。2010年6月10日夜、キルギス第2の都市オシュでキルギス民族とウズベク民族同士の口論から端を発した衝突が、銃撃戦を伴う民族衝突に発展した。治安情勢の緊張化により、オシュ州内のウズベク系住民が難民化し、翌11日以降キルギス・ウズベキスタン国境を越え、ウズベキスタン領内に避難する事態となった。一説では、これまで1,000人を超える住民が死亡、約8万人がウズベキスタン側に難民として流入し、ウズベキスタン政府は、国際社会の支援を要請した。また、キルギス国内においては、約30万人の国内避難民が発生している。

　同市では、ウズベク民族のマハッラやキルギス民族のコミュニティを調査する機会があり、それが縁で、現地のウズベク民族・キルギス民族ともに親しくさせて頂いている。私自身が研究を行っている地域で、このような事件が勃発するのを目の当たりにし、テレビやインターネットで現地の人々の痛ましい姿を目にするたびに、自分がこれまでよかれとしてやってきた研究はいったい何だったのか、何の役にも立たないではないか、と自信を喪失し、これからの研究に戸惑いや揺らぎが生じたのも事実である。しかし、オシュの人々が一歩一歩と復興に向けて歩みを進めていくなかで、私自身も今一度、初心に戻り自身の研究を見つめ直そうという気持ちを新たにしている。

*

　さて、本書は、2008年度に九州大学大学院人間環境学府に提出した博士論文を一部加筆修正したものである。博士論文の執筆および本書の刊行は、多くの方々の支援や励ましなくしてはなしえなかったことであるが、そのなかでも特に次の方々に御礼申し上げたい。

　まず、なんといっても私の指導教官であり、現在に至るまで多岐にわたるご指導を頂いている松田武雄先生（現名古屋大学教授）に心より感謝申し上げる。ウズベキスタンに留学していた2年間、主体的に自由に、そして「現地化」して、調査・研究を進めることを主なる方針とする松田先生のもとで、私は「日本」にとらわれることなく、ウズベキスタンや中央アジアにどっぷりと浸かり、研究を進めることができた。論文執筆時や研究助成への申請について、日本とウズベキスタンというユーラシア大陸を挟み、メールや国際電話などで多くのご指導を頂いたことを今でも懐かしく思い出す。日本、北欧など、国際的、歴史的な視野から近現代の社会教育や成人教育に向き合っていらっしゃる先生にはまだまだ遠く及

あとがき

ばないが，本書の刊行によって，松田先生から受けた数えきれないほどの学恩に少しでも報いることができれば幸いである。

また，博士論文に関しては，九州大学人間環境学研究院の坂元一光准教授，望田研吾教授（現九州産業大学教授），竹熊尚夫准教授，大谷順子准教授（現大阪大学准教授）にご指導賜った。この場を借りて，深く感謝申し上げる。大谷先生，大杉卓三先生（九州大学システム LSI 研究センター）には，㈶アジア女性研究・交流フォーラムの客員研究員研究で共同研究者として参加させて頂いただけではなく，その他の研究プロジェクトでもコラムや論文などを執筆する機会を頂くなど，多岐にわたるご指導，ご支援を頂いた。この場をお借りして，深く御礼申し上げたい。

さらに，日本学術振興会特別研究員時の受入研究者である筑波大学大学院人文社会科学研究科のティムール・ダダバエフ先生はじめ，現在における研究への取組みをご支援くださっている筑波大学の多くの先生方にも厚く御礼申し上げたい。現在，私が所属する筑波大学には中央アジア特別プログラムという留学プログラムがあり，そこでは中央アジア 5 ヵ国（カザフスタン，ウズベキスタン，キルギス，タジキスタン，トルクメニスタン）からやってきた多くの留学生たちが日夜自身の研究に励んでいる。授業や修士論文指導，その他のさまざまな場で，アグレッシブに研究を進める学生たちに接するたびに，刺激を受け，また中央アジアの現況について議論できる貴重な時間を得ている。

ウズベキスタン留学時は，現地の指導教官であるタシケント国立教育大学教育・心理学部教育学講座の Nodira Egamberdiyeva 先生はじめ，教育学講座の諸先生方，大学事務部の方々に公私ともに大変お世話になった。また，本研究で調査対象として挙げたマハッラ運営委員会や各地の学校関係者，政府関係者，NGO や国際機関などの方々には，現在の中央アジアの教育が置かれている現状についての生の声を聞かせて頂いた。

地域コミュニティの教育的役割やそれが孕む課題というミクロかつローカルなレベルに焦点を当てる研究という性格上，図らずも個々人の悲惨な体験や政治的・慣習的にセンシティブな問題に触れなければならないこともあった。しかし，多くの方々が自身の住む地域や都市，国，そして中央アジアにおける教育の発展のためにとインタビューに応えてくれた。現地調査にご協力頂いたすべての方々にここで厚く御礼申し上げたい。

また，一時帰国のたびに，温かく迎えてくれた九州大学大学院人間環境学府・

社会教育研究室の皆さんには，いつも新たな研究上の刺激を頂きつつ，戻ることができる居場所があることの温かさを教えて頂いた。福岡・ウズベキスタン友好協会の皆さんには，ウズベキスタン留学や現地の学生との交流活動における多大なご支援を賜った。これまでの皆さんの支援と励ましに，心より感謝申し上げる。

本書に関わる研究には，文部科学省大学教育の国際化推進プログラム（長期留学支援）「地域社会における教育・文化政策と住民の受容に関する研究——ウズベキスタンのマハッラを中心に——」，㈶アジア女性研究・交流フォーラム客員研究員研究「中央アジア諸国におけるコミュニティ研究——ジェンダーの視点から」（研究代表者：大谷順子大阪大学准教授），九州大学大学院人間環境学府平成20年度「学位取得（課程博士）に向けての研究助成」「ウズベキスタンにおける地域共同体の教育的役割に関する研究——独立後のウズベキスタンにおけるマハッラ——」，日本学術振興会科学研究費補助金（特別研究員奨励費）「中央アジア諸国における社会開発と地域コミュニティ：コミュニティ観と域内教育協力の検討」などの多くの助成を頂いた。本書を刊行するにあたっても，独立行政法人日本学術振興会平成22年度科学研究費補助金（研究成果公開促進費）の交付を受けた。また光栄なことに，本書のベースとなっている博士論文に対しては，小貫英教育賞（公益信託小貫英教育学研究助成記念基金）を授与いただいた。ここに記して感謝申し上げたい。

そして，これまでの私を支えてくれた家族の皆に心より感謝する。留学時，メールや電話で励まし続けてくれた家族なしには，留学はもとより学位取得や本書の刊行は困難であった。世界中のどこの国であろうと，娘の留学先には母を引きつれ駆けつける父のフットワークの軽さと，その父に忍耐強くついてくる母の我慢強さを家族のなかで一番よく受け継いでいるのは，実は私ではないかと自負している。

最後に，本書の刊行を引き受けてくださり，草稿から丁寧にチェックしてくださった，九州大学出版会の永山俊二編集部長とスタッフの皆様に，この場を借りて御礼申し上げたい。

ポスト・ソビエト期の中央アジア諸国における地域教育研究はいまだ芽生え期にあり，とりわけ地域共同体が果たす教育的役割についての研究はほとんどみられない。このような研究動向に対し，現在の中央アジアでは地域社会や地域の学校を中心とした豊かな教育世界が広がっている。そこでは，人々はさまざまな活動を活発に展開し，ときにはその成果を分かち合い，ときにはさまざまな障壁に

ぶつかりそれを克服しようと，日々奮闘を続けている。
　本書は，日本における数少ない中央アジア地域教育研究や中央アジアにおける地域社会教育を主題としたものであるが，まだまだ中身は誇りを持てるレベルのものではなく，多くの課題も残存している。今後，中央アジア地域教育研究者や読者諸賢からは，多くのお叱りやご批判を頂戴することは間違いない。しかし，そのようなご批判を頂くことが，私自身の研究やさらなる中央アジア地域教育研究，地域社会教育研究の深化につながるのではないかと，厚かましくも目論んでいる。本書が多くの方々によるご批判の一起点となれれば，そして，本書による研究成果がわずかでも中央アジアの教育や地域社会に還元され，その一助となれれば，望外の喜びである。

　　2010年7月31日

　　　　　　　　　　　　　　　　　　　　　　　　　　　　河野　明日香

資　　料

(1) ウズベキスタンに関する基礎データ

	I. 国 土・人 口
国名	ウズベキスタン共和国（Republic of Uzbekistan）
首都	タシケント（Tashkent）
面積	44万7,400 km^2（日本の約1.2倍，日本の国土面積は37万7,835 km^2） カザフスタン，キルギス，タジキスタン，トルクメニスタン，アフガニスタンと国境を接する（現在も，カザフスタン，キルギスおよびタジキスタンと国境画定交渉が続けられている）。
天然資源	石油，石炭，天然ガス，金，銀，ウラン，レアメタルなど
環境問題	アラル海の縮小による塩害や有害化学物質の蓄積と周辺地域への拡大，砂漠化の進行，産業用水による水質汚濁，核物質や農薬，工業用化学物質，産業廃棄物による土壌汚染と健康被害
人口	2,786万5,738人（2010年7月推計）
年齢別人口構成比	0-14歳：27.3％（男性3,893,056人/女性3,709,185人） 15-64歳：68％（男性9,410,206人/女性9,532,880人） 65歳以上：4.7％（男性564,417人/女性755,994人） （2010年推計）

男女別人口構成比	出生率：女性1人に対し男性1.06人 15歳以下：女性1人に対し男性1.05人 15-64歳以下：女性1人に対し男性0.99人 65歳以上：女性1人に対し男性0.75人 総人口：女性1人に対し男性0.99人 （2010年推計）
都市・農村別人口構成比	都市37％　農村63％（2008年）
宗教別人口構成比	イスラーム（主にスンニ派）88％，ロシア正教9％，その他3％
民族構成	ウズベク人80％，ロシア人5.5％，タジク人5％，カザフ人3％，カラカルパク人2.5％，タタール人1.5％，その他2.5％　　　　　　　　　　　　　　　　（1996年推計）
人口増加率（年）	0.938％（2010年）
出生率	1,000人あたり17.51人（2010年）
死亡率	1,000人あたり5.29人（2010年7月）
貧困率	26％（2008年推計）
移民増減率	1,000人あたりマイナス2.84人（2010年）
言語	ウズベク語74.3％，ロシア語14.2％，タジク語4.4％，その他7.1％ 公用語はウズベク語，ロシア語も広く通用する。
平均寿命	72.24歳（男性69.22歳　女性75.44歳）　（2010年推計）

	Ⅱ．政　治
政治体制	共和制，大統領制
元首	イスラム・カリモフ大統領（2007年12月再選，任期7年）
議会	二院制（任期は5年，上院：「セナート」（定数100），下院：「立法院」（定数150），前回の選挙は2009年12月に実施された）

行政区分	首都以外に12州（本書巻頭の地図参照），1共和国（カラカルパクスタン）
法律	憲法：1992年12月8日採択，ウズベキスタン共和国法「教育について」（1992年採択，1997年改正）
選挙権	18歳以上
政党	ビルリク（統一），エルク（自由）など
軍事力	総兵力67,000人（陸軍50,000人，空軍17,000人），準兵力20,000人（2009年）

Ⅲ. 経　済	
GDP	775.5億ドル（2009年推計） 726.8億ドル（2008年推計） 666.8億ドル（2007年推計）（2009年USドルデータより）
GDP成長率	6.7％（2009年推計） （2008年推計9％，2007年推計9.5％）
1人あたり名目GDP	2,800ドル（2009年推計） （2008年推計2,700ドル，2007年推計2,500ドル） （2009年USドルデータより）
世帯あたり収支	最低10％層の占める割合：2.8％，最高10％層の占める割合：29.6％（2003年）
労働人口	1,577万人（2009年推計）
失業率	1.1％（2009年推計）労働省による公式調査による。その他，準失業状態にある者が20％存在する。 （2008年推計1％）
主要産業	綿花，果実，野菜，穀物，畜産，食品加工，繊維，金属，石油，天然ガス，化学など

貿易相手国	輸出：ウクライナ 27.4％，ロシア 16.9％，トルコ 7.5％，カザフスタン 5.9％，バングラデシュ 5％，中国 4.3％，日本 4.1％（2008 年） 主な輸出品目は，エネルギー，綿花，金，肥料，織物，食品，機械，自動車など 輸出：ロシア 25.1％，中国 15.3％，韓国 13.5％，ウクライナ 7.1％，ドイツ 5.4％，カザフスタン 4.8％，トルコ 4％（2008 年） 主な輸入品目は，機械，食品，化学物質，鉄，非鉄類など
通貨	ウズベクスム（Soum） 1US ドル = 1597（2010 年 7 月），1,469（2009 年），1,317（2008 年），1,263（2007 年），1,219（2006 年），1,020（2005 年）

IV. 教 育	
学校教育	4-5-3 制（一部，4-5-2 制も残存している。義務教育は 12 年間）
成人識字率（15 歳以上）	99.3％（男性 99.6％　女性 99％） （2003 年推計）
普通教育学校数・在学者数	全日制普通教育学校数：9,765 校 生徒数：5,141,000 人（2008 年）
後期中等教育学校数・在学者数	学校数：1,334 校　在学者総数：1,380,400 人
大学数・在学者数	大学：62　在学者総数：198,100 人
対 GDP 比教育支出	8.4％（2003 年）
在学見込み期間	11 年（男性 12 年　女性 11 年）（2007 年）

出所：ウズベキスタン共和国国民教育省，高等中等専門教育省，ユネスコ，ユニセフ，UNDP，世界銀行，日本外務省，CIA The World Factbook などをもとに筆者作成。

(2) ウズベキスタン関連年表

古代・中世	紀元前7世紀～6世紀　バクトリア・大ホレズムなどの古代国家群の成立 紀元前6世紀半ば～前331年　アケメネス朝ペルシャ 226～642年　ササン朝ペルシャ 8世紀　イスラーム勢力の侵攻 875～999年　サーマーン朝 9世紀半ば　近世ペルシャ語の成立 10世紀末　カラハン朝の成立 13世紀　モンゴル軍の侵攻 14世紀前半　キプチャク・ハン国におけるウズベク・ハンの統治 1360～80年代　西シベリアにおける遊牧ウズベク国家（シビル・ハン国） 14世紀後半　ティムール帝国の建設 15世紀半ば　遊牧ウズベク，アブル・ハイル・ハンに率いられる 16世紀初頭　遊牧ウズベクの長シャイバニー・ハン，ティムール朝を倒す 1512年　ヒヴァ・ハン国の成立 1599年　ブハラ・ハン国の成立 18世紀半ば　コーカンド・ハン国の成立
帝政ロシア期	1865年　帝政ロシア軍がタシケントを占領 1868年　ブハラ・アミール国が帝政ロシアの保護国となる 1873年　ヒヴァ・ハン国が帝政ロシアの保護国となる 1876年　コーカンド・ハン国の滅亡 1893～94年　バルトリドの最初の中央アジア旅行（探検） 1913年　レーニン『民族問題についての論評』，スターリン『マルクス主義と民族問題』
ロシア革命後	1917年　ロシア二月革命，十月革命，タシケントにソビエト政権成立 1917年11月～1918年2月　トルキスタン自治政府が成立するも，タシケントのソビエト政権がコーカンドのトルキスタン自治政府を打倒，それにより，バスマチ（反ソビエト）運動開始 1919年　「トルキスタン委員会」成立 1920年　ブハラ・アミール政権の崩壊，ブハラ・ソビエト社会主義共和国の成立，ヒヴァ・ハーン政権の崩壊，ホレズム・ソビエト社会主義共和国の成立，ルスクロフの「テュルク・ソビエト共和国」構想 1920年7月　コミンテルン第2回大会 1922年　ソビエト社会主義共和国連邦成立 1923年4月～1924年10月　「民族―領域的境界画定」導入作業 1924年　中央アジアの民族・共和国境界画定を承認，ソ連構成共和国の一国としてのウズベク・ソビエト社会主義共和国成立 1928年　農業集団化の開始 1931年　満州事変

ロシア革命後	1933年　ドイツでヒットラー政権の成立 1930年代後半　スターリンによる粛清 1937年　ロシア極東から中央アジアへ，朝鮮人強制移住 1939～45年　「大祖国戦争」（第二次世界大戦） 1953年3月　スターリン死去 1959年　シャラフ・ラシドフ，ウズベキスタン共産党中央委員会第一書記に就任 1964年　ウズベキスタンにおけるコルホーズ組織の再編 1966年　タシケント大地震 1968年　サマルカンド2500年祭 1980年　イブン・スィーナー（980-1037，イスラーム世界を代表する知識人で，特に医学と哲学の分野に大きく貢献した）生誕1000年祭 1983～88年　ウズベク汚職（「綿花事件」，ソ連期にウズベキスタンの高官が関与した綿花の生産をめぐる汚職事件） 1985年　ゴルバチョフ，ソ連共産党書記長に就任（～1991），ペレストロイカ開始 1983年　シャラフ・ラシドフ死去，民族友好宮殿（タシケント）の竣工 1988年　ビルリク（統一）党結成 1989年　イスラム・カリモフ，ウズベキスタン共産党中央委員会第一書記に就任，「国語法」の制定によりウズベク語が公用語となる。 1989年3月　第4回中央アジア・カザフスタン・ムスリム大会 1989年6月　フェルガナ盆地でのメスヘチア・トルコ人襲撃事件 1990年6月　キルギス・オシュ郊外におけるキルギス人とウズベク人の衝突，ウズベキスタン主権宣言
独立後	1991年9月　ウズベキスタン独立，ウズベキスタン共和国の成立 1991年10月　イスラーム復興党中央アジア支部の設立 1991年12月　ソビエト連邦の崩壊，ウズベキスタン独立後初の大統領選挙 1992年　シャラフ・ラシドフ名誉回復キャンペーン，ビルリク活動禁止に，タシケントで学生暴動発生，国連加盟 1992年12月　ウズベキスタン憲法，9月　ウズベキスタン共和国法「教育について」の採択 1993年　タシケントのアムール・ティムール像の除幕 1994年　独自通貨スムの発行開始，アリシェル・ナヴァーイー（1441-1501，ティムール朝終わりに活躍した詩人，文人宰相）生誕祭 1995年　アドラット党，民族復興党の結成，イスラム解放党，中央アジアで活動を開始，カリモフ大統領の任期を国民投票により2000年まで延長 1996年　ティムール生誕660年祭，ティムール朝史博物館開館，上海ファイブ誕生（中国，ロシア，カザフスタン，キルギス，タジキスタン加盟） 1997年10月　ブハラ・ヒヴァ建都2500年祭　ウズベク語法，国語法，タジキスタン内戦終結，7月　改正ウズベキスタン共和国法「教育について」公布 1999年　タシケント同時多発テロ事件（2.16事件）

独立後	2000年　カリモフ大統領が再選 2001年　アメリカでの「9.11」同時多発テロ，アメリカによるアフガニスタン攻撃，アメリカ軍のウズベキスタン領内駐留，上海ファイブから上海協力機構へ（ウズベキスタン加盟） 2002年　「圧政による犠牲者を記憶するための博物館」開館，シャフリサブズ（カシカダリヤ州の都市で，その近郊に生まれたアムール・ティムール所縁の地）2700年祭，民族―民俗祭「ボイスンの春」，最高会議で，大統領任期を5年から7年にするなどの憲法改正案を承認 2002年5月　メディアに対する公的検閲の廃止 2003年　スム交換レートの一本化，マハッラの年 2004年　タシケント，ブハラなど連続テロ発生 2005年5月　「アンディジャン事件」（2005年5月13日にフェルガナ盆地の都市アンディジャンで発生した大規模な反政府暴動） 2007年　カリモフ，大統領に再選 2010年6月　キルギス・オシュにおけるキルギス人とウズベク人の民族衝突

主要参考文献

【日本語文献】（五十音順）
アブリミティ，リズワン「ウイグルの子どもの発達におけるマハッラ（地域共同体）の役割」『日本生活体験学習学会誌』(1), 2001 年, 39-47 頁。
アレント，ハンナ『人間の条件』ちくま学芸文庫, 1994 年。
猪口孝・田中明彦・バサネズ，ミゲル・ダダバエフ，ティムール著『アジア・バロメーター　都市部の価値観と生活スタイル　アジアを社会科学する（アジアを社会科学するシリーズ）』明石書店, 2005 年。
宇山智彦『中央アジアの歴史と現在（ユーラシア・ブックレット 7）』東洋書店, 2000 年。
江上波夫編『中央アジア史　世界各国史 16』山川出版社, 1987 年。
海老原遙『帝政ロシア教育政策史研究』風間書房, 1997 年。
大橋保明「学校教育と社会教育の協働 ── 公民分館活動を軸に ──」日本社会教育学会紀要 (37), 2001 年, 51-59 頁。
大杉卓三『情報ネットワークで結ぶシルクロード ── 国際開発協力にみる現代中央アジア』中国書店, 2009 年。
大杉卓三・大谷順子編著九州大学比較社会文化叢書 XVIII『人間の安全保障と中央アジア』花書院, 2010 年。
大谷順子，大杉卓三，河野明日香『中央アジア諸国におけるコミュニティ研究 ── ジェンダーの視点から ──（ウズベキスタン，タジキスタン，カザフスタン，キルギスの事例より）』(2007/2008 年度財団法人アジア女性交流・研究フォーラム客員研究員研究最終報告書), 2009 年。
大谷順子「ウズベキスタン共和国」萩原康生・松村祥子・後藤玲子・宇佐美耕一　編集代表『世界の社会福祉年鑑　第 7 巻　2007 年』旬報社, 2007 年, 337-358 頁。
大塚和夫・小杉泰・小松久男・東長靖・羽田正・山内昌之編『岩波イスラーム事典』岩波書店, 2002 年。
大野順子「地域社会を活用した市民的資質・シチズンシップを育むための教育改革　地域の抱える諸問題へ関わることの教育的意義」『桃山学院大学総合研究所紀要』第 31 巻第 2 号, 2005 年, 99-119 頁。
帯谷知可「マハッラのくらし：ムスリムの日常と近所づきあい」宇山智彦編『中央アジアを知るための 60 章』明石書店, 2003 年, 160-164 頁。
カリモフ，イスラム『21 世紀に向かうウズベキスタン』日本ウズベキスタン経済委員会,

1999 年。

河野明日香「ウズベキスタンの教育に関する一考察 —— 中等教育における口承文芸とユネスコの活動を中心に ——」『九州教育学会研究紀要』第 32 巻，2005 年，117-124 頁。

河野明日香「マハッラ（地域共同体）の教育的役割 —— 独立後のウズベキスタンを中心に ——」『九州教育学会研究紀要』第 33 巻，2006 年，229-236 頁。

河野明日香「ウズベキスタンの学校における地域共同体（マハッラ）の教育 —— 政府のマハッラ政策との関連で ——」『比較教育学研究』第 35 号，2007 年，166-182 頁。

河野明日香「独立後のウズベキスタンにおける『市民』意識の育成 —— 学校教育とマハッラ（地域共同体）の連携に焦点を当てて ——」『社会教育思想研究』九州大学大学院人間環境学府教育システム専攻社会教育思想論研究室，第 3 号，2007 年，57-68 頁。

河野明日香「マハッラ」萩原康生他編『世界の社会福祉年鑑 2007　第 7 集』旬報社，2007 年，346-347 頁。

河野明日香「ウズベキスタンのマハッラ（地域共同体）と子どもの社会化 —— イスラームを核とした社会性の習得と文化継承に焦点を当てて ——」平成 19 年度 九州大学大学院人間環境学府教育学コース院生論文集『飛梅論集』第 8 号，2008 年，17-36 頁。

河野明日香「ウズベキスタンのマハッラにおける子どもの社会化とイスラーム」『平成 18 年～20 年度 九州大学 教育研究プログラム・研究拠点形成プロジェクト アジア総合研究「アジア地域における人間の安全保障の観点による社会開発の新たなフレームワークの研究」報告書』（研究代表者：大杉卓三），2009 年，140-156 頁。

河野明日香「中央アジアにおける教育政策の現状と課題 —— 公教育政策と人々の『学校教育観』に焦点を当てて ——」『社会教育研究年報』第 23 号，名古屋大学大学院教育発達科学研究科，社会・生涯教育学研究室，2009 年，47-57 頁。

河野明日香「中央アジアの地域コミュニティ —— マハッラとジャモアトにおける地域保健活動 ——」大杉卓三著『情報ネットワークで結ぶシルクロード —— 国際開発協力からみた現代中央アジア ——』中国書店，2009 年，93-94 頁。

河野明日香「中央アジア諸国における社会開発と地域コミュニティ —— ウズベキスタン，キルギス，タジキスタンにおけるコミュニティ観と地域社会教育の観点から ——」大杉卓三・大谷順子編著『人間の安全保障と中央アジア』『比較社会文化叢書』(18)，花書院，2010 年，100-128 頁。

河野明日香・大杉卓三・大谷順子「中央アジア諸国におけるコミュニティ研究 —— ウズベキスタン，タジキスタン，キルギスにおける女性のコミュニティ活動を中心に ——」『アジア女性研究』第 18 号，財団法人アジア女性交流・研究フォーラム，2009 年，83-95 頁。

河野明日香・大杉卓三・大谷順子「中央アジア諸国におけるコミュニティ研究 —— ジェンダーの視点から ——」『アジア女性研究』第 17 号，財団法人アジア女性交流・研究フォーラム，2008 年，87-96 頁。

河野明日香・松田武雄「ポストソヴィエト期のウズベキスタンにおける教育改革と職業教

育」『生涯学習・キャリア教育研究』第 5 号，名古屋大学大学院教育発達科学研究科付属生涯学習・キャリア教育研究センター，2009 年，27-34 頁。
川野辺敏編著『ソビエトの教育改革』明治図書，1985 年。
川野辺敏『各年史/ソ連 戦後教育の展開』エムティ出版，1991 年。
川野辺敏監修『ロシアの教育・過去と未来』新読書社，1996 年。
韓民「北京市社区教育の実践と施策 —— 西城区の社区教育実験を中心に」『東アジア社会教育研究』第 10 号，2005 年，32-40 頁。
北田耕也『大衆文化を超えて —— 民衆文化の創造と社会教育』国土社，1986 年。
北田耕也・草野滋之・畑潤・山﨑功編著『地域と社会教育 —— 伝統と創造』学文社，1998 年。
ギデンズ，アンソニー『第三の道 —— 効率と公正の新たな同盟』日本経済新聞社，1999 年。
木村英亮・山本敏『世界現代史 30 ソ連現代史 II』山川出版社，1979 年。
久冨善之「地域と教育」『教育社会学研究』第 50 集，日本社会教育学会，1992 年，66-86 頁。
黒田一雄，横関祐見子編『国際教育開発論 —— 理論と実践』有斐閣，2005 年。
経済産業省『シティズンシップ教育と経済社会での人々の活躍についての研究会報告書』平成 18 年 3 月。
甲木京子「タジキスタンにおける女性に対する暴力の現状と NGO の取組み —— クライシス・センターからシェルター活動へ ——」『アジア女性研究』第 15 号，財団法人アジア女性交流・研究フォーラム，2006 年，109-111 頁。
国際協力機構（JICA）「中央アジア（ウズベキスタン，カザフスタン，キルギス）援助研究会報告書現状分析編」第 II 部各国編ウズベキスタン，2001 年。
呉遵民「中国社区教育の理論と実践」『東アジア社会教育研究』第 9 号，2004 年，5-34 頁。
小玉重夫『シティズンシップの教育思想』白澤社，2003 年。
小玉重夫「シティズンシップ教育の意義と課題」財団法人明るい選挙推進協会『私たちの広場』291 号，2006 年。
駒田錦一・岸本幸次郎編『世界の青少年教育』財団法人全日本社会教育連合会，1978 年。
小松久男「ブハラのマハッラに関するノート —— O.A. スーハレワのフィールド・ワークから ——」『アジア・アフリカ言語研究』16，東京外国語大学アジア・アフリカ言語文化研究所，1978 年，178-215 頁。
小松久男「カシュガルのアンディジャン区調査報告」清水宏祐編『イスラム都市における街区の実態と民衆組織に関する比較研究』東京外国語大学，1991 年，46-56 頁。
小松久男・梅村坦・宇山智彦・帯谷知可・堀川徹編『中央ユーラシアを知る事典』平凡社，2005 年。
坂井弘紀『中央アジアの英雄叙事詩 語り伝わる歴史』ユーラシア・ブックレット，No. 35，東洋書店，2002 年。
坂本多加雄「国民と民族」リーディングス日本の教育と社会 第 5 巻『愛国心と教育』，日本図書センター，2007 年（坂本多加雄著『国家学のすすめ』筑摩書房，2001 年，

第3章)。
佐藤一子『生涯学習と社会参加 —— おとなが学ぶことの意味』東京大学出版会，1998年。
真田安「都市・農村・遊牧」佐藤次高編『講座イスラム3 イスラム・社会のシステム』筑摩書房，1986年，108-148頁。
澤野由紀子「『市民社会』への移行を促す生涯学習体系の構築 —— ウズベキスタン共和国の教育改革 ——」『ロシア・ユーラシア経済調査資料』No. 798，1998年，2-13頁。
シティズンシップ研究会『シティズンシップの教育学』晃洋書房，2006年。
ジャービス，ピーター『国家・市民社会と成人教育 —— 生涯学習の政治学に向けて』明石書店，2001年。
社団法人日本イスラム協会『イスラム事典』平凡社，1982年。
末本誠・松田武雄編著『生涯学習と地域社会教育』春風社，2004年。
鈴木敏正『生涯学習の構造化 —— 地域創造教育総論』北樹出版，2001年。
須田将「『市民』たちの管理と自発的服従 —— ウズベキスタンのマハッラ ——」『国際政治』第138号「中央アジア・カフカス」，2004年，43-71頁。
住田正樹編『子どもと地域社会』学文社，2010年。
関啓子「ウズベキスタンにおける民族・宗教・教育 —— 人間形成の視点からの考察」『ロシア・ユーラシア経済調査資料』No. 812，2000年，12-27頁。
関啓子『多民族社会を生きる —— 転換期ロシアの人間形成 ——』新読書社，2002年。
高橋巌根『ウズベキスタン 民族・歴史・国家』創土社，2005年。
竹島博之「グローバル化時代のアイデンティティとシティズンシップ教育」『政治研究』55号，九州大学法学部政治研究室，2008年，41-61頁。
ダダバエフ，ティムール「中央アジア諸国の現代化における伝統的地域社会のあり方と役割 —— ウズベキスタンの『マハッラ』を中心に ——」『東洋文化研究所紀要』第166冊，東京大学東洋文化研究所，2004年，253-280頁。
ダダバエフ，ティムール「ウズベキスタンの地域社会「マハッラ」からみた人権の保護・確保」，林忠行・帯谷知可『東欧・中央ユーラシアの近代とネイションⅢ』北海道大学スラブ研究センター研究報告シリーズ95，2004年，27-41頁。
ダダバエフ，ティムール『マハッラの実像 —— 中央アジア社会の伝統と変容』東京大学出版会，2006年。
ダダバエフ，ティムール『社会主義後のウズベキスタン —— 変わる国と揺れる人々の心』アジア経済研究所，2008年。
デランディ，ジェラード『コミュニティ —— グローバル化と社会理論の変容』NTT出版，2006年。
東京・沖縄・東アジア社会教育研究会「特集：韓国『平生学習』の新しい動向」，「中国の生涯教育・社区教育」『東アジア社会教育研究』第12号，2007年。
独立行政法人国際協力機構『国際協力機構年報2007』国際協力出版会，2007年。
トミアク，ヤヌシュ，J.『ソビエトの学校』明治図書，1976年。
名古屋大学法政国際教育研究センター文部科学省科学研究費「アジア法整備支援」プロジェクト編『ウズベキスタン民法典（邦訳）』，2004年。

日本国際教育学会創立20周年記念年報編集委員会編『国際教育学の展開と多文化共生』学文社，2010年．
日本社会教育学会編『成人の学習』東洋館出版社，2004年．
バウマン，ジグムント『コミュニティ——安全と自由の戦場』筑摩書房，2008年．
蓮見次郎「英国のシティズンシップ教育——経緯・現状・課題——」『政治研究』55号，九州大学法学部政治研究室，2008年，63-92頁．
濱田正美『中央アジアのイスラーム』山川出版社，2008年．
原田詩織「品川区『市民科』教科書の政治学的分析」『学生法政論集』4号，九州大学法政学会，2010年，101-117頁．
広田照幸監修・大内裕和編，リーディングス日本の教育と社会　第5巻『愛国心と教育』日本図書センター，2007年．
樋渡雅人「ウズベキスタンの慣習経済　マハッラの共同体的機能の検討から」『アジア研究』第50巻第4号，2004年，79-97頁．
樋渡雅人『慣習経済と市場・開発——ウズベキスタンの共同体にみる機能と構造』東京大学出版会，2008年．
フィヒテ，J.G.「ドイツ国民に告ぐ」ルナン，エルネスト・フィヒテ，J.G.・ロマン，J.・バリバール，E.・鵜飼哲・大西雅一郎・細見和之・上野成利著『国民とは何か』河出書房新社，1997年．
藤本透子「カザフスタン/子どもの成長儀礼にみるイスラーム」『アジ研ワールド・トレンド』No. 85，2002年，18頁．
不破和彦「『『地域社会と教育』論の再検討」教育社会学研究　29号，日本教育社会学会，1974年，98-107頁．
不破和彦編訳『成人教育と市民社会——行動的シティズンシップの可能性』青木書店，2002年．
ボーラ，H・S『国際成人教育論——ユネスコ・開発・成人の学習』東信堂，1997年．
松田武雄「社会教育におけるコミュニティ的価値の再検討——社会教育概念の再解釈を通して——」『教育学研究』第74巻第4号，日本教育学会，2007年．
松田武雄『平成14～16年度日本学術振興会科学研究費補助金（基盤研究（B）（1））研究成果報告書「戦後沖縄の字（集落）における地域社会教育と自治的諸活動に関する歴史的実証研究」（研究課題番号：14310127）研究代表者：松田武雄』2005年．
松田武雄『現代社会教育の課題と可能性——生涯学習と地域社会——』九州大学出版会，2007年．
間野英二・堀川徹編著『中央アジアの歴史・社会・文化』放送大学教育振興会，2004年．
マリエンコ・イ・エス編著『ソビエト学校の道徳教育』明治図書，1972年．
水谷邦子「ウズベキスタン職業教育拡充政策の理念と現状」『芦屋大学論集』32号，2000年，25-70頁．
水谷邦子「ウズベキスタン——高校レベルの教育改革を中心に——脱ロシアのための人材育成」『Science of humanity Bensei』Vol. 36，勉誠出版，2001年，42-46頁．
湊直信・林泰史・伊藤香純『平成16年度援助協調研究報告書　援助協調事例研究：ウズベキスタン共和国カラカルパクスタン自治共和国の経験から』財団法人国際開発高等教

育機構国際開発研究センター,2005年。
嶺井明子『平成20〜22年度科学研究費補助金基盤研究(B)海外学術調査「ポストソ連時代における中央アジア諸国の教育戦略に関する総合的比較研究」(研究課題番号:20402059)研究代表者:嶺井明子,平成20年度中間報告書』2009年。
嶺井明子『平成20〜22年度科学研究費補助金基盤研究(B)海外学術調査「ポストソ連時代における中央アジア諸国の教育戦略に関する総合的比較研究」(研究課題番号:20402059)研究代表者:嶺井明子,平成21年度中間報告書』2010年。
三輪建二『おとなの学びを育む ── 生涯学習と学びあうコミュニティの創造』鳳書房,2009年。
村山士郎『夏休み生活学校 ── ピオネール・キャンプの1カ月』民衆社,1979年。
村山士郎・所伸一編『ペレストロイカと教育』大月書店,1991年。
文部省調査局『ソ連と中共の教育改革』1959年。
矢口悦子「人間的自立と青年教育」『講座 現代社会教育の理論Ⅱ 現代的人権と社会教育の価値』東洋館出版社,2004年,222-236頁。
山城千秋『沖縄の『シマ社会』と青年会活動』エイデル研究所,2007年。
山城千秋「読谷村の地域教育に関する調査」『地域生涯学習研究』第3号,九州大学大学院人間環境学府発達・社会システム選考教育学コース教育社会計画学講座生涯学習論研究室,2001年。
山内乾史・杉本均編著『第二版 現代アジアの教育計画』下巻,学文社,2006年。
ユネスコ「学習権宣言」(1985年3月29日),第4回ユネスコ国際成人教育会議(パリ)。
吉田世津子『中央アジア農村の親族ネットワーク ── クルグズスタン・経済移行の人類学的研究』風響社,2004年。
ロラン-レヴィ,クリスティーヌ・ロス,アリステア編著『欧州統合とシティズンシップ教育 ── 新しい政治学習の試み』明石書店,2006年。
ロワ,オリヴィエ『現代中央アジア ── イスラム,ナショナリズム,石油資源』白水社,2007年。
和崎聖日「ポスト・ソヴィエト時代のウズベキスタンの『乞食』:都市下位文化におけるイスラームと共同性」『文化人類学』71(4),2007年,458-482頁。
渡邊洋子『生涯学習時代の成人教育学 ── 学習者支援へのアドヴォカシー』明石書店,2002年。
渡戸一郎・広田康生・田嶋淳子編著『都市的世界/コミュニティ/エスニシティ ── ポストメトロポリス期の都市エスノグラフィ集成』明石書店,2003年。

【英語文献】

Alloworth, E.A., *The Modern Uzbeks ; From the Fourteenth Century to the Present, A Cultural History*, Stanford, California : Hoover Institution, Stanford University, 1990.

Alloworth, E.A., "History and group identity in Central Asia", IN Smith, Graham et al., *Nation building in the Post-Soviet Borderlands : The Politics of National Identities*, Cambridge : Cambridge University Press, 1998.

Bohr, A., "Language policy and ethnic relations in Uzbekistan", IN Smith, Graham et al., *Nation building in the Post-Soviet Borderlands : The Politics of National Identities*,

Cambridge : Cambridge University Press, 1998.
CONFINTEA VI National Report, Uzbekistan, 2008.
CONFINTEA VI National Report, Uzbekistan, *Tashkent Call to Action*, 2008.
Coudouel, Aline, Marnie, Sheila, Micklewright, John, *Targeting Social Assistance in a Transition Economy* : *The Mahallas in Uzbekistan, Occasional Papers Economic and Social Policy Series*, EPS63, UNICEF, 1998.
Critchlow, J., *Nationalism in Uzbekistan* : *A Soviet Republic's Road to Sovereignty*, Boulder, San Francisco, Oxford : Westview Press, 1991.
Doi, M. M., *Gesture, Gender, Nation* : *Dance and Social Change in Uzbekistan*, Westport, London : Bergin&Garvey, 2002.
DVV International, *Activities 2007/8*, DVV International, 2009.
Dzhuraev, L., Khan S., Kamalova, L., Hoshimov, U., Ganiyeva, H., Ziryanova, R., Ernazarova, S., Tursunova, T., *Fry High English 5*, Tashkent : O'qituvchi, 2007.
Fane, D., "Ethnicity and Regionalism in Uzbekistan", IN Leokadia Drobizheva et al., eds., *Ethnic Conflict in the Post-Soviet World* : *Case Studies and Analysis*, Armonk, London : M.E.Sharp, 1996.
Haghayeghi, M., *Islam and Politics in Central Asia*, New York : St. Martin's Press, 1995.
Heynean, Stephen. P., DeYoung, Alan J., *The Challenge of Education in Central Asia*, Information Age Publishing, 2004.
Japan International Cooperation Agency (JICA), *Uzbekistan Country Gender Profile 2005*, 2005.
Jarvis, P., *Adult & Continuing Education* : *Theory and Practice*, Second Edition, Routledge, 1995.
Kamp, Marianne, "Between Women and the State : Mahalla Committees and Social Welfare in Uzbekistan", *The Transformation of Central Asia* : *states and societies from Soviet rule to independence*, ed. Pauline Jones Luong, Ithaca : Cornell University Press, 2004, pp.29-58.
Kawano, Asuka, Osugi, Takuzo, Otani, Junko, "Women's Community Activities in Central Asia from Gender Perspectives", *Journal of Asian Women's Studies*, Vol.17, Kitakyushu Forum on Asian Women, 2008, pp.70-81.
Khalid, A., *The Politics of Muslim Cultural Reform* : *Jaddism in Central Asia*, Berkeley, Los Angeles, London : University of California Press, 1998.
Massicard, Elise, Trevisani, Tommaso, "The Uzbek Mahalla : between state and society", Tom Everett-Heath (ed.) *Central Asia Aspects of Transition, Routledge*, 2003, pp. 205-219.
Matthews, Mervyn, *Education in the Soviet Union – Policies and Institutions since Stalin*, George Allen & Unwin, London, 1982.
Merriam, S. B., *An Update on Adult Learning Theory*, Jossey-Bass Publishers, 1993.
Muckle, James, *A Guide to the Soviet Curriculum* : *What the Russian Child is Taught in School*, Croom Helm, 1988.
Muhammadkarimov, A., *Tashkentnama*, Tashkent : Yangi asr avlodi, 2005.
Nicholas, Hans, Sergius, Hessen, *Educational Policy in Soviet Russia*, P.S. King & Son, LTD., London, 1930.
Northrop, D. *Veiled Empire Gender and Power in Stalinist Central Asia*, Cornell University : Ithaca and London, 2004.
Otani, Junko, "The Status in Social Development in Central Asia from Gender perspectives",

Journal of Asian Women's Studies, Vol.16, 2008, pp.57-65.

Shoshana, Keller, "Going to School in Uzbekistan", *Everyday Life in Central Asia Past and Present*, edited by Jeff Sahadeo & Russell Zanca, 2007, pp.248-265.

Sievers, Eric W., "Uzbekistan's Mahalla : From Soviet to Absolutist Residential Community Associations", *The Journal of International and Comparative Law*, Vol.2, 2002, pp.92-155.

Silova, Iveta (ed.), *How NGOs React : Globalization and Education Reform in the Caucasus, Central Asia and Mongolia*, Kumarian, 2008.

Silova, Iveta, Johnson, Mark S., Heyneman, Stephen P., "Education and the Crisis of Social Cohesion in Azerbaijan and Central Asia", *Comparative Education Review*, vol. 51, no. 2, 2007, pp.159-180.

SOS Children's Villages, *Who We Are – Roots, Vision, Mission and Values of SOS Children's Villages*, 2008.

State Committee of the Republic Uzbekistan on Statistics, *Woman and Man of Uzbekistan 2000-2005*, Statistical bulletin, Tashkent, 2007.

The Advisory Group on Citizenship, *Education for Citizenship and the teaching of democracy in schools : Final report of the Advisory Group on Citizenship*, September 22, 1998.

The State Committee of Uzbekistan on Statistics, *Women and Men of Uzbekistan 2000-2005*, Tashkent, 2007.

Tukhliev, Nurislom., Krementsova, Alla, eds., *The Republic of UZBEKISTAN*, Tashkent, 2003.

UNICEF, *Early Childhood Development in the Central Asian Republics and Kazakhstan*, Almaty, 2002.

UNICEF, *Report of Consultancy of Patrice Engle For UNICEF Tajikistan*, June 18, 2007.

【ロシア語文献】

Abramov, M, *Guzapy Samarkanda*, Tashkent : Uzbekistan, 1989.

Abdullaev, SH. M., *Sovremennye etnokul'turnye protsessy v makhallyakh Tashkenta*, Tashkent : Fan, 2005.

Akramov, Z.M., *Uzbekistan*, Moskva, 1967.

Al'meev, R.V., *Bukhara gorod-muzei*, Tashkent : Fan, 1999.

Arifkhanova, Z. H., "Makhallya – Traditsionnyi organ samoupravleniya naseleniya v proshlom i nastoyashchem", *Demokratlashtirish va inson huquqlari* (17), Toshkent : Inson huquqlari bo'yicha O'zbekiston Respublikasi milliy markazi, 2003, s.137-140.

Arifkhanova, Z. H., *Sovremennaya zhizn'traditsionnoi makhalli Tashkenta*, Tashkent : Uzbekistan, 2000.

Ata-Mirzaev, A., "Makhallya v zerkale obshchestvennogo mneniya", *Demokratlashtirish va inson huquqlari* (17), Toshkent : Inson huquqlari bo'yicha O'zbekiston Respublikasi milliy markazi, 2003, s.141-145.

Azizkhanov, A. T., Efimova, L. P., *Teoriya i praktika stroitel'stova demokraticheskogo obshchestva v Uzbeskistane*, Tashkent, 2005.

Bendrikov, K.E., *Ocherki po istorii narodnogo obrazovaniya v Turkestane (1865-1924gg.)*, Moskva : Akademiya Pedagogicheskikh Nauk RSFSR, 1960.

Brynskikh, S., *Makhallya zametki pisatelya*, Tashkent : Izdatel'stvo literatury i iskusstva

imeni Gafura Gulyama, 1988.
Dzhuraev, L., Khan S., Kamalova, L., Hoshimov, U., Ganiyeva, H., Ziryanova, R., Ernazarova, S., Tursunova, T., *Fry High English 5*, Tashkent : O'qituvchi, 2007.
Dzhuraeva, Z.R., *Russkii yazyk Litsey*, Tashkent : Sharq, 2007.
Dzhuraeva, Z.R., Kucharov, T.U., *Russkii yazyk kollej*, Tashkent : Sharq, 2007.
Forum Zhenskikh NPO Kyrgystana, *K pobede zhenshchin na vyborakh – Strategiya uchastiya zhenshchin v politicheskikh protsessakh v Aziatsko-Tikhookeanskom regione*, Bishkek, 2007.
Gafurov, B. G., *Istoriya Tadzhikskogo naroda 1*, Moskva : Gosudarstvennoe izdatel'stovo politicheskoi literatury, 1949.
Gody, lyudi, fakty..., Chast' tret'ya, Samarkand : Zarafshon, 2003.
Grazhdanskii kodeks Respubliki Uzbekistan, 2003.
Ideya natsional'noi nezavisimosti : osnovnye nonyatiya i printsipy, Tashkent : O'zbekistan, 2003.
Istoriya Tadzhikskoi SSR, Dushanbe : Maorif, 1983.
Istoriya Uzbekskoi sovetskoi literatury, Moskva : Nauka, 1967.
Karabaev, U., *Etnokul'tura*, Tashkent : Sharq, 2005.
Karimov, I. A., *Turkistan nash obshchii dom*, Tashkent : O'zbekistan, 1995.
Karimov, I. A., *Izbrannyi nami put'-eto put'demokraticheskogo razvitiya i sotrudnichestva s progressivnym mirom*, Tom11, Tashkent : O'zbekiston, 2003
Karimov, R. KH., *Istoriya Uzbekistana (1917-1991gg.)*, Tashkent : Sharq, 2005.
Khakimov, R., *Detstvo : Problemy i perspektivy*, Tashkent : Uzbekistan, 2006.
Konstantinov, N. A., Medynskii, E. N., Shabaeva, M. F., *Istoriya nedagogiki*, Moskva : Gosudarstvennoe uchebno-pedagogicheskoe izdatel'stvo ministerstva prosveshcheniya RSFSR, 1959.
Konstantinov, N. A., Medynskii, E. N., Shabaeva, M. F., *Istoriya nedagogiki*, Moskva : Prosveshchenie, 1982.
Konstitutsiya Respubliki Uzbekistan, Tashkent : O'zbekiston, 2003.
Kostetsukii, V. A., *Azbuka etiki 2 klass*, Tashkent : Natsional'noe obshchestvo filosofov Uzbekistana, 2004.
Kostetsukii, V. A., *Azbuka etiki 4 klass*, Tashkent : Natsional'noe obshchestvo filosofov Uzbekistana, 2007.
Kostetsukii, V. A., Chabrova, T., *Azbuka konstitutsii 2 klass*, Tashkent : Sharq, 2004.
Kostetsukii, V. A., Chabrova, T., *Azbuka konstitutsii 3 klass*, Tashkent : Sharq, 2006.
Kostetsukii, V. A., Chabrova, T., *Azbuka konstitutsii 4 klass*, Tashkent : Sharq, 2006.
Kostetsukii, V. A., Mametova, G. U., Dobrolinskaya, G.V, *Chuvstvo rodiny 5 klass*, Tashkent : Natsional'noe obshchestvo filosofov Uzbekistana, 2007.
Kostetsukii, V. A., Mametova, G. U., Mal'kumova, L.A., Sergeeva, H.I., *Chuvstvo rodiny 6 klass*, Tashkent : Yangiyul poligraph service, 2007.
Kostetsukii, V. A., Mel'kumoba, L.A., Dobrolinskaya, G.V., Sergeeva, N.I., *Ideya natsional'noi nezavisimosti i osnovy dukhovnosti 9 klass*, Tashkent : Sharq, 2005.
Kostetsukii, V. A., Mel'kumoba, L.A., Dobrolinskaya, G.V., Sergeeva, N.I., *Ideya natsional'noi nezavisimosti i osnovy dukhovnosti 8 klass*, Tashkent : Yangiyul poligraph service, 2007.
Kostetsukii, V., Tashpulaetova, M., Asadova, E., *Puteshestvie v mir konstitutsii 7 klass*, Tashkent : O'zbekiston, 2003.

Kostetsukii, V., Tashpulaetova, M., Asadova, E., Tancykbaeva, G., Ashrafkhanova, SH., *Puteshestvie v mir konstitutsii 7 klass*, Tashkent : Sharq, 2006.
Kostetsukii, V., Tashpulaetova, M., Tancykbaeva, G., Asadova, E., Afanas'eva, I., Solov'eva, S. E., *Puteshestvie v mir konstitutsii 5 klass*, Tashkent : Sharq, 2007.
Kostetsukii, V., Tancykbaeva, G., Asadova, E., Afanas'eva, I., Tashpulaetova, M., Solov'eva, S. E., *Puteshestvie v mir konstitutsii 6 klass*, Tashkent : Sharq, 2007.
Kurbanov, S., Seitkhalilov, E., *Otvetstvennost'obrazovaniya v preduprezhdenii i preodolenii vyizovov sovremennosti*, Tashkent : Akademiya, 2003.
Medynskii, E.N., *Narodnoe obrazovanie v SSSR*, Moskva : Izdatel'stvo akademii pedagogicheskikh nauk RSFSR, 1952.
Muminov, I. M. i dr, *Istoriya Samarkanda*, Tom pervyi, Tashkent : Fan, 1969.
Nikolaeva, E.I., Nikolaev, I.S., Lavrinenko, T.V., *Moi Uzbekistan*, Tashkent : O'qituvchi, 1996.
Obshchestvennoe dvizhenie molodezh' Uzbekistana "KAMOLOT", *Programma i ustav (novaya redaktsiya)*, Tashkent, 2007.
Osnoby konstitutsionnogo prava Respubliki Uzbekistan 9 klass, Tashkent : Sharq, 2003.
Prokofieva, M. A., *Narodnoe obrazovanie v SSSR 1917-1967*, Moskva : Prosveshchenie, 1967.
Prokofieva, M. A., *Narodnoe obrazovanie v SSSR*, Moskva : Pedagogika, 1985.
Rakhmonov, E., *Tadzhiki v zerkale istorii*, London&Flint River Editions Great Britain.
Respublikanskii nauchno-prosvetitel'skii tsentr Imama Bukhari, Fond imeni Fridrikha Eberta, *Religiya i molodezh' v sovremennykh musul'manskikh obshchestvakh*, Tashkent, 2007.
SOS-detskie derevni Uzbekistana, *Informatsiya o detel'nosti assotsiatsii*, 2008.
Strategicheskaya programma protivodeistviya rasprostraneniyu VICH-infektsii v Respublike Uzbekistan na 2007-2011gg., Tashkent, 2007.
Sukhareva, O.A., *Kvartal'naya obshchina pozdnefeodal'nogo goroda Bukhary : v svyazi s istoriei kvartalov*, Moskva : Nauka, 1976.
Sukhareva, O.A., *Bukhara XIX- nachalo XXv*, Moskva : Nauka, 1966.
Tashkent entsiklopediya, Tashkent : Glavnaya redaktsiya uzbekskoi sovetskoi entsiklopedii, 1984.
Talipova, R., Salikhova, M., Tsuvilina, E., Niyazova, Z., Nurmukhamedov, T., *Russkii yazyk 2 klass*, Tashkent : O'zbekiston, 2006.
Ukaz Prezidenta Respubliki Uzbekistan, O dopolnitel'nykh merakh po podderzhke deyatel'nosti Komiteta Zhenshchin Uzbekistana, Sobranie zakonodatel'stva Respubliki Uzbekistan, 2004g., No.21, s.251.
Yastrebova, A. V., *Korrektsiya zaikaniya u uchashchikhsya obshcheobrazovatel'noi shkoly*, Moskva : Prosveshchenie, 1980.
Zakon Respubliki Uzbekistan "Ob obrazovanii" 2 iyulya 1992g. № 636-XII
Zakon Respubliki Uzbekistan "Ob obrazovanii", 29 avgusta 1997g. № 464-I

【ウズベク語文献】

Abdullayeva, Q., Yusupova, M., Rahmonbekova, S., *Odobnoma O'zbekiston Respublikasi Xalq ta'limi vazirligi 2-sinf uchun darslik sifatida tasdiqlagan*, Toshkent : O'zbekiston, 2007.
Ahhmedov, E., Saydaminova, Z., *O'zbekiston Respublikasi*, Toshkent, 2006.

Alisher Navoiy nomidagi Samarqand Davlat Universiteti, *Fuqarolik jamiyati* : *nazariya va amaliyot*, Samarqand, 2002.
Aminov, B., Rasulov, T., *Vatan-yurakdagi javohir*, Toshkent : O'qituvchi, 2001.
Bakirov, P., *Milliy g'oya targ'ibotida O'zbek xalq maqollaridan foydalanish*, Toshkant : Ma'naviyat, 2007.
Barkamol avlod- O'zbekiston taraqqietining poydevori, Sharq nashriet- matbaa kontsernining Bosh tahririyati, Toshkent, 1997.
Barkamol avlod tarbiyasi, Toshkent : Akademiya, 2005.
Begmatov, A., Rustamova, R., Milliy g'oya targ'iboti va madaniy-ma'rifiy tadbirlar, Toshkent : Ma'naviyat, 2007.
Garmoniya akademik almashinuvi xizmati fridrix Ebert fondi, Gete-Toshkent instituti, xalq universitetlari nemis assotsiatsiyasining xalqaro hamkorlik instituti, konrad adenauer fondi, *Tarix va O'zlikni angrash* : *O'zbekiston va Geraniya tajribasi*, Toshkent, 2005.
Hasanboyeva, O., Ne'matova, A., Ivragimova, G, *Odonoma 5-sinf uchun darslik*, Toshkent : O'zbekiston milliy enstiklopediyasi, 2006.
Hasanboyeva, O., Ne'matova, A., Turopova, M., *Odonoma 3-sinf uchun darslik*, Toshkent : O'zbekiston, 2007.
Hidoyatov, G.A., Kostetskiy, *O'zbekiston tarixi 9-sinf O'qituvchilar uchun metodik qo'llanma*, Toshkent : O'zinkomsentr, 2002.
Husanov, O., *Mustaqillik va mahalliy hokimiyat*, Toshkent : Sharq, 1996.
Imarov, E., Abdullaev, M., *Ma'naviyat Asoslari*, Toshkent : Sharq, 2005.
Inoyatov, M., *Oila, ijod, tarbiya va ma'naviyat*, Toshkent : Sharq, 2000.
Jalilov, SH., *Davlat kokimiytati mahalliy organlari islohoit* : *tajriba va muammolar*, Toshkent : O'zbekistan, 1994.
Jalilov, SH., *Mahalla yangilanish davrida*, Toshkent : Mehnat, 1995.
Karimov, N., Normatov, U., *Adabiyot 5-sinf uchun darslik*, Toshkent : Sharq, 2004.
Karimova, O., *Konstitutsiya alifbosi 3-sinf o'quvchilari uchun o'quv qo'llanma*, Toshkent : Sharq, 2007.
Karimova, O., *Konstitutsiya alifbosi 4-sinf o'quvchilari uchun o'quv qo'llanma*, Toshkent : Sharq, 2007.
Mahmudbekov, SH., *Mahallada o'znii o'zi boshqarish tizimi* : *tarixi va bugungi kuni*, Toshkent : Akademiya, 2004.
Mahmudov, N., Nurmonov, A., Sobirov, A., Qodirov, V., Jp'raboyeva, Z., *Ona tili 5-sinf uchun darslik*, Toshkent : Ma'naviyat, 2007.
Mallitskiy, N. G., *Toshkent mahalla va mavzelari*, Toshkent : Gafur Gulom nomidagi Adabiyot va san'at nashriemi, 1996.
Mirolimov, SH., *Mahalla mehri*, Toshkent : Navro'z, 1994.
Mirqosimov, M. *Kechik qishloq maktablarida uqitish Xususiya'lari*, Toshkent : O'qituvchi, 1975.
Muhammadkarimov, A., *Toshkentnoma*, Toshkent : Movarounnahr, 2004.
Munavvarov, A. Q., *Oila pedagogikasi*, Toshkent : O'qituvchi, 1994.
Musurmonova, O., Qo'chqorov, R., Qarshiboyev, M, *Milliy istiqlol g'oyasi va ma'aviyat asoslari 9-sinf*, Toshkent : Ma'naviyat, 2007.
Nishonova, S., Musurmonova, O., Qarshiboyev, M., *Milliy istiqlol g'oyasi va ma'aviyat asoslari 7-sinf*, Toshkent : Ma'naviyat, 2003.
Nosirxo'jayev, S.H., Lafasov, M.F., Zaripov, M.Z., *Ma'naviyat asoslari Akademik litsey va kasb-*

hunar kollejlari uchun darslik, Toshkent : Sharq, 2005.

Odobnoma O'qv dasturi (2-sinf), Toshkent, 2001.

Oxunova, M., *Toshkent ishchilari O'zbekistonda sovet hokimiyatining g'alabasi uchun kurashda,* Toshkent : Fan, 1983.

Qarshiboyev, M., Nishonova, S., Musurmonova, O., Qo'chqorov, R., *Milliy istiqlol g'oyasi va ma'aviyat asoslari 7-sinf,* Toshkent : Ma'naviyat, 2007.

Qarshiboyev, M., Nishonova, S., Musurmonova, O., *Milliy istiqlol g'oyasi va ma'aviyat asoslari 8-sinf,* Toshkent : Ma'naviyat, 2003.

Qo'chqorov, R., Nishonova, S., Musurmonova, O., Qarshiboyev, M., *Milliy istiqlol g'oyasi va ma'aviyat asoslari 8-sinf,* Toshkent : Ma'naviyat, 2007.

Rafiyev, A., G'ulomova, N., *Ona tili va adabiyot,* Toshkent : Sharq, 2007.

Rahmonova, V.S., *Maxsus pedagogika,* Toshkent, 2004.

Saifnazarova, F., *O'zbek oilasi : ijtimoiy va ma'naviy qadriyatlar,* Toshkent : Yurist-Media markazi, 2007.

Sultonov, X., Qarshiboyev, M., *Vatan tuyg'usi o'rta maktablarning 5-sinflari uchun o'quv qo'llanmasi,* Toshkent : Ma'naviyat, 2003.

Sultonov, X., Qarshiboyev, M., *Vatan tuyg'usi umumiy o'rta ta'lim muassasalarining 6-sinflari uchun o'quv qo'llanmasi,* Toshkent : Ma'naviyat, 2006.

Tolipova, R., Is'hoqova, M., Ikromova, N., *O'zbek Tili ta'lim boshqa tillarda olib boriladigan maktablarning 2-sinfi uchun darslik,* Toshkent : O'zbekiston, 2007.

Umarova, M, Hakimova, SH., *O'qish Kitobi,* Toshkent, 2005.

Xalqaro ilmiy-amaliy konferentsiya, *Fuqarolik jamiyatini shakllantirishda yoshlarning roli,* Toshkent, 2008.

Xo'jamberdiev, M. A., Mixailov, A.A., Mamasoliev, N.S., *Ichki kasalliklar bo'yicha tibbiy masalalar,* Toshkent, Ibn Cino nomidagi nashriyot-matbaa birlashmasi, 1994.

Yo'ldoshev, Q., Qosimov, B., *Adabiyot 7-sinf uchun darslik,* Toshkent, 2003.

Yusupov, S., *Tarix va adab bo'stoni,* Toshkent : Ma'naviyat, 2003.

Ziyomuhammadov, B., *Pedagogik mahorat asoslari,* Toshkent : TIB-Kitob, 2009.

O'rta maxsus, kac'-hunar ta'limining umumta'lim fanlari davlat ta'lim standartlari va o'quv dasturlari, Toshkent : Sharq, 2001.

O'zbekiston Mahalla xayryya jamg'armasi, *Mahalla,* Toshkennt, 2003.

O'zbekiston Respublikasi Adliya Vazirligi, *O'zbekiston Respublikasining Oila Kodeksi,* Toshkent : Adolat, 2007.

O'zbekistan Respublikasi Konstitutsiyasini O'rganish, Toshkent : Sharq, 2007.

O'zbekiston Respublikasi Oliy va O'rta Maxsus ta'lim vazirligi, Alisher Navoii nomidagi Samarkand davlat universiteti, *Fuqarolik jamiyati : nazariya va amaliyot,* Samarkand, 2002.

O'zbekiston Respublikasi Oliy va O'rta Maxsus ta'lim vazirligi, *Oliy ta'lim me'yoriy hujjatlar to'plami 2-qism,* Toshkent : Sharq, 2003.

O'zbekiston Respublikasi Oliy va O'rta Maxsus ta'lim vazirligi, *Oliy ta'lim me'yoriy-huquqiy va uslubiy hujjatlar to'plami ,* Toshkent : Istiqlol, 2004.

O'zbekiston Respublikasi Prezidentining Farmoni, 1992 yil 12 Sentyabr', PF-472 son.

O'zbekiston Respublikasi Vazirlar Mahkamasining Karori, 2003 yil 7 Fevral', 70 son.

O'zbekiston Respublikasi Xalq Ta'limi Vazirligi., *Ta'lim taraqqieti 2 maxsus son,* Toshkent : Sharq, 1999.

O'zbekiston Respublikasi Xalq Ta'limi Vazirligi., Yo'ldoshev, H. Q., *Barkamol avlodni*

tarbiyalashda oila, mahalla, maktab hamkorligi kontseptsiyasi, Toshkent, 2004.
O'zbekiston Respublikasi Xalq Ta'limi Vazirligi, O'zbekiston Respublikasi Ta'lim Markazi, *Odobnoma O'quv dasturi (2-sinf),* Toshkent, 2001.

【インターネット資料】 ＊アクセス日は該当箇所に記入
ウズベキスタン政府
　　http://gov.uz/
ウズベキスタン共和国国民教育省
　　http://www.uzedu.uz/
ウズベキスタン共和国高等中等専門教育省
　　http://www.edu.uz/
ウズベキスタン共和国内閣国立テストセンター
　　http://www.test.uz/
文部科学省（日本）
　　http://www.mext.go.jp/
外務省（日本）
　　http://www.mofa.go.jp/mofaj/
ユニセフ
　　http://www.unicef.org/
ユネスコ
　　http://www.unesco.org/
NHIUプログラム・イスラーム地域研究東京大学拠点・グループ2「中東政治の構造変容」
「中東の民主化」データベース，須田将「ウズベキスタン・政党」
　　http://www.l.u-tokyo.ac.jp/~dbmedm06/me_d13n/database/uzbekistan/political_party.html
"Report: New Country Progrrame for 2005-9 signed in Tashkent", Uzbekistan UNICEF
　　http://www.unicef.org/uzbekistan/media_2091.html
Kamolot（カモロット）
　　http://www.kamolot.uz/
NANNOUz（国民連合「ウズベキスタン非国家非営利機関」）
　　http://www.ngo.uz/
Kelajak ovozi（青年イニシアチブセンター「未来の声」）
　　http://www.kelajakovozi.uz/

索　　引

【あ行】

愛郷心　12, 109, 133, 137, 151, 159
愛国心　12, 59, 87, 151, 159, 200
アイデンティティ　13, 78, 95, 121, 195
アカデミックリセ　113, 117, 118, 151
アクチャブリャータ　5, 85
字　12, 13
アジア開発銀行（ADB）　6
アジテーター　9, 27
アムール・ティムール　47, 88, 184
アンディジャン　107
慰安旅行　15, 65, 197
イスラーム　15, 33, 41, 76, 81, 95, 98, 103
イスラーム原理主義　41, 103
イデオロギー　9, 83, 116, 122, 137
イマーム　4, 27, 33
インタビュー　22, 77, 124, 148
インフォーマル・エデュケーション　2, 3
ウズベキスタン国民　119, 120, 161, 196, 199, 202
ウズベキスタン人　47, 50, 59, 103, 199
ウズベク語　88, 124, 125
ウズベク語学校　124, 125
ウズベク人　179, 182, 183, 186
ウズベク・ソビエト社会主義共和国　5
ウズベク民族　101, 102, 109, 120, 124, 182, 186
エスニシティ　76, 98, 101, 179
エリート　116, 117, 150
エンパワーメント　149
沖縄　12, 13

オクソコル　30, 47, 121
オープン・ソサイエティ・インスティテュート（OSI）　6, 8

【か行】

街区　16, 17
介入者　20, 67, 95, 103, 198
開発　16
開発経済学　2
開発と社会教育　16
開発途上国　16
学社連携・融合　136, 143
学習権　60
カザフ人　44, 204
カザフスタン　7, 30, 75, 185
学校教育　1, 20, 87, 120, 123, 149, 195, 198, 199
学校行事　21, 123, 157, 199
学校制度　11, 88
学校のスリム化　136
割礼　20, 75, 89, 90-93
カモロット　21, 47, 170
カラカルパクスタン（カラカルパク共和国）　23, 120, 142
カリモフ　40, 41, 58, 129, 130, 148, 154
川野辺敏　6
義務教育　88, 106, 111, 112, 114
ギャップ　69
教育改革　7, 109, 111, 150
教育開発　8
教育学　2, 7
教育格差　1, 9, 118

教育社会学　10, 11
教育政策　117, 148, 195
教育制度　88, 198
教育法　50, 111, 112, 169
共産主義　49, 83
共産党　38
教授言語　125
共同体　13
キルギス　7, 30, 185, 204
キルギス人　44
儀礼　15, 17, 20, 33, 75, 90, 197
近代化　4
グザル　4, 31, 32
久富善之　10, 11, 31
クラブ　171, 173
グローバル化　146, 168
結婚　90
結婚式　33, 37, 91, 96, 105
ケリン・サロム　20, 76, 91, 99, 100
憲法　51, 129, 153, 154, 156
公開性　189, 201
高等教育　5, 22, 114
高等中等専門教育省　192
公民館　12, 60
国際機関　8, 174, 176, 201
国際協力機構（JICA）　168
国際婦人デー　89, 204
国民　13, 145, 146, 161
国民教育省　14, 125, 169
国民形成　13, 48, 59, 199, 200, 201, 202
国民国家　145
国連エイズ計画（UNAIDS）　21, 174
国連開発計画（UNDP）　8
国連教育科学文化機関（UNESCO）→ユネスコ
国連児童基金（UNICEF）→ユニセフ
国家　12, 15, 109, 135, 146, 159
国家スタンダード　121, 122, 130, 148, 153, 199

国家統合　13, 103, 161
子ども　75-104, 197, 198
小松久男　18
コミュニティ　11, 12, 151, 188
コムソモール　5, 85, 170
コルボン・ハイト　76, 100
コンセプト　40, 50, 110, 122, 137, 199

【さ行】
サマルカンド　4, 9, 33, 38, 81, 84, 118
澤野由紀子　7
参与観察　21, 77, 124
支援者　20, 67, 95, 103, 198
ジェンダー　76, 101
市場経済化　150
質問紙調査　21, 22, 177, 201
シティズンシップ　145, 146, 168
シティズンシップ教育　148, 151
市民意識　147, 153, 161, 200
市民社会　148
社会化　15, 20, 76, 88, 107, 197
社会開発　16
社会学　22
社会関係資本　11, 12
社会教育　7, 9, 11
社会教育学　10
就学前教育　5, 22, 38, 112
宗教　15, 82, 90, 197, 203
住民参加　60
住民自治　48, 57, 58, 149
住民自治組織　149
生涯学習　5
障がい者　123
職業カレッジ　113, 117, 118, 151
女性　61
女性委員会　62-67
女性支援　48, 62
初等教育　22, 113
人材養成システムの国家プログラム　7,

109, 117, 150, 169
スーハレワ　17, 32
スマリャク　124, 143, 160
スンナト・トイ　75, 91
成人　197
成人教育　7, 9
制度化　48, 59, 82
青年　113, 167, 169, 174, 175, 177, 179, 201
青年教育　169
関啓子　7
葬儀　33, 96
相互扶助　30, 94, 110, 136, 199
祖国意識　149
ソビエト化　49, 84
ソビエト国民　36-40, 49, 83, 87, 119, 196
ソビエト社会主義　49
ソビエト連邦　5, 36, 39, 49, 157, 159, 196
ソ連→ソビエト連邦

【た行】
第2次世界大戦（大祖国戦争）　38, 157, 159, 200
タジキスタン　30, 204
タジク　204
タシケント　5, 18, 23, 24, 91, 96, 99, 114, 118, 124, 176
タタール　178
ダダバエフ　18, 37, 51, 54
多民族国家　110
地域課題　70
地域共同体　4, 10, 16
地域研究　2
地域社会　11, 17, 94, 156, 182, 183, 188
地域社会教育　10
地域性　203
地域づくり　16, 203

地方行政府　50
チャイハネ　18, 37, 71, 83, 196
中央アジア　2, 198, 199, 204, 205
中央アジア地域教育研究　1
中等教育　22, 113
長老　30, 31, 37, 48, 49, 59
追悼の日　21, 89, 157, 172, 200
定住農耕民族　30
帝政ロシア　3, 4, 31, 33, 34, 48
テュルク　120
伝統　89, 133
伝統文化　59, 76, 197
トイ→結婚式
道徳　89, 128, 135, 137, 143, 149, 153, 200
トミアク　5, 85
トルキスタン　4, 27
トルクメニスタン　30
トルクメン人　44, 204

【な行】
ナウルーズ　37, 89, 124, 131, 143, 160, 184, 199
ナショナルレポート　8, 16
ニショッダ　97, 107
人間形成　196
ネットワーク　56, 57, 59, 66, 79
ネットワーク化　172, 189, 201
農村　23, 24
ノンフォーマル・エデュケーション　2, 3, 34, 39, 82

【は行】
ハイト　107, 197
バザール　81
ハシャル　123, 183
ピオネール　5, 6, 85, 86
ピオネール宮殿　85, 86, 105
比較教育学　21
フィールドワーク　6, 77

フォーマル・エデュケーション　1, 26, 85
ブハラ　17, 32
プロパガンダ　1, 9
プロフ　66, 73, 93, 131
文化継承　77, 197
文化人類学　2, 22
ベシク・トイ　75
ペレストロイカ　111, 168
ベンドリコフ　3, 4, 81
包摂性　203
ホキミアト　50, 156
母語　39
ポスト・ソビエト　103
ポスボン隊　53, 56, 72

【ま行】
マクタブ　3, 33, 81
松田武雄　11, 12, 203
祭り　131
マドラサ　3, 33, 81, 104
マハッラ運営委員会　13, 50, 51, 56, 57, 94, 130, 196, 198
マハッラ活動家　13
マハッラ観　139, 203, 204
マハッラ基金　41, 42, 47, 52
マハッラの代表　53
マハッラの年　40, 49, 52, 58, 129
水谷邦子　7
未来の声　21, 171
民主化　149, 170, 171
民主主義　171
民族　120, 135, 203

民族意識　120
民族・共和国境界画定　120, 141
民族語　39
ムスリム　17, 75
ムッラー　92, 101
ムミノフ　9, 83
名称民族　161
綿花摘み　118
モスク　30, 33, 48, 98, 198

【や行】
遊牧民族　30, 185
ユニセフ　8, 47, 173, 174
ユネスコ　8
ユネスコ・国際成人教育会議（CONFINTEA）　8

【ら行】
ライフスタイル　190
ラマザン　20, 76, 91, 96, 197, 198
ラマザン・ハイト　76, 99
離婚　56, 61, 62, 67
ロシア語学校　39, 62, 82, 124, 125

【わ行】
若者　184

KVN　131
NANNOUz　21, 171-174
NGO　3, 8, 52, 53, 200, 201
NPO　8
SOS Children's Village　176

著者紹介

河野明日香（かわの・あすか）
1978年大分県生まれ。筑波大学大学院人文社会科学研究科助教。ウズベキスタン共和国タシケント国立教育大学研究員，筑波大学大学院人文社会科学研究科準研究員，日本学術振興会特別研究員PDを経て，2009年10月より現職。九州大学大学院人間環境学府博士後期課程修了，博士（教育学）。専門分野は社会教育学，中央アジア地域教育研究。

「教育」する共同体
ウズベキスタンにおける国民形成と地域社会教育

2010年9月30日 初版発行

著　者　河　野　明日香

発行者　五十川　直　行

発行所　（財）九州大学出版会

〒812-0053 福岡市東区箱崎7-1-146
九州大学構内
電話　092-641-0515（直通）
振替　01710-6-3677
印刷・製本／大同印刷㈱

Ⓒ 2010 Printed in Japan　　　　　ISBN978-4-7985-0026-3

近代日本社会教育の成立
松田武雄　　　　　　　　　　　　　　　A5判・392頁・6,000円

現代社会教育の課題と可能性 ［新装版］
―― 生涯学習と地域社会 ――
松田武雄　　　　　　　　　　　　　　　A5判・252頁・2,800円

ロシア革命と保育の公共性
―― どの子にも無料の公的保育を ――
村知稔三　　　　　　　　　　　　　　　A5判・368頁・6,800円

アジアの子どもと教育文化
―― 人類学的視角と方法 ――
坂元一光　　　　　　　　　　　　　　　A5判・286頁・3,200円

周縁文化の視座 ―― 民族関係のダイナミックス ――
丸山孝一　　　　　　　　　　　　　　　A5判・254頁・3,800円

中国近代における六・三・三制の導入過程
今井　航　　　　　　　　　　　　　　　A5判・332頁・6,800円

（表示価格は本体価格）